불안의 카이로스

키에르케고르
라캉이 제시하는

불안의 카이로스

· 안상혁 지음

시담의무늬

"AI는 결코 불안해하지 않는다.
오직 인간만이 불안을 통해 사유한다."

이 책은 불안을 '카이로스(kairos)'라는
창조적 결단의 시간으로 재해석하며,
정답 너머의 미지(未知)를 감각하게 한다.

AI가 매끈한 정답만을 쏟아내는 시대,
사유하지 않는 지식은 무지보다 위험하다.
불안은 낡은 지적 허상을 깨뜨리는 필연적인
균열이자, 그 틈 사이로 '새로운 나'를
발견하게 하는 희망의 빛이다.

서문의 서문

불안한 상태를 좋아하는 사람이 있을까? 아마 없을 것이다. 이는 프로이트가 불안을 자아에 보내는 '위험 신호'로 정의한 것과도 일맥상통한다. 하지만 우리가 흔히 느끼는 불안은 주로 걱정에 가깝다. 티베트의 『해탈의 서』에 전해 내려오는 유명한 속담처럼, "걱정을 해서 걱정이 사라진다면 걱정이 없겠지!"라는 말은 불안이 우리 삶에 깊이 뿌리내린 습관임을 잘 보여준다. 그러나 이 책에서 다루는 불안은 인간을 새롭게 만드는 감정이다. 그것은 현재 내가 '나'라고 여기는 정체성에 의문을 던지고, 낡은 지식 체계 속에서 형성된 나를 벗어나 새로운 주체로 거듭나도록 이끈다.

덴마크의 철학자이자 신학자 키에르케고르(1813~1855)는 '불안'이라는 감정의 본질을 깊이 탐구한 사상가다. 1844년 발표한 그의 저서 『불안의 개념』에서 불안은 단순한 걱정이나 근심이 아니라, '가능성'과 '자유'라는 두 축 위에 서 있는 존재의 본질로 그려진다.

플라톤의『소피스트』에서 영감을 받은 그는 "존재란 곧 가능성"이
라는 깨달음을 바탕으로, 불안을 통해 인간이 스스로 새로운 길
을 개척할 자유를 지니고 있음을 섬세하게 드러낸다. 키에르케고
르에게 불안은 우리 존재의 깊은 뿌리이자, 무한한 가능성의 문을
여는 열쇠라 할 수 있다.

　키에르케고르에게 가능성이란 '할 수 있음'을 뜻하며, 그 근원
은 자유에 있다. 그러나 가능성에서 비롯되는 불안은 이중적인 의
미를 지닌다. 하나는 가능성의 문이 굳게 닫혀 있음을 알리는 불
안이고, 다른 하나는 그 문이 활짝 열리는 순간 찾아오는 불안이
다. 전자의 불안이 걱정이라면, 후자의 불안은 키에르케고르가
"자유의 현기증"이라고 명명한 것이다. 이 '현기증'은 자유가 품은
무한한 가능성 앞에서 느끼는 낯선 떨림이자, 미지의 세계와 마주
할 때 솟구치는 불안의 근원이다. 이 책은『불안의 개념』을 중심
으로 불안을 설명하며, 불안의 초기 형태를 담고 있는『이것이냐
저것이냐』(1843)와 불안이 심화된 삶의 상태를 다룬『죽음에 이르
는 병』(1846)을 함께 참고한다.

　라캉(1901~1981)은 키에르케고르가 제시한 불안의 개념을 자신
의 정신분석 이론에 접목시켜 한층 더 심도 있게 발전시킨 사상가
이다. 그의『세미나 10권』(1962~63)에서는 '공백', '결여', '대상 a'라
는 독특한 개념들이 불안의 본질적 요소로 제시된다. 이러한 불안
은 '속이지 않는 것'과 '없지 않은 대상'이라는 역설적인 명제 속에
서, 개인이 고유한 존재감을 탐색하는 과정으로 이해된다. 다시

말해, 개체성과 대체 불가능한 자기 정체성의 좌표를 모색하는 심리적 풍경을 담아낸 개념이라 할 수 있다.

라캉이 말하는 불안의 진정한 의미는, 내가 갈망하는 욕망이 진심으로 내 마음에서 우러나온 것인지, 아니면 타인이나 사회가 심어준 것인지 스스로 의심해보라는 데에 있다. 현대 자본주의 사회는 불안을 교묘하게 조작하여 성장의 동력으로 삼으며, 이를 이용한 불안 마케팅을 일상화하고 있다. 본질적으로 이것은 일종의 속임수라 할 수 있다. 라캉은 타인의 인정 욕구나 조작된 불안에 휘둘리지 않도록 '속이지 않는' 진짜 불안의 의미를 규명하고자 했다. 그가 말하는 불안은 '없지 않은 대상'이 보내오는 신호이기 때문이다. 인간의 정신은 인식 가능한 대상을 바탕으로 작동하기 때문에, 인식할 수 없는 대상은 배척된다. 하지만 인식의 공백 속에 존재하는 대상은 '없지 않은 대상'으로 남는다. 이는 언어로 재현할 수 없는 대상이기에, 사유를 위한 인식의 기능에서 언제나 맹점, 즉 빈틈이나 구멍으로 남을 수밖에 없다.

하지만 불안은 이러한 공백 속에 서서히 스며들어 일상적으로 반복되는 삶에서 나를 벗어나게 하며, 주체의 좌표를 새롭게 찾게 한다. 이는 고정된 자아관을 지닌 정체성이 아니라, 역동적인 정신 활동을 통해 새롭게 규정되는 주체이다. 이 책은 라캉의 불안을 『세미나 10권』을 중심으로 설명하며, 불안과 욕망의 얽힘을 다룬 『세미나 7권』과 불안이 증상을 통해 새로운 주체를 탄생시키는 과정을 담은 『세미나 23권』도 함께 참고한다.

이 책에서 강조하는 '불안의 카이로스'는 기존의 시간과 역사를 초월하는 독특한 개체성으로서, 새롭게 생성되는 나 자신을 경험하는 순간을 의미한다. 이러한 순간은 의식적인 대화 도중 갑작스레 찾아오는 마음의 공백에서 비롯되며, 그 속에 스며든 불안은 잠시 시간을 멈추어야만 비로소 인지할 수 있다. 키에르케고르와 라캉은 불안을 크로노스(chronos) 시간에서 카이로스(kairos) 시간으로 이끈다. 두 단어 모두 그리스어로 '시간'을 뜻하지만, 크로노스는 모두에게 동일하게 주어지는 반복적이고 연속적인 시간의 흐름을 의미한다. 반면, 불안은 크로노스 시간 속에서 '나는 무엇을 반복하며 살아가는가?'라는 질문을 던지게 만든다. 크로노스에 갇히면 보편적인 사고에 얽매이기 쉽다. 그러나 카이로스는 나에게만 특별하고 창조적인 시간이다. '불안의 카이로스'를 경험하는 나는 모든 일반적인 규범에 도전하며, 순간의 선택과 결단, 그리고 실천을 통해 예외적인 개체성을 만들어낸다. 이러한 과정은 키에르케고르와 라캉이 정의한 불안과 깊은 관련이 있다.

키에르케고르와 라캉이 말하는 불안은 개인의 내면에서 비롯되는 주관적인 불안이다. 이는 외부 세계의 다양한 조건과 얽혀 인간 존재에 영향을 미치는 객관적인 불안과 구별된다. 과학기술의 발전에 따른 가속주의, 자본 중심의 물질 만능주의, 경기 침체로 인한 양극화와 사회범죄 등은 인간 실존을 위협하는 대표적인 외적 요인이다. 이러한 불안의 원인은 외부 세계의 조건과 개인 간의 불일치에서 비롯된다. 인간은 동시에 개별적인 존재이자 인류의 일부이기 때문이다.

키에르케고르와 라캉이 공통적으로 강조한 '불안'은 주관적 불안의 본질을 이해함으로써, 당시 사람들을 가장 괴롭혔던 사회경제적 환경 속에서 형성된 객관적 불안에서 벗어나는 데 중요한 의미를 지닌다. 키에르케고르는 관습에 의해 정해진 질서를 무조건 따르는 것을 삶의 구속에서 벗어나지 못한 상태로 보았고, 라캉은 사회적 틀 안에서 타인의 인정을 갈구하는 것을 욕망의 종속이라 보았다. 이들이 말하는 불안의 진정한 가치는 타율적인 삶에서 벗어나 '진정한 나'로서의 주체성을 회복하고, 스스로를 새롭게 재인식하는 데 있다.

불안의 서문

키에르케고르와 라캉은 불안 개념을 독자적인 연구 영역으로 개척한 대표적인 사상가들이다. 다른 철학자들이 부분적으로 다뤄온 불안이라는 주제를 이들은 본격적으로 연구하여 단행본으로 출간할 만큼 깊이 있게 천착했기 때문이다. 라캉은 『세미나 10권』의 앞뒤 부분에서 키에르케고르를 불안 현상에 대한 탁월한 통찰력을 지닌 사상가로 평가한다. 다만 라캉은 키에르케고르의 불안을 현대 정신분석학의 관점에서 보다 상세하게 해석하고 있다.

키에르케고르는 철학자이자 신학자, 심리학자였지만 스스로를 시인이라 칭했다. 그가 종교적 문필가로 널리 알려진 이유는 신학자로서의 면모 때문이었다. 그는 인생을 세 가지 단계로 구분했다. 첫째는 감각적 향락과 정서적 희열을 추구하는 '심미적 단계', 둘째는 칸트의 도덕법칙에 따라 의무를 다하려는 '윤리적 단계', 셋째는 아무리 도덕적으로 살아도 인간은 삶의 유한성 때문에 결국 생의 불안에서 벗어날 수 없다고 지적하는 '종교적 단계'다. 키에르케고르는 각 실존 단계에 따라 개인이 특정 단계에 치우친 삶의 방식을 깊이 내면화하며 살아간다고 보았다.

『불안의 개념』은 총 다섯 장으로 구성되어 있다. 서두에서는 불안의 근원을 '원죄'까지 거슬러 올라가 탐구하는데, 이는 불안을 인간학적 관점과 신학적 관점이 혼합된 방식으로 접근하기 때문이다. 이러한 글의 형식이 낯설고 어렵게 느껴지는 독자도 많을 것이다. 그러나 키에르케고르가 '불안의 개념'이라는 제목을 붙인 1장의 5절부터는 불안에 대한 인간학적 분석에 집중하고 있음을 주목할 필요가 있다.

라캉의 정신분석학에서는 인간의 삶을 세 가지 영역으로 구분하여 설명한다. 이 세 영역은 상상계(the Imaginary), 상징계(the Symbolic), 그리고 실재(the Real)이다. 상상계가 이미지와 환상을 통해 자아가 형성되는 시각적 차원이라면, 상징계는 언어와 사회적 법질서를 통해 주체가 형성되는 영역이다. 상징계가 언어를 통해 주체를 구성하는 반면, 실재는 언어적 질서의 한계를 넘어서는 영역을 뜻한다. 세 영역은 서로 유기적으로 연결되어 인간의 삶을 이루며, 이를 통해 우리는 자신의 존재를 인식하게 된다. 이러한 구조는 키에르케고르가 구분한 세 가지 실존 단계와 구조적 유사성을 지니고 있지만, 완전히 동일하지는 않다.

라캉의 이론은 그가 직접 집필하고 편집한 『에크리』와 구술 강의를 모은 『세미나』 시리즈에서 확인할 수 있다. 총 27권으로 구성된『세미나』는 방대한 주제를 다루고 있는데, 그중에서도 불안은『세미나 10권』의 핵심 주제이다.

라캉에 따르면 불안은 억제로부터 비롯된다. 여기서 억제란 상징계가 언어로 인식할 수 없는 것들을 배척하는 과정을 뜻하며, 이는 사회적 주체를 형성하는 과정을 의미한다. 사회나 제도가 요구하는 틀 안에 갇힌 인간의 세계인 상징계는 필연적으로 한계를 지닌다. 라캉은 그 한계를 넘어 자신에게 요구하는 것을 불안이라 부르며, 이를 '실재의 신호'라고도 한다. 다만, 라캉이 말하는 실재는 우리가 일상에서 사용하는 실재와는 다르다. 그것은 실체나 물질성이 없는 개념으로, 어떤 말로도 표현할 수 없는 텅 빈 공허 (the void)의 상태를 의미한다.

현대 사회에서 상상계가 '특수자'의 영역이고 상징계가 '보편자'의 영역이라면, 실재는 '탐구자'로서 살아가는 삶의 영역으로 비유할 수 있다. 이는 기존에 확립된 삶의 틀을 흔들며 새로운 질서를 모색하기 때문이다.

이 책은 키에르케고르와 라캉의 이론에서 사용되는 어려운 용어들로 가득해 다소 난해하게 느껴질 수 있다. 하지만 이러한 용어들은 불안의 복잡한 실체를 해명하기 위한 하나의 도구일 뿐이다. 책의 전반부는 키에르케고르의 불안 개념을 해석하고, 후반부는 라캉의 불안을 다루되 각 논점마다 키에르케고르의 사유를 겹쳐 읽는 방식을 취한다. 불안에 대한 탐구는 '없지 않은 대상'을 다루는 작업이기에 어렵고 난해하지만, 이는 역설적으로 존재

의 숨겨진 실체를 드러내고 아직 열리지 않은 '가능성'을 응시하
게 한다. 이러한 논의를 통해 불안은 아직 보이지 않는 것을 가시
화하여 현재로 소환하는 영상학적이면서 심리학적인 주제로 새롭
게 정립된다.

차례

서문의 서문 · 6

불안의 서문 · 11

1부

키에르케고르의 '불안'에 대하여

1장 불안은 우리 존재의 뿌리 깊은 감정이다. · 21

01 불안은 개인과 인류 사이의 관계에서 비롯된다. · 22

02 불안은 '할 수 있다'는 가능성을 일깨워 준다. · 26

03 불안은 수수께끼에 대한 동경으로, 싫지 않은 감정이다. · 29

04 불안은 우리로 하여금 자신의 존재 근거를 찾게 한다. · 34

05 존재의 현실성에 대한 불안을 '자유의 현기증'이라 부른다. · 38

06 불안은 자신의 존재감을 잃고 마음 둘 곳이 없다는 신호이다. · 43

2장 감각적 집착은 본질적 불안을 초래한다. · 51

01 불안은 상상적 관념과 이성적 변용 간의 갈등이다. · 52

02 불안의 초기 형태인 우울은 자신을 새롭게 이해하게 한다. · 56

03 우울 불안은 예민한 감수성을 지닌 자의 내면 상태이다. · 61

04 우울함에 갇히지 말고, 그 속에서 빛을 찾아야 한다. · 65

05 우울을 벗어나려 잠시 욕망 앞에서 도덕을 내려놓는다. · 69

06 본질적 불안에서 비롯된 감성의 힘이 '음악적 돈 후안'이다. · 73

07 '음악적 돈 후안'의 감각적 집착은 반응에 개의치 않는다. · 77

3장 불안은 자신의 정신 활동을 촉진한다.　· 83

01 자기 관계는 자신의 현실성을 확인시켜 준다.　· 84
02 타자 관계는 자기를 한 단계 더 높은 차원으로 이끈다.　· 88
03 불안은 절망 속에서도 자유로운 존재가 되게 한다.　· 93
04 시간과 영원의 종합은 시간의 충만함을 가져온다.　· 98
05 불안은 우리를 시간의 제약에서 벗어나게 한다.　· 102
06 불안은 일상의 틀을 깨고 세상에 힘차게 나아가게 한다.　· 108
07 불안은 운명을 벗어나 가능성의 날개를 펼치게 한다.　· 112
08 불안은 우리에게 무한한 가능성의 문을 활짝 열어준다.　· 118

4장 키에르케고르의 작품은 '시적인 성격'을 지닌다.　· 123

01 시적인 것은 가능성에 대한 불안을 내포한다.　· 124
02 시적인 것은 인간 존재를 새로운 차원으로 넓혀준다.　· 129
03 시적인 것에 대한 호기심은 전적으로 우연성에서 비롯된다.　· 133
04 심미적 단계의 우연성은 예감을 통해 시적인 것을 품게 한다.　· 138

5장 무정신성 상태에서도 불안은 여전히 존재한다.　· 147

01 타인처럼 존재하는 것이 훨씬 더 안전하다고 생각한다.　· 148
02 무정신성 상태에서도 불안에서 벗어나기는 어렵다.　· 152
03 무정신성의 어둠 속에서 자신이 되기 싫은 순간이 있다.　· 155
04 그러나 반항을 내포한 무정신성은 새로운 주체를 예비한다.　· 160

6장 불안을 일으키는 것은 '악마적인 것'으로 여겨져 왔다.　· 167

01 악마적인 것은 도덕을 추구하는 선에 대한 불안이다.　· 168
02 '갑작스러운 것'이 초래하는 위반은 도약의 계기가 된다.　· 173
03 '폐쇄적 침묵'으로 혼자만의 시간을 갖고 싶을 때가 있다.　· 178
04 '지루함'은 역설적으로 인생의 달콤함을 더 갈망하게 한다.　· 183

2부

라캉의 '불안'에 대하여

1장 불안은 새로운 주체를 창조한다. · 191

01 우리의 의식을 지배하는 대타자의 환상은 사람을 속인다. · 192

02 라캉의 불안은 결코 자신을 속이지 않는다는 의미를 지닌다. · 199

03 불안은 인식할 수 없는 '없지 않은 대상'이 전하는 정동이다. · 206

04 욕망의 이면에 숨겨진 대상을 '없지 않은 대상'이라고 한다. · 212

05 불안은 공감과 반감의 대상이라는 이중적 의미를 지닌다. · 220

06 대타자에게 속지 않는 자가 느끼는 불안을 '당혹'이라 한다. · 225

07 상징계의 허약성을 드러내는 불안을 '동요'라고 부른다. · 233

08 상징계의 경계를 넘어선 실재는 새로운 주체를 예비한다. · 242

2장 공백 한가운데에 주체의 좌표가 존재한다. · 247

01 상징계와 연관된 사회 구조는 항상 공백을 메우며 존재한다. · 248

02 자기 성취형 인물에게 불안은 공백이 메워질 때 발생한다. · 255

03 억제가 심해질수록 공백이라는 마음의 구멍이 생긴다. · 261

04 타자의 욕망을 거부하는 불안은 순수 욕망을 지향한다. · 268

05 라캉이 말하는 카타르시스는 공백의 장소를 마련해 준다. · 274

06 카타르시스 효과를 지닌 '안티고네'는 개별 존재를 상징한다. · 278

07 순수 욕망의 화신 '안티고네'는 불안을 섬광처럼 비춘다. · 281

08 오직 하나뿐인 자신을 찾으려면 '아테'의 경계로 나가야 한다. · 287

3장 결여의 결여는 욕망의 발달을 멈추게 한다. · 295

01 상징계가 초래하는 결여는 곧 공백을 의미한다. · 296

02 욕망이 발달하는 조건은 존재 결여와 관련이 있다. · 304

03 욕망의 핵심으로 꼽히는 지점을 '아포토스'라고 한다.　·307

04 현대 사회에서는 존재 결여가 병리적인 형태로 나타난다.　·314

05 불안은 욕망 발달을 멈추게 하는 '결여의 결여' 신호다.　·320

06 '결여의 결여' 상태에서 발생하는 불안은 실재의 신호다.　·326

07 '결여의 결여'는 상징계의 구멍인 공백의 망각을 의미한다.　·330

4장 생툼은 각 존재의 고유한 매력을 탐구하고 꽃피운다.　·339

01 상징계의 한계를 넘어 생툼을 통해 새로운 주체를 찾는다.　·340

02 라캉은 조이스의 예술을 통해 증상을 생툼으로 전환시킨다.　·344

03 상징계의 질서를 벗어난 조이스는 과연 정상적인 인물일까?　·348

04 조이스의 글은 끊임없이 다양한 방식으로 해석되어 왔다.　·352

05 조이스의 난해한 문체는 잠시 멈추어 생각하게 만든다.　·356

06 생툼은 서로 어우러져 조화를 이루는 일관성을 요구한다.　·360

07 생툼이 없다면 주체가 지닌 탈존의 의미 또한 사라진다.　·367

참고문헌　·373

1부

키에르케고르의 '불안'에 대하여

Anxiety is a longing for a mystery, a feeling that's not unpleasant at all.

불안은
우리 존재의
뿌리 깊은
감정이다.

키에르케고르는 대표작 『불안의 개념』 서문에서 '불안'을 심리학적으로 탐구하겠다고 선언했다. 그는 불안을 단순한 감정이 아니라 무한한 가능성의 신호로 보았다. 한편, 신학자로서 그는 불안을 죄와 연결지어, 신과의 단절에서 비롯된 인간 존재의 유한성에 따른 깊은 심리적 고뇌로 해석했다. 이처럼 '불안'은 우리 존재의 미묘한 경계에서 빛과 그림자를 동시에 드리운다.

01

불안은 개인과 인류 사이의 관계에서 비롯된다.

'불안'의 개념을 심리학적으로 다루는 것을 과제로 정립했다.[1]

키에르케고르는 『불안의 개념』에서 개인과 인류의 관계를 통해 불안의 본질을 탐구하기 시작한다. 그는 개인이 단순한 한 존재에 머무르지 않고, 인류 전체의 역사와 깊이 연결된 존재임을 강조한다. 인간은 자신이면서 동시에 인류의 일부이기에, 타인에 대한 관심과 책임에서 결코 벗어날 수 없다. 이에 따라 '나'와 '우리'라는 두 세계가 교차하는 지점에서는 긴장이 발생하는데, 이 긴장은 개인의 성장과 발전을 이끄는 원동력이 된다. 이러한 긴장은 단순한 감정이 아니라, 개인이 자신의 독특함을 실현하기 위해 반드시 직면하고 극복해야 할 도전이다.

개인은 언제나 자신만의 독특한 방식으로 인류의 역사에 참여하기 때문에 결코 수많은 다수 속에 묻혀 사라지지 않는다. 따라서 불안은 다수와 분리되어 '나'로 존재할 때 생기는 상처이자, 동시에 개인성을 지키는 신호탄이다. 불안에 대한 이러한 이해는 존재의 좌표를 찾는 과업을 수행하는 데 있어 가장 중요한 첫걸음이 된다.

키에르케고르는 인간 존재의 진정한 본질이 '구체성'에 있다고 믿었다. 그는 구체적이지 않으면 각 개인의 개성과 존재의 의미를 온전히 탐구할 수 없다고 보았다. 여기서 '구체적'이라는 말은, 정신의 흐름 속에서 개인과 인류 전체 사이에 필연적으로 충돌과 모순이 발생하는 부정이 자리 잡고 있음을 뜻한다. 이러한 생각은 키에르케고르가 헤겔의 논리학을 비판할 때 내세운 핵심 명제였다. 그는 헤겔의 논리학이 실존의 구체적인 현실을 간과한 채 지나치게 난해한 추상 개념에만 치중한다고 보았다. 잘 알려진 바와 같이, 헤겔은 독일 관념론 철학의 거장이자 근대 철학을 완성한 인물로, 키에르케고르는 대학 시절 그의 강의를 들으며 깊은 영향을 받았다. 그러나 키에르케고르는 자신의 철학적 입장을 확립하기 위해 헤겔 철학을 비판적으로 재해석하였다.

헤겔은 논리학을 철학 체계의 중심에 두고, 개인과 사회의 자유가 조화롭게 실현되는 이상사회를 꿈꾸었다. 그의 논리학은 현실과 역사의 발전 과정에서 부정적인 요소를 끌어들여 생명력을 부여한다. 이는 정(正)과 반(反), 합(合)의 변증법적 자기 전개 과정에서 모순이 최초 개념인 정립에 대한 부정으로 작용하기 때문이다. 그러나 키에르케고르는 논리학이 부정을 끌어들여 무언가를 만들어내는 것은 진정한 실존의 움직임이 아니라 단지 '타자'

에 불과하다고 비판했다. 다시 말해, 논리학은 실제로 움직임을 일으키지 못하는 부정이라는 개념으로만 언어유희를 벌이고 있을 뿐이라는 것이다.

키에르케고르에게 '충돌'과 '모순'은 단순한 장애물이 아니라 오히려 개인 존재가 성장하는 원동력이다. 키에르케고르는 헤겔의 논리학을 비판하며, 진정한 실존의 움직임은 차가운 논리의 틀 안에서는 결코 일어날 수 없다고 단호히 주장한다. 그에게 실존의 운동은 초월이나 도약과 밀접하게 연결되어 있기 때문이다. 초월과 도약은 현재에서 미래로 나아가며 가능성을 열어가는 과정인데, 이를 설명하기 위해『불안의 개념』첫 장에서는 독특하게도 '죄'라는 개념을 깊이 탐구한다.

'죄'라는 현상은 독자들이『불안의 개념』을 읽을 때 가장 난해하고 혼란스러워하는 부분 중 하나이다. 비록 이 책의 서두에서 불안을 기독교의 근본 개념인 죄와 연결해 설명하고 있지만, 키에르케고르를 단순히 기독교 사상가로만 보는 것은 적절하지 않다. 그는 분명히 "이 책은 '불안'의 개념을 심리학적으로 다루는 것을 과제로 삼았다"라고 밝히고 있기 때문이다. 다만 "그것이 원죄에 대한 교의를 항상 마음속에 두는 방식으로"라는 문장을 통해, 신과의 관계 회복을 위해 종교적 단계로 나아가야 한다는 점을 은연중에 암시하고 있다. 이는 신과의 관계 회복이야말로 참된 실존의 길임을 시사한다. 그러나 '심리학자 키에르케고르'*가 강조하는 종교적 단계는 단순히 신을 믿으라는 의미가 아니라, '불안의 카이로스'를 경험하며 도약하라는 뜻이다.

키에르케고르는 당시 철학계를 지배하던 헤겔 사상에 휩쓸리지 않기 위해 과감하게 '죄'라는 개념을 도입했다. 죄는 어느 학문에도 딱 맞아떨어지지 않는 독특한 현상이기 때문이다. 논리학이나 윤리학의 틀에 억지로 끼워 맞추려 해도 그 자리가 없다는 점, 바로 이 '자리 없음'이 죄의 본질이다. 죄는 초월과 도약을 내포하는 움직임이지만, 이성적 사유로는 결코 포착할 수 없다. 이는 헤겔의 논리학이 사유의 법칙에 갇혀 실존의 운동을 막기 때문이다. 따라서 키에르케고르는 죄라는 현상을 통해 논리학이 실존의 부정적 요소를 아무리 포함시키려 해도 결코 그럴 수 없음을 강조한다. 이처럼 그는 지성으로는 도저히 이해할 수 없는 '죄'라는 개념을 매개로, 불안을 명확히 규정할 수 없는 모호성의 영역에 위치시킨다.

---

* 우리는 키에르케고르가 "심리학적 실험"이라는 부제를 붙여 출간한 저술을 바탕으로 그를 심리학자로 해석한다. 키에르케고르의 저술에는 '심리학'이라는 단어가 매우 빈번하게, 정확히 355회나 등장한다. 이는 신학이라는 용어가 323회 등장하는 것과 비교해 볼 때 놀라운 수치다. 이러한 통계는 키에르케고르를 심리학자로 주목하는 최근 연구 경향과도 관련이 있다.

02

불안은 '할 수 있다'는 가능성을 일깨워 준다.

금령은 아담에게서 불안을 일으킨다. 그것은 '할 수 있음'이라는 것이다.[2]

키에르케고르는 죄를 단순한 도덕적 문제로 보지 않고, 인간 내면의 깊은 심리와 실존적 체험으로 이해하며 '불안'이라는 독특한 개념을 제시했다. 그는 전통적인 원죄 개념을 완전히 뒤집어, 죄를 종교적 굴레에서 벗어나 자유가 깨어나는 순간으로 해석한 것이다. 이러한 새로운 시각은 우리를 혼란스럽게 하면서도 동시에 매혹시킨다. 왜냐하면 죄를 짓는 순간은 인간이 자유라는 가능성 앞에서 느끼는 떨림, 즉 '불안'의 순간이기 때문이다. 키에르케고르는 아담에게 내려진 금령을 자유의 문을 두드리는 신호로 보았다. 그리고 그 문 앞에서 마주하는 전율과 두려움이 바로 '불안'이라는 이름으로 우리 존재의 깊은 의미를 드러내는 열쇠가 된다고 설명했다.

키에르케고르의 새로운 죄 해석은 구약성서 '창세기'의 이야기를 새롭게 읽는 데서 출발한다. 최초의 인간 아담은 자유를 허망하게 사용하여 죄를 짓게 되는데, 키에르케고르는 이 사건을 "죄는 하나의 (어떤) 죄를 통해 세상에 들어온다"라는 명제로 요약한다. 아담이 금령을 어기는 순간, 그는 질적으로 완전히 다른 존재로 도약하며 죄의 세계에 발을 들인다. 이 '도약'은 단순한 사고의 전환이 아니라, 이성으로는 도달할 수 없는 자유의 결단이다. 『불안의 개념』에서 도약은 금지의 제약에서 벗어나 열정과 자유로 가득 찬 실존적 변화의 순간을 의미한다. 키에르케고르에게 이 도약은, 개인이 자신의 존재를 새롭게 정의하게 만드는 뜨거운 변혁의 불꽃과도 같다.

구약성서에 등장하는 에덴동산에서 하나님은 아담에게 한 가지 금령을 내리셨다. "이 동산의 모든 열매는 자유롭게 따먹어도 좋으나, 선악과만은 절대 손대지 말라. 그것을 먹으면 반드시 죽음이 찾아올 것이다." 그러나 아담은 이 금령을 어기고 말았다. 왜 그랬을까? 키에르케고르는 바로 이 순간에 주목한다. 아담이 금령을 어기게 만든 내면의 갈망은 무엇이었을까? 금지는 단순히 두려움을 불러일으키는 것 이상의 의미를 담고 있지 않았을까? 왜 인간은 금지된 것, 두려운 것에 더 끌리게 되었을까?

이에 대해 키에르케고르는 '할 수 있음'이라는 개념으로 답한다. 금지된 선악과를 따먹는 순간, 아담은 이전과는 전혀 다른 질적인 변화를 경험하게 된다. 최초의 죄는 인간이 지닌 자유로부터 비롯된 도약과 함께, 순수한 상태에 있던 아담에게 도래한 것이다. 자유로 인해 끊임없이 솟아오르는 무엇, 즉 죄의 현실적 가능성이 바로 키에르케고르의 심리학이 주목하는 대상이다.

이처럼 키에르케고르는 금령이 전제하는 '할 수 있음'이라는 가능성과 그에 수반되는 매력과 두려움에 주목했다. 선악과가 자유의지에 대한 개인의 통제를 상징한다면, 금령은 역설적으로 아담에게 억눌린 자유가 존재함을 일깨워 준다. '할 수 있음'이라는 두려움을 불러일으키는 가능성을 깨닫는 도약은 아담으로 하여금 자유의 가능성을 자각하게 했다. 결국 아담은 이러한 자유에 대한 가능성의 발견을 통해 스스로 자유롭게 결단할 수 있는 주체로 거듭난 것이다.

결단이란 인간이 자유로운 자기의식을 갖기 위해 내면에 잠재된 무언가를 도약시켜 자신을 실현하는 행위이다. 이러한 관점에서 죄는 개별자에게 나타나는 고정할 수 없는 사건이고 실존을 위한 역동적인 운동의 결과로 해석될 수 있다. 이처럼 키에르케고르가 주목한 죄라는 현상은 지성적 사유만으로는 파악할 수 없는 도약이라는 초월적 성격을 내포하고 있다. 따라서 후대의 인간이 아담으로부터 물려받은 것은 원죄가 아니라, 바로 그 가능성인 '불안'이라 할 수 있다.

03

불안은 수수께끼에 대한 동경으로,
싫지 않은 감정이다.

불안은 공감적 반감이며 반감적 공감이다. [3]

금지는 오히려 욕망의 불꽃을 더욱 거세게 타오르게 만든다. 이 말은 불안이라는 감정이 지닌 이중적인 성격을 떠올리게 한다. 만약 신의 엄격한 금지가 강렬한 갈망을 자극하는 불씨라면, 그 금지를 어겼다는 죄책감은 바로 그 갈망의 씨앗이 된다. 인간이 금지된 것에 끌리는 현상은 단지 기독교적 체험에만 국한되지 않고, 우리 모두의 일상 속에서도 흔히 발견된다. 하지만 그렇다고 해서 이러한 현상을 당연하게 받아들일 수는 없다. 불안이라는 감정의 이중성은 인생의 특정 순간이나 실존의 단계에 따라 다르게 나타나기 때문이다.

종교개혁으로 등장한 개신교는 원죄를 모든 인간이 태어날 때부터 지닌 욕망의 씨앗을 품고 있다고 본다. 여기서 욕망은 단순한 감정이 아니라, 키에르케고르가 말한 '심미적 단계', 즉 감성에 휘둘리는 실존 상태를 뜻한다. 기독교 관점에서 죄와 감성의 관계는 플라톤 사상을 인용한 한 신부의 설교에서 잘 드러난다. "신은 그 자신의 형상에 따라 인간을 만들었으나, 인간은 죄로 인해 그 유사성을 잃어버리고 타락했으며, […] 감성적 실존에 들어감으로써 도덕적 실존을 상실했노라고."[4] 이 설교는 감성이 신과의 관계를 멀어지게 하며, 감성에 치우친 삶은 곧 '죄'가 된다고 강조한다.

육체적 만족을 중시하는 심미적 단계는 가장 자연스럽고 본능적인 삶의 영역이다. 이 단계의 인간은 윤리적 도덕 규범에 얽매이지 않은 채, 과도한 욕망을 품고 제한 없는 쾌락을 추구한다. 따라서 심미적 단계는 언제든 죄를 지을 수 있는 개연성을 내포하고 있다.

불안의 양면성을 고찰하기 위해서는 죄를 지을 수 있는 조건에 대해 보다 구체적으로 이해할 필요가 있다. 신학자 키에르케고르에 따르면, 죄를 지을 수 있는 조건은 명확히 심미적 단계와 관련된다. 이는 칸트의 윤리학에 기반한 삶의 영역인 윤리적 단계로 나아가려는 결단이 이루어지지 않은 상태를 의미한다. 칸트의 도덕법칙에서는 개인이 이성에 복종하게 된다. 그러나 칸트는 이성으로도 완전히 설명되지 않는 성질을 '근본적인 악(Radical Evil)'이라 명명했다. 이 근본악은 기독교의 원죄론을 현대적으로 재해석한 개념이라 할 수 있다. 이는 사실상 '죄' 대신 '악'이라는 용어를 사용한 것에 불과하며, 전적으로 '우리 자신에 의해 초래된 악'을 뜻한다. '악'이라는 현상은 인간의 자유의지 남용에서 비롯된다는 점에서, 키에르케고르가 말하는 '죄'와 본질적으로 일치한다. 키에르케고르는 '죄'를 인간 정신이 각성하는 과정에서 스며드는 현상으로 설명하는 반면, 칸트는 '죄'를 탈종교적 언어로 표현한 것에 불과하다.

감성이 '근본악'이나 '죄'의 근거가 될 수는 없지만, 키에르케고르가 말하는 '죄'는 감성과 밀접한 관련이 있다. 죄와 감성의 관계에서 비롯되는 불안은, 아담의 원죄설에서처럼 인간이 감성적 본능을 신의 말씀보다 우선시할 때 발생한다. 키에르케고르가 말하는 심미적 단계는 칸트가 표현한 바와 같이 인간이 자연적으로 지닌 감성 능력의 영역을 뜻한다. 인간의 순수한 감성 능력은 이성을 자극하는 긍정적인 역할을 할 수 있지만, 동시에 감성에 기반한 악도 존재한다. 감성이 극단으로 치우치면 그것이 곧 '죄'가 될 수 있기 때문이다. 키에르케고르는 인간이 감성에 지나치게 매몰된 경우 비합리적인 충동에 쉽게 휘둘려 영적인 삶의 단계에 도달하지 못한다고 보았다. 따라서 그는 종교적 단계로 나아가기 위한 정신성을 억누르고 악으로 이끄는 감성의 성질을 '죄'라고 정의한 것이다.

그러나 심미적 단계를 반드시 죄를 범할 수밖에 없는 삶의 영역으로 단정할 수는 없다. 『이것이냐 저것이냐』 제1권에 수록된 각 단편에서는 우울, 감각, 비극, 공허, 권태, 기억, 망각, 불안 등 다양한 감정의 모티브가 독자들에게 전달되기 때문이다. 이는 정신 (또는 이성)의 우위라는 관점을 벗어났을 때 드러나는 심미적 단계의 특징이다. 인간이 풍부한 감성을 지닌 존재라는 사실이 곧 죄를 피할 수 없는 상태임을 의미하지는 않는다. 따라서 죄를 짓는 상태와 죄를 짓기 이전의 상태는 명확히 구분되어야 한다.

그렇다면 죄를 짓기 이전에 나타나는 불안은 어떤 상태일까? 이는 앞서 살펴본 죄를 짓게 되는 과도한 욕망과는 전혀 다른 의미를 지닌 불안의 심리학적 개념이다.

키에르케고르는 『불안의 개념』에서, 죄를 짓기 이전의 인간은 정신으로 규정되지 않고, 단지 자신의 자연적 조건과 직접적으로 결합된 상태에서 영적으로 규정된다고 말한다. 그러나 그 상태에도 불안은 존재한다. 이는 순진무구함의 상태에서 최초의 죄를 범할 때 겪는 불안과 유사한 경험이다. 이러한 불안은 본질적으로 아이들에게 속하는 것이다.

아이들의 특징은 무엇일까? 아이들은 불안을 피하려 하지 않는다. 이는 아이들이 아직 자연의 품 안에서 직접적이고 순수한 상태로 존재하기 때문이다. 아이들은 아직 존재의 기반이 확고하지 않기에, 그때그때 변덕스러운 욕구를 충족시키려는 호기심으로 가득 차 있는 것이다. 이러한 점이 불안의 이중적인 의미를 만들어낸다. 키에르케고르는 이를 다음과 같이 비유했다. "아이들을 관찰하면, 이러한 불안이 모험적이고 괴상하며 수수께끼 같은 것에 대한 동경으로 훨씬 구체적으로 드러난다는 것을 알 수 있을 것이다."[5] 불안은 아이를 불안하게 만드는 동시에, 그 달콤한 불안의 감정으로 아이를 매혹시킨다는 것이다.

‘공감적 반감과 반감적 공감’이라는 불안의 심리학적 이중성은 키에르케고르가 1842년에 남긴 『일지』에서 잘 드러난다. 그는 불안은 “사람이 두려워하는 것에 대한 일종의 갈망”이라 정의하며, 이를 통해 개인이 공포를 느끼면서도 역설적으로 그 대상에 매혹되는 심리를 포착했다. 요컨데 불안이란 두려움과 욕망이 불가분하게 뒤섞인, 모순된 감정의 상태인 것이다.

키에르케고르는 『불안의 개념』에서 불안을 “어떤 달콤한 불안, 결코 싫지 않은 불안”이라고 표현했다. 이러한 불안에 대한 정의는 과도한 욕망과는 전혀 다른 차원에 속하며, 죄를 짓기 이전에 나타나는 심리학적 상태임을 알 수 있다. 더 나아가, 공감적 반감과 반감적 공감은 서로의 관계를 통해 불안의 긍정적인 의미를 확장시킨다. 반감은 공감에 실패했거나 공감에 대한 반발일 수 있지만, 동시에 기존 한계를 넘어 도약을 경험하기 위한 실존적 움직임을 강화하는 개념이 되기 때문이다.

04

불안은 우리로 하여금
자신의 존재 근거를 찾게 한다.

입을 크게 벌린 심연을 우연히 내려다보는 자는 현기증을 일으킨다. [6]

키에르케고르는 불안을 마치 끝을 알 수 없는 검은 심연을 내려다보는 사람이 느끼는 현기증에 비유한다. 그 이유는 무엇일까? 인간 존재는 무한히 깊은 검은 심연을 품고 있을 뿐만 아니라, 그 심연이 눈앞에 드러났을 때 그것을 확인하고자 하는 갈망도 지니고 있기 때문이다. 끝없이 깊은 심연은 정확히 판별하기 어려운 미정형의 공백과 같다. 이러한 공백을 직시하는 사람이 느끼는 현기증은, 마치 절벽 끝에 서서 낭떠러지를 바라볼 때 느끼는 어지러움과 비슷하다. 심연에서 마주하는 규정할 수 없는 존재의 상태는 특정한 의미를 부여받지 못한 채로 존재하기 때문에, 그로 인해 어지러움을 느끼는 것이다.

불안은 마치 현기증과도 같다. 심연을 내려다보는 사람이 그 어둠 속에서 벗어나지 못할지도 모른다는 두려움을 품고 있기 때문이다. 특히 '입을 크게 벌린 심연'을 바라볼 때 느끼는 불안의 현기증은 그 두려움의 한계를 적나라하게 드러낸다. 이는 아직 자신의 생각과 감정을 다스릴 기반이 마련되지 않은 존재가 얼마나 불안정한 심리 상태에 놓일 수 있는지를 생생하게 보여준다.

심리적 의지처가 전혀 없는 깊은 심연 속에서, 아무것도 규정되지 않은 텅 빈 공백을 마주하는 순간, 존재의 기반이 마련되지 않은 이에게 엄습하는 아찔한 감각이 바로 불안의 현기증이다. 이러한 불안은 아직 자신이 존재의 토대를 갖추지 못했다는 신호일 뿐만 아니라, 존재의 좌표에 대해 깊이 성찰해야 함을 일깨워주는 고뇌이기도 하다.

키에르케고르는 존재의 기반이 아직 확립되지 않은 상태를 '심리적 단계'라고 명명했다. 이 단계는 자기 의식이 희미하여 자연의 필연성에 지배받는 상태를 의미한다. 이러한 인간의 모습을 '던져진 존재'로 해석한 철학자가 있는데, 바로 키에르케고르의 사상에 영향을 받아 현대 철학을 개척한 독일의 하이데거(1889~1976)다. 하이데거는 인간이 스스로 원해서 태어난 것이 아니라, 의지와 무관하게 세상에 던져진 존재라고 보았다. 그는 신학이 말하는 존재의 신비를 거부하며, 인간이 우연히 어떤 상황에 내던져진 존재임을 강조했다. 따라서 인간은 세상에 던져진 존재로서 존재의 기반이 마련되지 않은 상태에 놓일 수밖에 없다. 하이데거의 이러한 정의를 통해 우리는 키에르케고르가 말한 '현기증의 불안'을 더욱 깊고 적극적으로 이해할 수 있다.

"심연을 우연히 내려다보는 자는 현기증을 일으킨다"라는 문장에서 '우연히'라는 단어는 하이데거가 말하는 '던져진' 개념과 깊은 관련이 있다. 세상에 던져진 존재가 느끼는 그 현기증은 과연 어떤 것일까? 하이데거는 세상에 던져진 인간 존재의 상태를 '피투(彼投)'라고 부르며, 이를 극복하려는 시도를 '기투(企投)'라고 명명한다. 피투된 존재는 존재의 기반이 없는 상태이기 때문에 무형의 공백과 마주할 수밖에 없다. 언어로 인식 가능한 상태를 받아들이는 것이 의식이며, 의식을 바탕으로 전개되는 것이 논리학이다. 따라서 역설적이게도, 아무것도 정해지지 않은 무형의 공백은 개인의 영혼 속에서 무엇이 어떻게 갈등하는지를 섬세하게 들여다볼 수 있는 공간이 된다.

키에르케고르는 '불안의 현기증'이라는 표현을 통해 논리학이 인간 실존이라는 수수께끼를 온전히 다룰 수 없다는 점을 드러내고자 했다. 불안의 현기증을 직면하는 사람은 존재의 심연에 놓인 절벽 끝에서 떨어질 것을 두려워하지 않고, 오히려 그 심연 속에서 자신의 존재 기반을 세우려고 시도한다.

인간은 절벽 앞에 선 난관 속에서도 자신의 삶을 어떻게 펼쳐 나갈지 끊임없이 설계하는 본성을 지니고 있다. 하이데거는 이러한 강력한 삶의 추진력을 '기투'라고 부른 것이다. 존재의 기반을 다지려는 이 시도는 '피투'라는 불안한 상태를 '기투'라는 적극적인 행위로 전환하는 힘에서 비롯된다. 따라서 존재의 심연을 마주하는 용기가 있어야만 기투의 힘도 생겨난다. 아직 자기 존재의 토대를 마련하지 못한 '피투' 상태를 극복하기 위해, 불안을 일으키는 무형의 공허함은 적극적인 기투로 채워져야 한다. 여기서 기투란, 주어진 현실에 움츠러든 연약한 자신을 새로운 가능성으로 힘차게 도약하게 하는 역동적인 움직임을 의미한다. '피투'를 '기투'로 전환하는 실존의 움직임은 바로 '할 수 있음'이라는 자유의 힘을 통해 가능하다.

05

존재의 현실성에 대한 불안을
'자유의 현기증'이라 부른다.

불안은 자유의 현기증인바, 이 현상이 나타나는 때는 […]
유한성을 붙잡을 때이다. [7]

키에르케고르는 "불안은 자유가 경험하는 현기증"이라고 독특하게 표현하며, 불안을 '자유'와 '현기증'의 관계 속에서 설명한다. 여기서 현기증은 인간 내면의 깊은 심연을 내려다볼 때 느끼는 감각을 의미하며, 자유는 다양한 가능성이 자신에게 다가오는 상태를 뜻한다. 키에르케고르에게 존재란 곧 가능성 그 자체이기 때문이다. 따라서 '자유의 현기증'은 불안 속에서 우리가 스스로를 선택할 자유를 지니고 있음을 알려주는 예감이라 할 수 있다.

키에르케고르에 따르면, 인간은 자신의 선택에 의해 형성되는 존재로 정의된다. 여기서 '자신의 선택'이란 자연적이고 사회적인 환경, 즉 역사 속에 자신이 깊이 연관되어 있음을 인정하는 것을 의미한다. 선택의 행위를 통해 인간은 단순히 존재 가능성에 머무는 심미적 단계에서 벗어나 구체적이고 실질적인 존재로 나아간다. 선택을 기준으로 심미적 단계와 윤리적 단계는 명확한 경계를 이룬다. 윤리적 단계는 선택을 통해 자기 이해가 질적으로 변화하는 단계이며, 실존적 인간은 이러한 선택을 통해 종교적 단계와 같은 더 높은 정신적 영역으로 이행한다. 더 높은 단계로 나아갈수록 결단과 선택의 강도는 더욱 커진다.

현대 사회에서 결단과 선택은 '자기 주도 학습'이나 '자기 혁신'이라는 개념으로 표현된다. 키에르케고르가 강조한 주체적인 결단은 젊은 학생들에게는 자기 주도 학습 능력을 키워주고, 성인들에게는 자신의 한계를 넘어 인식을 확장하는 자기 혁신의 과정을 촉진한다. 이러한 과정을 통해 자신이 지닌 잠재력을 최대한 발휘하려면 끊임없이 결단하고 선택하며 질적으로 변화된 자기를 만들어 나가야 한다.

"불안은 자유의 현기증이다. 이 현기증이 나타나는 순간은 정신이 자신을 통합하려 할 때이며, 자유가 자신의 가능성을 내려다보면서 자신을 지탱하기 위해 유한성을 붙잡으려 할 때이다. 자유는 이 현기증 앞에서 무릎을 꿇는다." 키에르케고르가 『불안의 개념』에서 제시한 이 난해한 문장은 세 가지 의미로 나누어 이해할 필요가 있다. 매우 모순적인 의미를 담고 있기 때문이다.

첫째, "불안은 자유가 주는 현기증이다"라는 말을 되새겨볼 필요가 있다. 여기서 '자유의 현기증'이란 결단의 순간에 내가 진정한 나 자신으로 거듭난다는 강렬한 예감을 의미한다. 그렇다면 왜 이러한 자유의 현기증을 '불안'이라고 부르는 것일까? 그 해답은 '종합'이라는 개념에 숨어 있다. 자유의 현기증이 찾아오는 때는 정신이 자신을 하나로 묶으려 할 때다. 즉, '나'라는 존재의 기반을 세우는 순간, 자유의 현기증이 현실로 다가오는 것이다. 그렇다면 정신이 종합하려는 것은 무엇일까? 키에르케고르는 "인간은 영과 육의 종합"이라고 말하며, 정신이 약하면 이 종합이 무너진다고 설명한다.

둘째, "자유란 자신의 가능성을 직시하면서도 자신을 지탱하기 위해 유한성을 붙잡는 것이다"라는 말을 깊이 이해해야 한다. 무한한 가능성의 심연을 마주할 때 우리는 어지러움과 두려움에 휩싸이기 쉽다. 이 심연은 모든 존재에 내재된 '무(無)'를 뜻한다. 키에르케고르가 말한 모든 불안은 바로 이 '무'에서 비롯된다. 불안은 선택의 자유 앞에 선 두려움이며, 무한과 유한 사이에서 균형을 잡아야 하는 인간의 피할 수 없는 감정인 것이다.

셋째, "자유는 이 현기증 앞에서 무릎을 꿇는다"라는 표현은 다소 난해한 의미를 담고 있다. 이 말은 '무'의 깊은 심연을 마주한 사람이 유한함을 선택할 때, 자유가 점차 사그라진다는 뜻을 내포하고 있다. 무한함은 인간의 한계를 넘어선 광활한 세계인 반면, 유한함은 인간이 지나친 환상에 빠지지 않도록 경계를 설정해준다. 유한함과 무한함 사이에 균형을 이끄는 것을 키에르케고르는 자유라 하는데, 그것은 불안의 또 다른 측면이다. 그러나 헤아릴 수 없는 무한의 심연 앞에서 두려움이 밀려와 유한함을 택하는 순간, 자유는 움츠러들고 만다. 즉, '할 수 있음'을 의미하는 자유가 위축된다는 것이다.

인간이 유한성에 집착하는 순간, 자유는 존재의 근본을 세우는 과업을 잃을 수 있다. 모든 사람이 한 번쯤 마주하는 이 문제는, 자유가 본래 부자유라는 껍질을 안고 있다는 사실에서 비롯된다. 부자유란 자기 자신을 형성하는 존재의 운동을 가로막는 상태를 의미한다. 인간은 자신의 부자유가 드러날까 두려워 유한성이라는 틀에 자신을 얽매려 하는 것이다. 이때 찾아오는 불안은 우리가 세상에 지나치게 구속되어 스스로를 위축시키는 문제에서 벗어나지 못한다는 깨달음에서 비롯된다. 동시에, 그것은 존재의 현실에 다가가기 위해 마주해야 하는 '무' 앞에서 느끼는 불안이기도 하다.

존재의 깊은 흔적을 따라 인간 내면을 들여다보면, 유한한 존재로서 느끼는 현기증 같은 불안이 자유의 문을 닫아버릴 위험을 내포하고 있음을 알 수 있다. 이러한 불안은 수동적인 상태에 머물러 능동적인 실존의 움직임으로 나아가지 못할 때 발생한다. 인간은 본질적으로 한계가 정해진 유한한 존재이기에, 키에르케고르를 비롯한 여러 철학자들은 실존의 문제를 유한성의 한계를 극복하는 데서 찾고자 했다.

새로운 자기를 창조하기 위한 선택은 심연에 잠재된 가능성을 열어젖히는 자유의 잠재력과 마주하는 정신의 역동적인 활동을 촉발할 때 비로소 의미를 갖는다. 이러한 선택을 통해 규정되는 존재 방식은 자신의 존재 의미를 끊임없이 내면에서 탐구하는 자세여야 한다. 불안이 생겨나는 순간은 바로 우리가 자신에게 의존하고, 스스로 선택해야 하는 순간이다. [8] 선택을 통해 가능성이 우리에게 다가오게 하는 것은 전적으로 자유의 역할이다. 그래서 불안 속에서 '자기 자신을 드러내는' 자유의 가능성은 키에르케고르의 『불안의 개념』에서 끊임없이 강조된다.

06

불안은 자신의 존재감을 잃고 마음 둘 곳이 없다는 신호이다.

신앙의 도움에 힘입어서, 불안은 (신의) 섭리를 믿도록 개인을 양육한다.[9]

자기 안의 좋은 본질을 확립하고 그것에 집중하면 불안을 극복하고 자존감도 높일 수 있다. 불안을 이겨내는 첫걸음은 마음의 안식처가 되어줄 좋은 내면의 대상을 품는 것이다. 옛 전통에서는 그 대상이 완전함의 상징인 신이었다. 불완전한 인간에게 신은 마음을 의지할 수 있는 완전한 존재였기에, 『불안의 개념』 마지막 장에서는 "신앙의 힘이 불안을 극복하게 하며, 우리를 신의 섭리를 믿도록 이끈다"는 문장이 나온다.

『불안의 개념』의 마지막 5장 제목은 '신앙을 통한 구원인 불안'이다. 키에르케고르 연구자 아르네 그론은 이 제목을 "신앙은 우리를 얽매는 불안으로부터 구원한다"는 의미로 해석해야 한다고 말한다.[10] 즉, 불안은 신앙과 밀접하게 연결되어 있으며, 신앙은 불안을 해소하는 역할을 한다는 것이다. 이 부분에서 우리는 불안을 해소하기 위한 모든 의문이 풀릴 것이라는 기대를 갖게 된다. 더 나아가 키에르케고르는 "불안을 통해서 개인이 신앙을 지향하도록 교육받을 때, 불안은 바로 그 자신이 낳은 것을 뿌리 뽑을 것"[11]이라고 덧붙이기도 한다.

이처럼 키에르케고르에게 불안의 해소는 신앙을 통한 믿음과 밀접하게 연결된 기독교적 관점에 기반하고 있다. 만약 불안을 신앙에만 의존하는 것으로 단정한다면, 우리는 종교적 도그마에서 벗어나기 어려울 것이다. 엄밀히 말해, 키에르케고르는 『불안의 개념』 1장 5절부터 시작된 불안에 대한 분석에서, 이 책 서문에 밝힌 바와 같이 인간 내면에 대한 심리학적 관찰과 탐구에 중점을 두었다. 그러나 이러한 맥락과는 달리, 마지막 5장에서는 불안 해소에 관한 초월적 차원을 제시한다. 이는 키에르케고르 사상에서 인간의 내면적 차원과 신적 섭리인 절대적 차원이 서로 얽혀 있기 때문이다. 이러한 이유로 키에르케고르의 독자들은 그의 사상을 해석할 때 종종 혼란을 겪게 된다.

『불안의 개념』의 마지막 장에서는 신앙과 불안의 복잡한 관계를 더 이상 깊이 다루지 않는다. 따라서 우리는 불안 해소 문제를 보다 실존적인 관점에서 다시 조명할 필요가 있다. 즉, 불안 해소라는 주제를 새로운 시각으로 재해석해야 한다는 뜻이다. 실제로 불안을 중심으로 한 키에르케고르의 사상은 우파 성향의 하이데거와 좌파 성향의 아도르노(1903~1969)에게 깊은 영향을 끼쳤으며, 나아가 현대 정신분석학의 지평을 넓힌 라캉에게도 큰 영감을 주었기 때문이다. 바로 이 점이 키에르케고르의 불안이 정신분석학적 맥락에서 해명될 수 있는 이유다.

1926년, 프로이트는 『억압, 증상과 불안』에서 자아가 불안을 해소하기 위해 방어기제를 활용한다는 흥미로운 주장을 내놓았다. 이 이론을 바탕으로 정신분석학의 새로운 지평을 연 멜라니 클라인(1882~1960)은 방어기제를 통해 아기들이 불안의 그림자에서 벗어날 수 있다고 설명한다. 여기서 '대상'은 단순한 타인이나 기억을 넘어 자아의 깊은 내면에 자리한 '내적 대상(Internal Object)'까지 포함하는 개념이다. 클라인은 불안을 극복하는 핵심 전략으로 '좋은 내적 대상'을 확고히 자리잡게 하는 것을 강조했다. 한편, 키에르케고르는 '좋은 내적 대상'을 얻기 위해 종교적 단계로 나아가는 것은 필수적이라고 주장하기 때문에 유신론적 사상가로 분류되기도 한다.

'좋은 내적 대상'이라는 개념은 클라인의 대상관계 이론에서 매우 중요한 축을 이룬다. 클라인은 어린 시절에 '좋은 내적 대상'을 충분히 형성하지 못하면, 성인이 되어서도 감정이 롤러코스터처럼 오르내리는 조울증을 경험할 수 있다고 경고했다. 조울증은 기분이 하늘을 날았다가 갑자기 구름 속으로 가라앉는 것처럼 감정이 불안정하게 변동하는 상태로, 정신의학에서는 '양극성 장애'라고 부른다. 클라인은 이러한 감정의 소용돌이를 '우울적 자리(Depressive Position)'라고 명명했으며, 1935년 발표한 논문 〈조울 상

태의 심리 발생론에 대한 기고〉에서 이 개념을 처음으로 소개했
다. '우울적 자리'는 복잡한 우울감, 환상, 불안이 뒤섞여 있는 감
정 상태를 의미한다.

아동기에 형성되는 자아는 '좋은 내적 대상'들로 풍부해질 때
더욱 건강하고 풍성해질 수 있다고 한다. 반면, 어린 시절에 이러
한 '좋은 내적 대상'을 충분히 경험하지 못하면, 성인이 되어서도
불안을 일으키는 '우울적 자리'로 퇴행할 위험이 있다. 그래서 부
모님들은 어린 시절 우리의 마음에 깊이 새길 수 있는 위인전과
같은 유익한 동화들을 많이 들려주셨던 것이다.

클라인은 1940년에 발표한 논문 〈애도와 조울 상태와의 관계〉
에서 아기가 자신의 내면 깊숙이 숨겨진 '좋은 내적 상태'를 다시
불러내는 능력과 그 기술에 대해 흥미롭게 설명한다. 특히 주목
한 점은, 유아에게 우울과 불안이 극에 달했을 때 오히려 그 '좋은
내적 상태'를 재창조하는 힘이 활성화된다는 사실이다. 내면 세계
를 형성하는 과정에서 아기는 어머니와 같은 사랑하는 존재로부
터 처음으로 얻은 내적 대상에 집중하게 되며, 이 경험이 우울과
불안을 극복하는 열쇠가 된다는 것이다. 클라인은 성인이 되어 나
타나는 편집적 공포와 박해감 또한 이 '좋은 내적 대상'을 갈망하
는 마음에서 비롯된다고 설명한다. 즉, 편집증은 죽어가거나 이
미 사라진 내적 대상을 본래의 이상적인 모습으로 되살리려는 간
절한 요구와 질책에서 비롯된다는 것이다.

"좋은 내적 대상"을 회복하는 길은 상실된 사랑하는 대상을 내

면 세계 안에 다시 자리잡게 하는 과정이다. 이는 동시에 내면 깊숙이 처음으로 사랑했던 대상을 되살려 궁극적으로 "좋은 내적 대상"을 확립하는 것을 의미한다. 따라서 "좋은 내적 대상"을 다시 확립하는 일은 해체되고 위태로워진 자신의 내면 세계를 재건하는 길이 된다. 이처럼 클라인은 "좋은 내적 대상"을 안정적으로 확립해야만 '우울적 자리'에서 오는 불안을 극복할 수 있다고 강조한다.

"좋은 내적 대상"을 지키고 키우는 일은 오랫동안 종교가 맡아 온 역할이었다. 신은 우리 마음 깊은 곳에 자리한 궁극적인 대상이었기 때문이다. 또한 '우리'라는 공동체를 중심으로 한 전통 사회에서는 '선'이라는 가치가 내면의 빛나는 본질을 지키는 열쇠였다. 선은 신을 닮아가는 길이었기 때문이다. 그러나 전통 사회에서 소중히 여겨지던 선이 사라지면서, 현대인들은 우울과 불안이라는 그림자에 휩싸이게 되었다. 그렇다면 어떻게 다시 "좋은 내적 대상"을 찾아 마음의 안식을 얻을 수 있을까? 이 질문에 대한 답은 문화 존재론이라는 새로운 관점에서 찾아볼 수 있다.

근현대에 접어들면서 눈부신 과학기술의 발전은 종교가 지니고 있던 깊은 의미와 교훈을 점차 희미하게 만들었고, 고전 형이상학의 시대도 서서히 저물게 했다. 그 결과, 신의 부재와 선이 몰락한 지점에서 공허함이 자리 잡게 되었으며, 이 공허함은 불안이라는 형태로 우리의 일상 속에 스며들었다. 마음의 안식처를 잃은 채 불안이 확산된 것이다. 그러나 현대 대중문화의 발달은 키에르케고르가 말한 신앙을 통한 불안의 극복과는 또 다른 길을 제시한다. 그것은 바로 문화 존재론적 관점에서 인간을 이해하는 방식이다. 불안할수록 우리는 더 많은 문화적 경험과 예술적 체험을 갈망하게 된다. 영화, 드라마, 춤, 음악 속에 담긴 메시지들은 우리에게 꿈과 평화를 선사하고, 때로는 치유의 힘을 전하며 내면의 좋은 본질에 집중하도록 이끌기 때문이다. 이처럼 현대인은 종교를 넘어 대중문화 속에서 '좋은 내적 대상'을 찾아가고 있는 것이다.

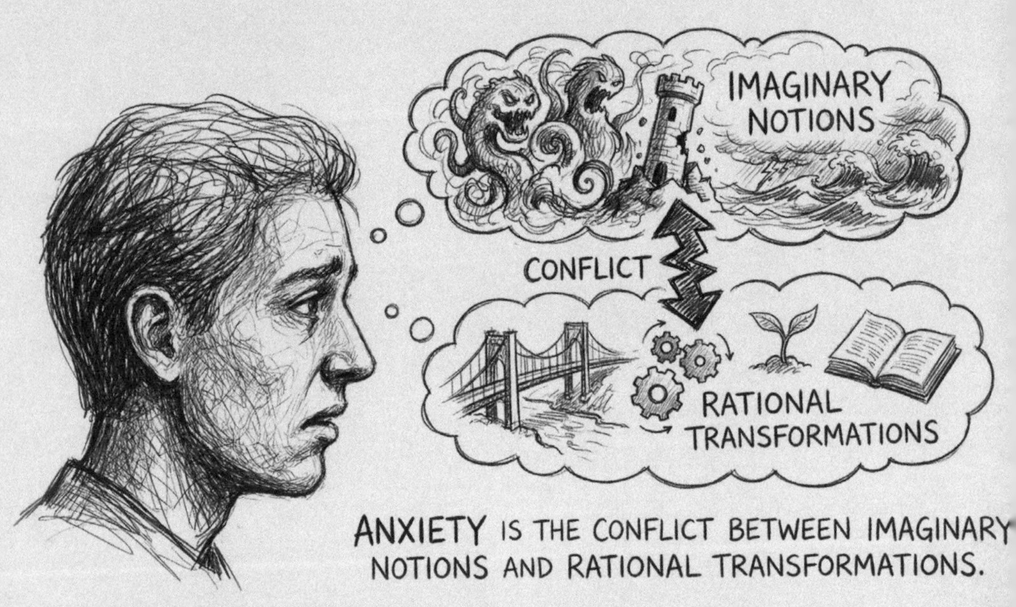

IMAGINARY NOTIONS
CONFLICT
RATIONAL TRANSFORMATIONS
ANXIETY IS THE CONFLICT BETWEEN IMAGINARY NOTIONS AND RATIONAL TRANSFORMATIONS.

감각적 집착은
본질적 불안을
초래한다.

키에르케고르의 처녀작 『이것이냐 저것이냐』(1843) 제1편은 심미적 유희에 기반한 인생관을, 제2편은 보편적 가치를 중시하는 윤리적 인생관을 다룬다. 윤리적 단계는 심미적 단계의 문제를 지적하며 바로잡으려 한다. 그러나 현대 연구자들은 키에르케고르의 초기 낙관적 상상력이 담긴 제1편의 심미적 단계를 미학적으로 해석해 현대 문화 연구에 활용하고 있다.

01

불안은 상상적 관념과 이성적 변용 간의 갈등이다.

순간은 […] 현재를 의미한다. 여기에 감성적 삶의 불완전성이 있다. [1]

　　키에르케고르는 인간 내면 깊숙이 자리한 감성적 욕망이 만들어내는 '상상적 관념'이 지배하는 인간 삶의 영역을 '심미적 단계'라고 명명했다. 옛 철학자들은 상상적 관념을 단순히 이성이나 정신으로 나아가기 위한 밑거름으로만 여겨, 반드시 극복하거나 배척해야 할 대상으로 보았다. 그 이유는 상상적 관념이 이성적 변용을 거부하는 고집스러운 성질을 지니고 있기 때문이다.

　　상상적 관념과 이성적 변용 사이에는 끊임없는 갈등과 투쟁이 벌어지며, 그 한가운데에서 불안이 싹튼다. 바로 이 불안이 『이것이냐 저것이냐』라는 책의 핵심 주제다. 이 책은 개별 인간이 품고 있는 두 세계, 즉 감각과 욕망이 지배하는 심미적 단계와 이를 이성으로 승화시키려는 윤리적 단계 사이에서 벌어지는 갈등을, 미학자와 법률가라는 상반된 인물을 통해 생생하게 그려낸다. 윤리적 단계를 대표하는 법률가를 주인공으로 내세운 '저것이냐'는 상상적 관념에 지배받는 미학자의 인생관을 다루는 '이것이냐'가 지닌 문제를 조목조목 지적하며 바로잡으려 한다. 그러나 '이것이냐'는 '저것이냐'의 비판을 전혀 개의치 않는다.

키에르케고르의 사상은 본질적으로 상상적 관념이 지배하는 심미적 단계를 벗어나는 데 초점을 맞추고 있다. 이는 윤리적 자각을 거쳐 그리스도를 닮아가는 종교적 단계로 나아가는 거대한 여정 속에서 전개된다. 따라서 심미적 단계와의 단절은 필수적인 과제라 할 수 있다. 그러나 문제는 아무리 윤리적 자각을 통해 이성을 단련해도 심미적 단계가 완전히 극복되지 않는다는 점이다. 심미적 단계가 품고 있는 상상적 관념은 윤리적 단계로 승화되는 부분도 있지만, 동시에 이성적 변화를 완강히 거부하는 측면도 존재하기 때문이다. 키에르케고르는 이성적 변화를 거부하는 심미적 단계를 불안의 근원으로 설명하는데, 이는 인간이 지닌 감각적 집착, 즉 감성적 욕망의 유혹적인 성질 때문이다.

인간의 자연적인 성향에 기반한 감성적 욕망이 지배하는 영역을 심미적 단계라고 한다면, 그 너머에는 칸트가 말한 '인간 보편성'의 기치 아래 도덕법칙을 완성하려는 윤리적 단계가 펼쳐진다. 더 나아가 키에르케고르는 이성의 한계를 넘어 초월의 빛을 향해 나아가는 종교적 단계를 인생의 궁극적 목표로 삼으며, 우리에게 진정한 실존을 촉구한다. 그의 철학은 이렇게 한 단계씩 높은 실존의 산을 오르는 연속성을 무엇보다 소중히 여긴다. 반면, 상상과 감각에 사로잡힌 심미적 단계는 이러한 흐름을 방해하는 장애물로서 반드시 극복해야 할 대상으로 간주된다.

칸트는 도덕 규범에 부합하지 않는 상상적 관념을 '근본악'이라고 표현했다. 그의 말에 따르면, 인간에게는 본질적으로 "악으로 향하는 자연적 경향"이 있어, 이것이 자신의 행위를 규율하는 도덕 법칙을 위한 준칙들의 '뿌리'를 부패시킨다고 한다.[2] '근본악'이란 도덕의 목소리를 외면하고 감정의 파도에 휩쓸려 행동이 도덕 법칙보다 앞서는 상태를 의미한다. 이 개념을 키에르케고르는 『불안의 개념』에서 '악마적인 것'이라 부른 바 있는데, 정신과 영혼을 거부하는 심미적 단계가 감각적 충동에 휩싸이는 순간 바로 그것이 '악마적인 것'이 된다는 것이다. 그러나 이 문제의 진정한 핵심은, 그러한 악이 실존 단계의 철학에 필수적인 연속성을 끊어버린다는 데 있다.

심미적 단계는 '순간'이라는 시간의 조각을 통해 실존의 연속적인 흐름을 잠시 멈추게 한다. 키에르케고르는 이런 '순간'을 다음과 같이 설명한다. "순간은 과거도 미래도 아닌, 오직 지금 이 한 점에만 존재한다. 바로 이 지점에서 감성적 삶의 허점이 드러난다." 여기서 불안은 심미적 단계가 지닌 불완전함을 알리는 신호로 해석할 수 있다.

심미적 단계에서 '지금'이라는 순간은 존재의 기반을 다지려는 실존적 움직임과는 무관한 시간이다. 이는 그 순간이 내용이 없는 텅 빈 현재와 다를 바 없기 때문이다. 이러한 맥락에서 '지금'을 붙잡고 오직 현재를 즐기라는 카르페디엠은, 연속성을 끊어낸 '멈춤'의 현재를 뜻한다. 더 높은 실존 단계로 나아가기 위해 아무런 행동도 하지 않는 이 순간은 과거와 미래를 모두 배제한 시간이다. 따라서 이 현재는 시간의 공간 속에서 하나의 점으로 변모하며, 과거와 미래로부터 완전히 고립되고 단절된다.

이 짧은 순간들은 독일의 위대한 문학가이자 철학자 괴테(1749~1832)의 걸작 『파우스트』 속에서 생생하게 묘사되어 있다. 파우스트 박사는 자신의 존재 깊은 곳에 감춰진 비밀을 밝히기 위해 온갖 학문을 탐구하지만, 결국 진정한 진리를 찾지 못해 깊은 불만과 절망에 빠진다. 그러던 중 그는 자신의 한계를 넘어서는 만족을 갈망하며 악마 메피스토펠레스와 거래를 맺고, 최고의 감각적 쾌락을 맛보는 순간 "멈추어라, 너 정말 아름답구나!"라고 외친다. 이 한마디는 오직 그 찰나의 심미적 순간에서만 느낄 수 있는 완전한 충족감을 대변한다. 『파우스트』 속 이러한 찬미의 순간들이 모여 키에르케고르가 말한 심미적 단계의 세계를 생생하게 펼쳐 보인다.

02

불안의 초기 형태인 우울은
자신을 새롭게 이해하게 한다.

나는 아무것도 하고 싶지 않다. [3]

서양 근대철학은 주로 인간의 밝고 긍정적인 면을 중심으로 인간을 탐구해왔다. 그러나 키에르케고르는 이성 중심의 긍정적 특성 이면에 숨겨진 어두운 감정들에 주목했다. 그의 『이것이냐 저것이냐』 제1편은 바로 그러한 감정들의 미묘한 결을 섬세하게 그려낸다. 이 책은 여덟 편의 단편으로 구성되어 있으며, 우울, 향락, 비극, 권태, 기억, 망각, 불안 등 인간 내면의 다양한 감정을 탐구한다. 이는 칸트가 강조한 도덕적 이성의 우위가 무너질 때 드러나는 심미적 단계의 특징을 보여준다.

키에르케고르의 상상력이 돋보이는 초기 작품 『이것이냐 저것이냐』는 그의 문학적 역량이 빛나는 걸작으로 평가받는다. 이 작품은 그가 신학자로서 후기 시기에 그리스도교적 관점에서 집필한 『철학적 단편』과 『철학적 단편 후서』와는 뚜렷한 대조를 이룬다. 초기와 후기 작품은 마치 "신인가, 공허인가"라는 고전적인 이분법을 그대로 반영한다. 신은 선한 존재로서 인간 내면에 선함을 심어주는 존재라는 신학적 믿음 아래, 신을 거부하는 선택은 결국 공허함만을 남긴다는 인식을 담고 있다. 윤리적 자각을 거쳐 종교적 단계로 나아가지 못한 심미적 단계는 신 없는 공허를 택한 상태와 같다. 흥미롭게도 『이것이냐 저것이냐』 제1편 첫 단편의 주제는 바로 '우울'이다. 신을 소홀히 한 결과로 생겨난 신의 빈자리를 공허라는 우울의 감정으로 표현한 것이다.

"나는 아무것도 하고 싶지 않다." 『이것이냐 저것이냐』 제1편의 서두를 여는 이 문장은 우울이라는 감정의 깊은 바다를 탐험하는 듯한 인상을 준다. 이 짧은 문장은 마치 우울의 본질을 한 방울에 응축한 것처럼, 자기 인식을 확장하며 존재의 토대를 쌓아가는 인간 정신의 역동적인 움직임과는 달리, 그 흐름을 거슬러 존재의 바닥으로 가라앉는 순수한 무기력의 분위를 자아낸다. 많은 사상가들이 존재의 기반이 미완성된 실존 상태에 주목하지 않았던 반면, 키에르케고르는 이를 '심미적 단계'라 명명하며 섬세하게 탐구한 것이다.

그렇다면 키에르케고르는 왜 '심미적 단계'에 주목했을까? 그 이유는 당시 덴마크 사회의 현실과 밀접하게 연결되어 있다. 기독교가 국교였던 덴마크에서는 누구나 간단한 세례만 받으면 기독교인이 될 수 있었기에, 신앙의 깊이보다는 형식에 머무르는 경우가 많았다. 키에르케고르는 기독교의 순수함을 강조하며, 『이것이냐 저것이냐』 제1편을 통해 덴마크인들의 삶이 생각보다 훨씬 더 피상적이고 심미적인 태도에 젖어 있음을 날카롭게 드러내고자 했다. 즉, 그는 당시 만연했던 안일한 세속주의를 대중의 거울에 비춰 적나라하게 보여주려 한 것이다. 하지만 아이러니하게도, 심미적 단계로 분류되는 삶의 영역은 때로 삶의 활력을 되찾게 하는 힘을 지니고 있어 주목할 만하다.

키에르케고르가 첫 단편의 주제로 '우울'을 선택한 이유는 무엇일까? 그 안에는 두 가지 깊은 의미가 담겨 있다. 첫째, 우울은 존재의 기반이 제대로 마련되지 않았거나 그것이 얼마나 허약한지를 보여주는 신호라는 점이다. 둘째, 우울은 인간 내면에서 절대적으로 정신적인 것과 공존할 수 없는 상태임을 드러낸다. 이처럼 우울은 단순한 감정을 넘어 존재의 근본을 점검하는 거울이자, 정신과 삶 사이의 긴장감을 상징하는 중요한 열쇠라 할 수 있다.

우울은 인간 존재의 근본적인 취약성을 드러내는 신호로 작용한다. 이에 키에르케고르는 우리에게 더 높은 실존의 단계로 나아갈 것을 촉구한다. 윤리적 자각을 넘어 종교적 경지에 이르러 존재의 기반을 단단히 다질수록, 부정적인 감정 속에서도 흔들리지 않도록 심리적 중심을 잡을 수 있기 때문이다. 그렇기 때문에 논리적 반성으로 인간을 세우는 정신과는 결코 양립할 수 없는 우울은, 자기 자신을 형성하는 정신의 역동을 멈추게 하는 부정적인 감정으로 여겨져 왔다.

하지만 우울이 정신과 공존할 수 없다는 사실은 오히려 우울을 창조적으로 해석할 수 있는 열쇠가 된다. 급변하는 현대 사회에서 낡은 규범들이 더 이상 통하지 않을 때마다 우리는 그것을 거부하며 우울에 빠지게 된다. 우울 앞에서는 기존 인식을 따르게 하는 반성적 사고가 설 자리가 없기 때문이다.

"나는 아무것도 하고 싶지 않다." 이 한마디는 단순한 무기력함을 넘어 현대인의 복잡한 내면을 투영한다. 왜 우리는 아무것도 하고 싶지 않은 상태에 머무르게 되었을까? 그것은 낡은 지식 체계에 대한 거부의 표현이기 때문이다. 우리는 이미 오래된 지식이 무지보다 더 위험하다는 사실을 직감하고 있다. 급변하는 세상 속에서, 심미적 인간이 반드시 윤리적 자각을 거쳐 종교적 단계로 나아가야 한다는 가르침에 모두가 동의하는 것은 아니기 때문이다.

우울은 심미적 단계의 출발점이다. 우울하다는 것은 우리를 새로운 시작을 위한 미정(未定)의 상태로 되돌려 놓는다는 의미를 지니고 있다고 생각할 수 있게 된다. 낡은 견해에 대한 불만족이 기존 체계를 거부하게 만들고, 다시 심미적 단계로 돌아가게 하는 심리를 불러일으키기 때문이다. 그래서 우울이 지배하는 심미적 단계는 무한한 가능성의 시작점으로 간주할 수 있다. 우울과 함께 찾아오는 '처음'은 아직 어떤 선택이나 결정도 내려지지 않은 무규정의 상태이며, 그곳은 명확한 인식이나 통찰대신, 모호한 감정과 분위기 만이 감도는 불투명한 공간이기 때문이다.

자신 안에서 새로운 가능성을 포착하려 할 때, 그 올가미가 바로 무(無)로 된 상태가 우울이다. 모호한 감정과 분위기인 무는 인간에게 즉자적(卽自的)으로 주어지는 직접성의 순간이다. 이러한 시각은 심미적 단계의 우울을 '신인가, 공허인가'라는 이분법적 신학적 인식에서 벗어나, 또 다른 시작을 알리는 신호로 바라보게 한다. 우울은 개인이 불확실하고 모호한 정신적 상태에 놓여 있음을 나타내는 신호로 작용하지만, 동시에 새로운 자기 이해를 통해 개별적이고 독창적인 삶을 실천할 수 있는 생명력으로 전환될 기회를 제공한다.

03

우울 불안은 예민한 감수성을 지닌 자의
내면 상태이다.

나에게는 인생이란 쓰디쓴 음료수가 되어 버렸다.[4]

　나는 과연 어떤 의미를 지닌 존재일까? 인간이라는 존재는 본래 타인에게도, 심지어 자기 자신에게조차 미스터리 그 자체다. "나는 나 자신을 탐구한다. 내 안에 잠들어 있는 가능성에 날개를 달아볼 수 있을까? 하지만 만약 미래와의 연결고리가 끊어진다면, 그것은 마치 내 얼굴에 침을 뱉는 것과 같다. 미래가 열리지 않는다면, 가능성의 문도 굳게 닫히고 말 테니까." 『이것이냐 저것이냐』 제1편 첫 단편은 바로 이러한 내면의 독백을 통해 우울과 불안이 서린 마음 깊은 곳을 섬세하게 드러낸다.

　이 작품의 독특한 점은 '나'라는 1인칭 시점을 중심으로 이야기를 전개한다는 데 있다. '우리'가 아닌 '나'에 집중함으로써, 모두가 평화와 거룩함 속에서 하나 되어 살아가야 한다는 종교적 가르침과는 정반대의 길을 걷는다. '나'라는 주체가 강조될 때, 자신을 보호하는 방어막은 약해진다. 진정한 자기에 도달하지 못한 심미적 단계에서는 '나'라는 주체가 존재의 기반을 안정적으로 갖추지 못한 상태이기 때문이다. 이로 인해 외부에서 스며드는 우울한 분위기에 쉽게 흔들리게 된다.

『이것이냐 저것이냐』 제1편의 첫 번째 단편에서는 '자기 자신에게'라는 부제처럼, 마치 혼잣말하듯 자기 내면에 갇힌 이들의 모습을 섬세하게 그려낸다. 인간에게 직접 주어진 것은 오직 자기 자신뿐이기에, 자기는 타인의 존재를 온전히 인식하지 못한 채 자기 완결성이라는 껍데기 속에 머문다. 자신을 거울처럼 비추어 보지만 결국 다시 제자리로 돌아오는 이 고립된 순환 속에서, 그들은 자신을 그대로 두는 것 외에는 아무런 탈출구가 없다. 자기 폐쇄성과 자기 완결성은 결국 자아가 닫힌 인간 내면의 상태를 설명하는 말이기 때문이다.

우울은 존재의 기반이 흔들린다는 깨달음에서 시작해 점차 불안으로 확산된다. 이는 '나'라는 의식 속에서 반성이 싹트기 때문이다. 그래서 우울이 지닌 자기 폐쇄성과 완결성은 자신을 보호하려는 방어기제로서 나르시시즘으로 변모한다. "당신은 나르시스처럼 자기 자신과 사랑에 빠져 있다." 이 말은 『이것이냐 저것이냐』 제2편의 주인공인 법률가가 제1편의 주인공에게 던진 날카로운 지적이다. 법률가는 제1편의 주인공이 지닌 예민한 감수성이 나르시스의 자기애와 다를 바 없음을 지적하며, 그가 보편적인 인식을 갖추길 요구한다. 그러나 제1편의 주인공은 이러한 지적에 개의치 않고, 반성의 여지를 허락하지 않은 채 끊임없이 자기를 닫아버린다. 나르시스처럼 자기 자신과 사랑에 빠지길 원하는 그는 상처받지 않으려는 인간 심리의 대변자다. 나르시스의 자기애는 자신의 불완전함을 인정하지 않고 오히려 자신을 절대화하며 특별한 존재로 여기려 하기 때문이다. 그래서 현실 세계에서 멀리 물러나 다른 의견을 끝까지 받아들이지 않고 스스로를 닫아버린다. 이때 자기를 세우려는 정신의 거절은 낯설고 억압적인 우울로 이어진다.

정신과는 도저히 함께할 수 없는 애매모호한 감정과 분위기로 가득한 우울의 세계는 마치 안개 낀 새벽처럼 흐릿하다. 마음을 일정한 상태로 유지하는 정신의 한계는 바로 이 우울의 변덕스러움 속에서 뚜렷하게 드러난다. 아리스토텔레스가 『문제들』에서 우울을 "뜨거움과 차가움이 뒤섞인 혼합물"이라 표현한 것처럼, 우울에 잠긴 심미적 인간의 감정은 뜨거움이 차가움으로, 차가움이 뜨거움으로 순간순간 뒤바뀌는 춤을 춘다. 이처럼 두 극단 사이를 오가는 우울은 자연스러운 인간의 기분이기에 그 변덕스러움은 피할 수 없다.

『이것이냐 저것이냐』 제1편에서는 무거운 마음의 차가움을 이렇게 묘사한다. "마음이 다시 무거워진다. 어떤 날개도 깊이 가라앉은 내 영혼을 하늘로 들어 올릴 수 없다. 내 인생은 완전히 무의미하다. 이제 인생은 내게 쓴맛 가득한 음료가 되어버렸다." 시간이 흘러도 나는 그 흐름을 느끼지 못한다. 시간은 멈춘 듯하고, 나 역시 그 안에 갇혀 있다. 내 인생은 무의미함으로 가득 차 있으며, 어떤 사상도 이 불안한 마음을 달래지 못한다. 그래서 나는 우울한 마음을 안고 불안을 따라 걷는다.

심미적 인간 역시 자기 인식을 지니지만 그 시선은 타인을 향하기보다는 오히려 자신에게로 되돌아온다. 다시 말해, 그는 자신을 비추는 거울 속에 갇혀 있는 셈이다.

04

우울함에 갇히지 말고,
그 속에서 빛을 찾아야 한다.

"우울증을 지닌 사람이 가장 풍부한 희극적인 감각을 지니고 있고"[5]

    우울의 감정이 지닌 두 극단 사이를 오가는 가변성은 인간 내면에 상반된 기질들이 함께 존재하고 있음을 생생하게 보여준다. 키에르케고르는 『이것이냐 저것이냐』 첫 번째 단편에서 이렇게 말한다. "우울증을 겪는 사람은 가장 풍부한 희극적 감각을 지니고 있으며, 가장 활기찬 사람은 종종 가장 목가적인 기분을 품고 있다. 방탕한 사람은 의외로 가장 도덕적인 감정을 간직하고, 회의적인 사람은 가장 깊은 종교적 감성을 지니고 있다."

    이처럼 인간 내면에는 서로 상반되는 기질들이 공존하고 있어, 언제든지 내면에서 갈등의 불꽃이 튈 수 있음을 보여준다. 인간은 서로 다른 성향들이 충돌하며 불협화음을 일으키는, 본질적인 모순을 지닌 존재라 할 수 있다. 신학자 키에르케고르는 이러한 내적 갈등을 극복하기 위해 심미적 단계를 넘어 더 높은 실존의 경지로 나아가야 한다고 강조했다. 바로 이 상반된 요소들을 포용하고 통합하는 과정을 통해서야 비로소 인간의 진정한 자기가 탄생하기 때문이다.

한편, 인간 내면에 존재하는 이중적인 성향이 서로 상반되는 욕망을 통해 무언가를 얻는다는 키에르케고르의 통찰에는 깊은 의미가 담겨 있다. 이는 아리스토텔레스가 『문제들』에서 언급한, 우울과 탁월한 예술적 영감 사이의 묘한 역설과도 연결된다. "철학, 정치, 시, 예술 분야에서 뛰어난 이들이 왜 모두 뚜렷한 우울한 기질을 지니고 있을까?"라는 질문이 바로 그것이다. [6]

아리스토텔레스는 뛰어난 인물들이 우울한 기질을 지니고 있다고 보았으며, 이로 인해 우울은 철학과 예술의 중심 주제로 자리 잡았다. 링컨과 처칠 같은 위대한 정치가들뿐만 아니라 레오나르도 다 빈치, 괴테, 헤밍웨이, 칸트, 베토벤, 키에르케고르, 니체 등 역사 속 천재들도 모두 우울증을 경험했다. 이처럼 우울한 마음은 상반된 감정 속에서 비범한 영감을 피워내는 원천임을 보여준다.

하지만 우울한 마음은 쉽게 다스리기 어려운 불안정한 파도와 같아, 정신 건강과 조화를 이루기 힘든 상태로 빠져들기 쉽다. 이는 깊이 있는 반성적 사고가 멈추기 때문인데, 우울은 우리 일상 속 언어와 인간관계의 다리를 잠시 내려놓게 하며, 생각이 멈추는 그 지점을 조용히 알리는 신호탄이기도 하다. 이처럼 인간 정신에는 빛이 닿지 않는 어두운 구석이 존재하는데, 그곳은 사회가 만들어낸 상징과 관습의 틀에서 벗어나 소외된 인간성의 땅이다. 그래서 『이것이냐 저것이냐』 제1편에서는 "어두운 상상 속에서 나는 나 자신을 연구한다"는 문장이 등장한다.

더 나아가, 키에르케고르의 시대와 달리 현대 사회는 개인의 인권을 중시하는 분위기 속에서 우울은 피할 수 없는 감정으로 자리 잡고 있다. 사람들은 스스로 자기가 되어 나이를 먹어가야 하는 과제를 안고 있지만, 자신을 확고히 세울 윤리적 · 종교적 · 심리적 기반이 부족한 현실이다. 그럼에도 불구하고, 우울의 이중적인 경향성은 사회가 요구하는 규범에 억지로 맞추려는 굴레에서 벗어나, 불안정하더라도 '나'라는 배우가 원하는 역할을 스스로 연기하려는 열망으로 이어진다. 특히 요즘 젊은 세대는 과거와 달리 자신이 진심으로 관심 있는 일에 적극 뛰어들며, 확고한 신념을 바탕으로 행동하는 것이다. 그들은 '나'에게 더욱 집중하며 우울과 함께 살아가는 법을 익혀가는 듯하다. 그래서 『이것이냐 저것이냐』 제1편 첫 번째 단편에서는 우울과 함께하는 삶의 태도를 이렇게 표현한다.

"나는 많은 교제 서클의 친구들 외에도 절친한 친구 하나가 있다. 바로 나의 우울이다. 내가 한창 즐거울 때나 일에 몰두하고 있을 때, 그녀는 나에게 신호를 보내어 비록 내 몸은 움직이지 않아도 나를 따로 불러낸다. 그렇다. 우울은 나의 가장 충실한 애인이다. 그러니 내가 그녀를 다시 사랑한다고 해도 이상할 것이 없다."[7]

키에르케고르는 인간 존재의 본질적 조건으로서 우울을 불안과 절망과 연결하여 이해한다. 니체 역시 고대 우주론이 제시한 최고의 삶이나 르네상스 인문주의가 내세운 해방된 인간상을 허무한 개념으로 간주하며, 『차라투스트라는 이렇게 말했다』에서 우울을 긍정하는 차라투스트라를 찬양한다. 니체는 우울을 '악한 정신의 사물'로 보면서도, 그것으로부터 도피하지 말아야 한다고 강조하는 것이다. 키에르케고르와 니체가 다룬 우울은 현대에 이르러 정신사적이면서도 예술적인 주제로 더욱 깊고 넓게 확장되고 있다.

05

우울을 벗어나려
잠시 욕망 앞에서 도덕을 내려놓는다.

그가 정열을 쏟는 대상은 피어오르는 젊은 처녀라오. [8]

마음이 다시 무겁게 가라앉는다. 어떤 날개도 이 깊고 침체된 영혼을 하늘 높이 날아오르게 할 수 없다. 이런 순간, 나는 기분 전환을 위해 쾌락의 세계로 발길을 돌린다. 그래서 『이것이냐 저것이냐』 제1편 두 번째 이야기에서는 전설적인 바람둥이 돈 후안을 심미적 단계의 상징으로 내세워, 그를 통해 쾌락을 좇는 삶을 깊이 성찰한다.

그렇다면, 키에르케고르가 돈 후안에게 매료된 이유는 무엇일까? 그 답은 모든 인간이 겪는 심미적 단계의 유혹적인 본질을 설명하기 위함이다. 키에르케고르는 돈 후안이 얼마나 손쉽게 쾌락을 누리는 삶을 사는지를 다음과 같이 묘사한다. "중세 시대, 지도에도 표시되지 않은 산에 관한 많은 이야기가 전해진다. 그곳에서는 원초적인 열정의 울부짖음과 환락의 유희, 도취에 빠진 난폭한 고함소리만이 울려 퍼진다. 사람들은 영원한 황홀경 속에서 오로지 쾌락을 위해 쾌락을 즐길 뿐이다. 이 왕국이 낳은 첫째 아들이 바로 돈 후안이다.”

모차르트의 오페라 『돈 조반니』는 원작 『돈 후안』을 충실히 따르면서도, 특히 돈 후안의 매혹적인 유혹자 면모를 더욱 돋보이게 한다. 세상을 떠돌며 죄책감 없이 여인들을 유혹하고 버리는 돈 후안은 마치 욕망 그 자체와도 같은 존재다. 그의 충실한 시종 레포렐로가 부르는 『카탈로그의 노래』는 주인이 지금까지 유럽 전역에서 유혹한 여인들의 명단을 줄줄이 나열하며, 무려 1003명에 달하는 여성 편력을 보란듯이 펼쳐낸다. 이 숫자는 돈 후안이 단순한 인간을 넘어 욕망의 화신임을 여실히 보여준다.

키에르케고르는 돈 후안을 단순한 개인으로 규정하는 것을 거부한다. 그를 특정한 개인으로 한정하는 순간, 초점이 완전히 달라지기 때문이다. 즉, ‘누가 누구를 어떻게 유혹했는가’라는 속임수와 계략에만 집중하게 되어, 돈 후안이 지닌 본질적인 욕망의 힘을 간과하게 된다는 것이다.

돈 후안은 단순한 유혹자가 아니다. 그는 욕망 그 자체이며, 그 욕망이 그를 움직이는 원동력이다. 따라서 그는 곧 유혹 그 자체라고 할 수 있다. 그는 생사를 걸고 정신적인 면과 반항적인 감성으로 표현되는 존재이다. 윤리적인 관점에서 보면, 그는 파렴치한 바람둥이에 불과하다. 욕망을 쫓아 향락에 빠지고, 모든 욕망을 채운 뒤에는 또 다른 대상을 찾아 끝없이 같은 행동을 반복한다. 이러한 점에서 돈 후안은 일종의 사기꾼이지만, 의도적으로 사기를 계획하는 사람은 아니다. 그는 처음부터 윤리적 규범 밖에 존재하며, 반성이 깃들게 되면 결국 파멸할 수밖에 없는 운명을 지니고 있다.

이러한 모습은 윤리적 자각과 종교적 이상이 돈 후안처럼 감각적 집착 상태를 불안의 대상으로 인식한다는 점을 보여준다. 윤리적 자각과 종교적 이상에 도달하기 위해서는 심미적 단계를 끊어내야 하지만, 관능적 쾌락의 유혹 때문에 오히려 그 속에 더욱 몰입하는 딜레마에 빠지기 때문이다. 결국, 돈 후안은 욕망과 윤리 사이에서 끊임없이 흔들리는 인간 내면의 복잡한 모습을 생생하게 그려낸다.

우리가 사랑하는 사람에게 빠져 감각의 굴레에 갇혀 있다면, 사실 우리는 감각적 집착이 만들어낸 근본적인 불안의 소용돌이 속을 헤매고 있는 것이다.

상상적 관념이 이성적으로 변용되지 못하는 이유는 키에르케고르의 이 한 문장에 잘 담겨 있다. "음악 속에서 나는 그에게서 끝없는 열정의 파노라마를 듣지만, 동시에 원초적 욕망의 거친 외침도 함께 듣는다."[9] 오페라로 각색된 『돈 조반니』에서는 모차르트의 선율을 통해 돈 후안의 감성적 천재성 이면에 숨겨진 강렬한 힘을 그려냈다는 뜻이다. 그래서 민담 속 주인공은 '음악적 돈 후안'으로 새롭게 탄생한다. 키에르케고르가 『돈 조반니』에서 포착

한 '음악적 돈 후안'은 미적 상상력의 상징이자 근원적인 불안의
화신이다. 어떤 것도 맞서지 못하고, 저항이 무의미해지는 욕망의
절대적 승리는 윤리적 성찰을 불가능하게 만든다. 그래서 특정 개
인을 넘어선 원초적이고 초자연적인 힘을 지닌 '음악적 돈 후안'
은 이성적으로의 변용을 거부하는 상상적 관념의 상징으로 자리
잡는다.

06

본질적 불안에서 비롯된 감성의 힘이
‘음악적 돈 후안’이다.

이 서곡을 듣는 사람은 […] 야성적인 힘들이
원시적인 에너지 속에서 꿈틀거리고, [10]

'음악적 돈 후안'의 진가는 『돈 조반니』 서곡에서 더욱 빛을 발한다. 오페라나 콘서트가 시작되기 전, 어둠 속에서 오케스트라가 연주하는 이 서곡은 단순한 전주곡에 그치지 않는다. 『돈 조반니』 서곡은 장엄한 도입부와 함께 비극과 희극이 절묘하게 어우러진 고전주의 오페라 서곡의 걸작으로 평가받는 것이다.

키에르케고르는 돈 후안이 등장할 때 울려 퍼지는 서곡의 활기차고 강렬한 간결함을 이렇게 찬미했다. "이 서곡을 듣는 순간, 마치 원초적인 에너지가 꿈틀거리며 야성적인 힘이 깨어나는 듯한 감각에 사로잡힌다."

서곡의 강렬함은 돈 후안이 처음 모습을 드러내는 순간, 번뜩이는 유혹의 기운을 완벽하게 전달한다. 이 야성적인 힘 덕분에 돈 후안에 대한 소문은 여성들의 이성적 판단을 무너뜨리고, 내면 깊숙이 잠재된 관능적 욕망을 자극한다. 돈 후안에게 불안은 곧 원동력이다. 키에르케고르는 이 불안에서 비롯된 감성의 총체적 힘이『돈 조반니』서곡에 응축되어 있다고 말한다.

서곡은 멀리서 들려오는 단조로운 선율로 엄숙한 분위기를 조성하며 시작된다. 그러다 어느 순간 대담하게 고조되어 음악이 깊은 심연으로 빠져들 때, 피어나는 야성의 힘은 어떤 말로도 표현할 수 없는 감각의 파동을 일으킨다. 이처럼『돈 조반니』서곡은 음악을 통해 돈 후안의 치명적인 매혹과 위험을 완벽하게 그려낸다.

『카르멘』또한『돈 조반니』와 어깨를 나란히 하는 최고의 서곡을 자랑하는 오페라이다. 세기의 바람둥이 돈 후안과 가장 닮은 인물인 카르멘이『이것이냐 저것이냐』제1편에서는 언급되지 않았지만, 현대에 이르러서는 키에르케고르 시대보다도『카르멘』에 대한 관심이 훨씬 더 커지며 빼놓을 수 없는 존재가 되었다. 카르멘의 고향은 태양이 뜨겁게 내리쬐는 스페인 남부의 세비야로, 우연히도 돈 후안의 고향이기도 하다. 이 도시는 무려 100편이 넘는 오페라의 배경이 되었으며, 이러한 풍부한 예술적인 토양 덕분에 모차르트는 라틴 특유의 감각적인 쾌락을 더해『돈 조반니』를 탄생시킬 수 있었다.

『돈 조반니』의 서곡이 장엄하고 웅장하게 울려 퍼진다면,『카르멘』의 서곡은 경쾌하고 빠른 리듬으로 청중의 심장을 두드린다. 이야기는 스페인의 담배 공장 앞 광장에서 남자들의 시선을 한 몸에 받으며 등장하는 카르멘으로 시작된다. 담배 공장 아가씨들 중에서도 특히 매혹적인 눈빛을 지닌 카르멘은 유명한 아리아 '하바네라'를 부르며 무대 위에 모습을 드러낸다. 이 곡은 사회 하층 계급인 집시 여인 카르멘이 관능적인 몸짓으로 군인 호세를 유혹하는 아리아다. 광장에 나타난 카르멘은 마치 자연 속에서 들려오는 희미한 소리가 저 멀리 지평선 너머에서 섬광처럼 번쩍이는 듯한 인상을 던져준다. 그녀의 시선이 돈 호세에게 닿으며 두 사람의 비극적인 사랑은 시작된다. 이미 약혼자가 있었던 돈 호세는 카르멘이 부르는 '하바네라'와 함께 건넨 빨간 꽃 한 송이에 영혼을 빼앗기고 만다. 악마처럼 강렬한 매혹에 휩싸인 순간이었다.

"사랑은 자유로운 새와 같아, 아무도 길들일 수 없는 존재다. 아무리 불러도 돌아오지 않는 그 새를 억지로 잡으려 하면, 날개를 퍼덕이며 멀리 날아가 버릴 뿐이다." 이처럼 『카르멘』의 도입부 '하바네라' 가사는 윤리적 틀에 얽매이지 않는 자유로운 영혼을 찬미한다. 1875년 초연된 조르주 비제의 오페라 『카르멘』은 19세기 프랑스 혁명기의 불안 속에서 피어난 감성과 열정을 강렬하게 대변하고 있다.

돈 후안이 여성을 유혹하고 버리는 바람둥이라면, 카르멘은 남성을 유혹해 파멸로 이끄는 매혹적인 요부다. 두 작품 모두 원작에서는 향락의 결과로 단죄받는 죄와 벌의 이야기를 담고 있지만, 현대에 이르러서는 이들을 윤리적 규범에 얽매이지 않는 자유롭고 독립적인 존재로 바라보는 시선이 늘고 있다. 키에르케고르가 돈 후안을 단순한 호색가로 보지 않았듯, 관객들은 카르멘을 방탕한 여인이 아닌 자신의 감정에 충실한 자유로운 영혼의 상징으로 인식하는 것이다.

『돈 조반니』와 『카르멘』, 이 두 작품은 극 초반부터 강렬한 유혹의 마법으로 관객의 마음을 사로잡는다. 『돈 조반니』 1막 1장에서 바람둥이 귀족 돈 후안은 한밤중에 친구의 약혼녀 도나 안나의 방에 몰래 들어가 그녀의 마음을 흔든다. 한편, 『카르멘』에서는 불꽃처럼 타오르는 카르멘이 '하바네라'를 부르며 성실한 군인 호세를 유혹한다. 하지만 호세에게도 약혼자 미카엘라가 있는 상황이다. 당시의 엄격한 윤리적 기준을 뛰어넘는 이 대담한 도발은 관객들의 심장을 뛰게 만들었다. 약혼자가 있는 상대를 유혹하는 설정 자체가 큰 충격으로 다가오는 것이다.

작가는 왜 이런 도발적인 방식을 선택했을까? 그것은 인간 본능의 욕망 앞에서 이성 중심의 윤리 규범을 잠시 내려놓고, 삶에 새로운 활력을 불어넣으라는 메시지를 전하기 위해서다. 자유로운 사랑과 열정, 그 불꽃이야말로 우리 존재의 진정한 힘임을 노래하는 것이다.

07

'음악적 돈 후안'의 감각적 집착은
반응에 개의치 않는다.

"반성이 등장하게 되면 돈 후안은 이미 피살되고, [11]

서곡에서 펼쳐지는 돈 후안과 카르멘의 관능적인 매력은 마치 관객의 이성을 감싸는 신비로운 장막과 같다. 이 마법 같은 장치 덕분에 관객은 욕망의 파괴적인 본성을 거리낌 없이 드러내도 용인된다. 키에르케고르는 이 욕망을 복잡하고 섬세한 열정이자 동시에 강렬한 설득력을 지닌 것으로 설명한다. 원초적인 욕망이 얼마나 교묘하게 자기 합리화의 미로 속에서 자신을 속이는지, 그 놀라움은 끝이 없다. 돈 후안과 카르멘은 어떤 인연에도 얽매이지 않고, 마치 높은 곳에서 세상을 내려다보듯 초연한 태도로 삶을 관조한다.

그들은 진정한 사랑 대신 욕망만을 좇는 매혹적인 유혹자이자 교묘한 사기꾼이다. 욕망을 채우고 나면 재빨리 마음을 거두는 변덕스러운 존재들이기도 하다. 특히 돈 후안은 귀족 신분과 뛰어난 외모로 여성들을 유혹하며, 목적을 달성하면 또 다른 여인에게로 향하는 데 능숙하다. 오페라 『돈 조반니』 속 귀족 도나 안나, 부르주아 돈나 엘비라, 순박한 시골 처녀 체를리나라는 세 여성 유형을 통해 그의 변심이 적나라하게 드러난다.

카르멘 역시 군인 호세에서 투우사 에스까미오로 마음을 돌리는 과정에서 똑같은 모습을 보인다. 세비야의 선술집에서 환호를 받으며 등장한 에스까미오는 '투우사의 노래'를 부르며 자신의 직업을 자랑하는데, 현대적 시선으로 보면 인기 많고 돈도 잘 버는 스포츠 스타와 닮았다. 카르멘이 갑작스럽게 에스까미오에게 마음을 돌린 데에는 거창한 이유가 필요치 않았다. 호세와의 사랑은 뜨거웠지만, 그녀는 금세 싫증을 느꼈고 마음은 점차 그에게서 멀어져 갔다.

돈 후안과 카르멘의 변덕스러운 마음이 심미적 단계에서는 전혀 문제가 되지 않는다. 이 단계는 사회의 규범이나 도덕적 제약에 얽매이지 않는 자유로운 영역이기 때문이다. 돈 후안은 자유로운 영혼의 상징으로, 한곳에 묶이는 삶을 거부하는 인물이며, 카르멘은 변덕스러운 욕망에 휘둘리는 열정의 화신이다. 냉철한 군인과 불같은 투우사의 사랑을 받았다는 점은 극명한 대조를 보여준다. 이렇게 변덕스러운 유혹자들은 뜨거움과 차가움 사이를 오가며 불완전한 삶을 살아간다. 엄밀히 말해, 이들의 변심은 도덕이 자리 잡기 이전, 심미적 인생관을 가진 인간에게 허락된 감정의 자유다. 따라서 고정된 생각을 거부하는 돈 후안과 카르멘은 언제든지 마음 가는 대로 사랑을 바꾸는 변덕을 부릴 수 있다.

돈 후안과 카르멘은 우리가 잠시 도덕의 굴레를 벗어던질 때, 마음껏 어울릴 수 있는 자유로운 영혼들인 것이다.

이들은 끝없이 감각적 집착에 사로잡힌 인물들이다. 사회적 규범을 전혀 개의치 않으며, 아무리 문제를 지적해도 자신의 세계에 갇혀 이를 받아들이지 않는 존재들인 것이다. 도덕을 무시하면서도 자유로운 영혼을 결코 포기하지 않는 이들의 모습은『돈 조반니』와『카르멘』의 결말에서 더욱 뚜렷하게 드러난다.

『돈 조반니』의 마지막 장면은 마치 어둠 속에서 나타난 저승사자 같은 기사장의 등장을 알리며 시작된다. 기사장은 도나 안나의 아버지로, 돈 후안이 자신의 딸을 유혹하는 모습을 목격하고 분노에 휩싸여 결투를 벌였으나 결국 목숨을 잃고 만다. 죽음 너머에서 돌아온 이 저승사자는 돈 후안에게 끊임없이 "회개하라!"고 외치지만, 돈 후안은 단호하게 "아니오"라며 거부한다. 그는 지옥의 불길을 두려워하는 것이 아니라, 애초에 윤리나 종교적 영원성 같은 개념 자체가 없는 존재였기 때문이다.

한편,『카르멘』의 결말은 더욱 격렬하게 전개된다. 집시 여인 카르멘에게 집착한 돈 호세는 질투와 배신감에 휩싸여 결국 그녀의 가슴에 비수를 꽂는다. 자유로운 영혼인 카르멘에게 순수한 사랑을 기대하는 것은 무리였다. 변심한 그녀에게 매달리며 비루한 모습을 보이는 돈 호세와 달리, 카르멘은 칼을 든 그에게 담담히 말한다. "내가 갈 길은 결국 죽음뿐, 나는 카르멘의 길을 걷는다!"
그리고 그녀는 돈 호세의 칼에 쓰러진다.

"반성이 시작되면 돈 후안은 이미 죽은 것과 같다." 키에르케
고르가 돈 후안을 정신과 양립할 수 없는 '순수 감각'의 화신으로
본 것은 이 때문이다. 감각적 열정에 대한 집착이 왜 필연적으로
근원적인 불안을 불러오는지, 그 이유가 바로 여기에 있다.

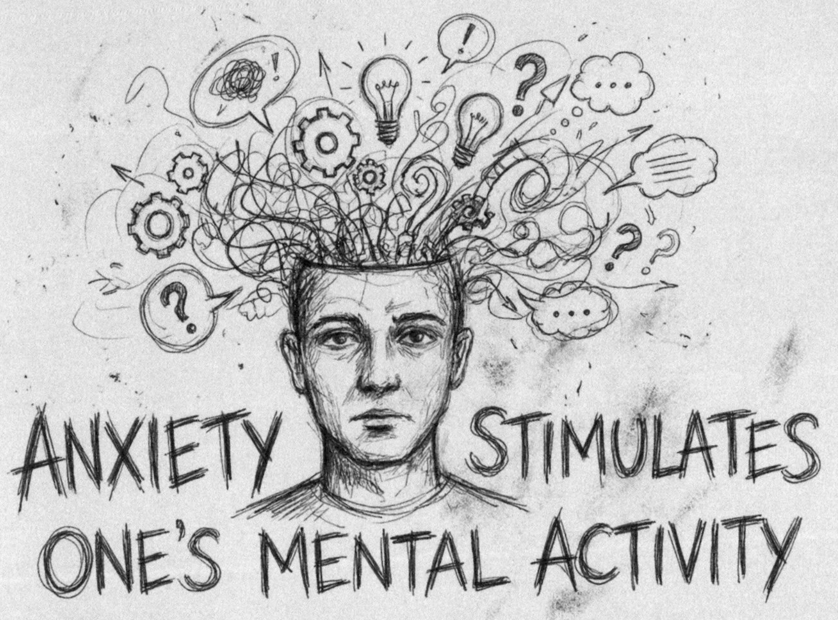
ANXIETY STIMULATES
ONE'S MENTAL ACTIVITY

불안은 자신의 정신 활동을 촉진한다.

키에르케고르의 철학은 그가 세상을 떠난 이후 더욱 널리 알려지게 되었다. 두 차례의 세계대전을 겪으면서 정의나 평화보다 개인의 삶과 실존에 대한 관심이 더욱 커졌다. 이는 논리학의 복잡한 개념들이 인간의 실존을 온전히 설명하지 못했기 때문이다. 키에르케고르에게 실존이란 자신의 존재 의미를 스스로 찾아내고, 그것의 현실성을 확인하는 과정이다.

01

자기 관계는 자신의 현실성을 확인시켜 준다.

자기는 자기 자신과 관계하는 관계이다. [1]

심미적 단계에 머무르는 인생관은 마치 뿌리 없는 나무와 같다. 단단한 자기라는 실체가 없기에 마음의 평온을 지탱할 든든한 기반도 마련되지 않는다. 그래서 마음이 무거워질 때면 우울이라는 먹구름이 몰려오고, 그 어둠을 달래기 위해 향락이라는 달콤한 유혹에 쉽게 빠져들기 쉽다. 이들은 오직 찰나의 순간 속에서만 존재의 의미를 찾아 헤맨다.

반면, 구체적으로 실존하는 사람은 자신을 둘러싼 외부 세계와 끊임없이 교감하며, 그 속에서 자신의 존재를 확인한다. 즉, 그는 매 순간 자신이면서 동시에 역사와 공동체라는 거대한 흐름 속 한 조각으로서의 운명에 놓여 있다. 이러한 관계망 속에서 자신의 현실성이 빛난다. 그러나 심미적 단계에 머무른 사람은 이 현실을 외면한 채, 자신이 지닌 무한한 가능성에 대한 성찰을 거부한다. 이 상태는 오직 '결단'이라는 열쇠로만 깰 수 있다. 키에르케고르가 통찰했듯, 자기는 결단을 통해서만 탄생하기 때문이다. 심미적 단계가 결단의 부재라면, 윤리적 단계는 결단의 실천으로 정의된다. 자기는 결단과 함께 비로소 살아 숨 쉬는 것이다.

그렇다면 '결단'이란 무엇일까? 결단은 자기를 형성하는 정신의 역동적인 힘이다. 이러한 관점에서 보면, 심미적 단계에 머무는 인간은 아직 완성된 자기가 아니다. 그는 결단을 통해 탄생한 존재가 아니기 때문에, 진정한 자기로 규정될 수 없는 상태에 머물러 있는 것이다.

1846년에 발표된 키에르케고르의 『죽음에 이르는 병』에서는 '결단'이라는 개념을 '관계'라는 관점에서 새롭게 조명한다. 그렇다면 이 '관계'가 만들어내는 결단이란 무엇일까? 키에르케고르는 인간의 자기가 바로 "자기 자신과 맺는 관계" 속에서 비로소 존재한다고 독창적으로 주장한다. 인간은 단순한 육체가 아니라 정신이며, 그 정신이 곧 자기라는 것이다. 이 자기는 관계라는 끈으로 엮여 형성되는데, 여기서 자신과 자신을 잇는 그 끈을 '자기 관계'라 부른다. 자기는 완성된 고정된 실체가 아니라, '자기 관계'라는 끊임없는 움직임 속에서 현실적인 존재로 생성된다. 즉, 인간은 하나의 고정된 실체가 아니라 '자기'와 '또 다른 자기'로 나뉘어 존재하는 역동적인 존재임을 의미한다.

키에르케고르가 자기는 "자기 자신과 관계하는 관계"를 통해 형성된다고 말한 것은 인간을 '사회적 동물'로 규정한 아리스토텔레스의 관점과는 다른 시각이다. 『죽음에 이르는 병』에서는 자기에 대한 정의가 반복적으로 나열되는 가운데, 특히 '관계'라는 개념을 통해 불안에서 벗어날 수 있음을 강조한다. 이는 "실존을 수행하는" 구체적인 개인이 이성이라는 규범이나 집합에 속하기 이전에, 매 순간 스스로 자기와의 관계를 새롭게 정립할 수 있는 자유로운 존재임을 인식하기 때문이다.

근대 철학에서 전통적으로 다뤄진 자기관은 인간을 이성이라는 범주 안에 포함시키려는 시도에서 비롯되었다. 키에르케고르는 인간이 분열된 자기로 이루어져 있다고 보았는데, 이는 인간의 자기를 고정된 실체로 보는 전통적 관점과는 크게 다르다. 오히려 그는 20세기 이후 포스트모더니즘이 인간을 '분산된 존재'로 정의하는 시각과, 현대 정신분석학이 무의식의 담론을 제시하며 인간은 탈중심적 주체라고 강조해 왔던 명제를 선취했다고 이해할 수 있다. 이러한 관점에서 보면, 관계라는 역동적인 활동을 통해 "종합되기 전의 인간은 아직 진정한 자기가 아니다"라고 할 수 있다.[2] 자기 관계 이전에는 여러 가능성으로 존재하던 자기의 조각들을 맞추어야만 비로소 구체적인 개인으로서 존재할 수 있기 때문이다.

케에르케고르에게 인간은 끊임없이 자기 자신과의 관계를 맺으며 구체적인 개인으로 성장하는 존재이지만, 이 과정이 원활하게 이루어지지 않을 때 불안이 발생한다는 것이다. 그래서 키에르케고르는 심미적 단계에 머무르며 자기 자신과의 관계를 시도하지 않는 상태를 불안이 시작되는 지점으로 설명한다. 자기 자신과의 관계가 실패하지 않기 위해서는 무엇보다도 자기 안에 질적으로 다른 또 다른 자기가 존재한다는 사실을 인식하는 것이 중요하다. 대립되는 요소들을 끊임없이 통합하는 자기 관계를 통해 개인은 이전과는 질적으로 다른 새로운 자기를 형성하게 되기 때문이다. 이러한 자기 관계의 반복은 안정적인 심리 상태를 유지할 수 있는 존재의 기반을 마련해 준다. 키에르케고르는 이러한 과정을 더욱 강화하기 위해, 자기 관계를 돕는 타자 관계를 추가로 제시한다.

02

타자 관계는
자기를 한 단계 더 높은 차원으로 이끈다.

자기는 그 자신을 정립하였던지, 아니면 타자에 의해 정립되었을 것이다. [3]

　　자기 관계는 존재의 토대를 마련해 주며 안정된 내면 심리를 형성하는 데 중요한 역할을 한다. 그러나 자기 관계가 항상 원활하게 유지되는 것은 아니다. 윤리적 자각과 종교적 단계로 나아가는 과정에서는 감각적이고 감성적인 삶을 추구하는 심미적 단계와의 갈등과 투쟁이 불가피하기 때문이다. 정신과 양립하기 어려운 감성의 강력하고 유혹적인 성질은 언제든지 자기 관계를 위협한다. 이에 키에르케고르는 자기 관계를 강화하기 위해 타자와의 관계가 필수적임을 강조한다.

　　"자기는 타자에 의해 형성되었을 것이다"라는 문장은 타자 관계가 자기 자신과의 관계를 더욱 역동적으로 만든다는 의미를 담고 있다. 키에르케고르가 말하는 실존은 "자기 자신과 관계를 맺는 것이며, 그 관계 안에서 타자와도 관계를 맺는 것"이기 때문이다. 다시 말해, 자기 자신과의 관계가 무너지지 않도록 타자 관계가 더해지는 이중적 관계 속에서 구체적인 개인으로서의 삶이 실현된다는 것이다. 다만, 자기 관계가 내면을 향한 구심력의 운동이라면, 타자 관계는 내면으로부터 반대로 작용하는 원심력으로서 자기를 확장하는 역할을 한다. 그래서 타자 관계는 한 개인이 자기 자신을 넘어설 수 있는 가능성을 발견하게 하는 조건이 된다.

키에르케고르는 자기 자신과의 관계를 시도하지 않는 실존 상태가 '불안'을 초래한다고 설명한다. 그리고 자기 자신과의 관계를 시도했으나 그 관계가 제대로 통합되지 못한 상태를 '절망'으로 구분한다. 절망은 불안이 더욱 심화된 형태로, 자기 자신과의 관계에서 잘못된 통합이 이루어진 상태를 의미한다.

자기와 관계를 맺는 동시에 타자와도 관계를 맺는다는 사실은, 엄밀히 말해 두 가지 형태의 절망이 존재할 수 있음을 의미한다. 즉, 자기 자신과의 관계 실패에서 비롯된 절망과 타자와의 관계 실패에서 오는 절망이 그것이다. 그러나 키에르케고르는 『죽음에 이르는 병』에서 "절망으로 인한 죽음은 끊임없이 삶으로 전환된다"라고 설명하며, 절망을 극복하는 방식을 제시한다. 절망은 동시에 구원의 가능성을 내포하고 있다는 것이다. 절망은 일종의 정신적 상태일 뿐만 아니라, 인간의 무한함과 깊이 연결되어 있기 때문이다.

절망에 이르렀을 때, 윤리적 자각을 통해 새롭게 거듭나려는 개인은 후회와 회한이라는 개념을 바탕으로 다시 자기 자신과의 통합을 시도한다. 윤리적 단계에 진입한다는 것은 자기 자신과의 관계가 원활해지는 상태를 의미하지만, 만약 종교적 단계로 나아가는 과정에서 타자와의 관계가 형성되지 않는다면, 그 한계 안에서 다시 절망에 빠질 수밖에 없다. 따라서 절망에 빠진 사람은 "자신의 영원한 타당성 안에서 자기 자신을 선택"함으로써 근본적으로 다른 차원으로 도약하려 한다. 키에르케고르는 이러한 상황을 『죽음에 이르는 병』에서 다음과 같이 표현한다. "자기 자신과 관계를 맺고, 자기 자신이 되기를 원하면서, 자기는 자기 자신을 정립한 힘에 투명하게 그 근거를 두고 있다." 여기서 '자신을 정립한 힘'이라는 표현에 주목할 필요가 있다. 만약 자신이 다른 존재에 의해 확립된다면, 그 존재는 자기 자신에게 외적인 존재이며, 이는 곧 타자이자 절대적이고 영원한 존재를 의미하기 때문이다.

그렇다면 '자기'와 '자기 자신'은 어떻게 서로 상반되는 자기의 두 측면이 될 수 있을까? 이에 대해 『불안의 개념』에서는 인간이 다음과 같은 질적인 모순을 내포하고 있다고 설명하고 있다. 자기는 자기 자신과 맞닿아 있는 무한함과 유한함의 의식적 종합이며, […] 시간성과 영원성의 조화는 별개의 조합이 아니라 바로 그 최초의 종합을 드러내는 표현이다. 이러한 관점에 따르면, 인간은 정신이 엮어내는 영혼과 육체의 완벽한 결합이다.[4] 이러한 대립 항들은 "최초의 종합에 대한 표현"이라는 문구에서 알 수 있듯이, 정신에 의해 영과 육이 종합되는 과정을 거쳐 인간에 대한 두 번째 정의를 이루게 된다. 『죽음에 이르는 병』에서는 이를 '자기'와 '자기 자신' 사이의 균열 상태로 표현하였다. 따라서 자기 자신과의 관계가 실패하지 않으려면, 무엇보다도 자기 안에 질적으로 다른 또 다른 자기가 존재한다는 사실을 인식하고 이를 연결해야 한다. 자기와의 관계는 대립 항들을 끊임없이 종합하며, 그 결과 이전과는 질적으로 다른 새로운 자기를 형성하기 때문이다.

하지만 인간에게 진정한 자기의 정립이 자기 자신과 타자와의 관계를 통해 이루어진다는 주장은 논쟁의 여지가 있다. 신학적 관점이 아닌 인간학적 관점에서 볼 때, 자기 관계란 독립적으로 확립된 관계를 의미하는데, 왜 자기가 스스로 확립되지 못하는지에 대한 논의가 바로 이 문제의 핵심이 되기 때문이다. 인간이 자기 관계를 스스로 정립하고 이를 실천하는 것은 전적으로 개인의 결단에 달려 있다는 관점은 신학적 관점과 구별된다. 이와 관련해 헤겔의 『정신현상학』 일부 내용을 참고할 필요가 있다. 헤겔은 그리스도교에서 '정신의 탄생' 개념은 두 가지 측면을 지닌다고 설명한다. 하나는 절대정신인 자기의식이 스스로 외화(外化)되어 자기가 된다는 측면이고, 다른 하나는 신이 자신을 외화하여 자기의식이 된다는 측면이다. 키에르케고르는 『죽음에 이르는 병』에서 이 두 측면을 자기 관계와 타자 관계로 설명하고 있는 것이다.

그렇다면 '자기'라는 존재가 결국 '타자'와의 관계를 통해서만 완성된다고 단순히 결론지을 수 있을까? 만약 그렇다면, 인간학적 관점에서 불안을 탐구하는 작업은 필연적으로 한계를 가질 수

밖에 없다. 키에르케고르의 저작 전반에서 불안과 자유에 대한 인간학적 탐구는 일정 부분 그리스도교 교리 강화에 관한 저작들과 상호 보완적인 관계 속에서 해석되어야 하는 문제를 안고 있기 때문이다.

03

불안은 절망 속에서도 자유로운 존재가 되게 한다.

자유는 자신의 삶과 구체적으로 관계하는
특별한 종류의 자기 관계를 수반한다. [5]

불안은 단순히 일상에서 흔히 마주하는 위험 신호가 아니라, 바로 나 자신이자 자유로서의 존재로 거듭나게 하는 신호이다. 따라서 자유는 자신의 삶과 구체적으로 연결되는 특별한 형태의 자기 관계를 포함한다.

키에르케고르는 『죽음에 이르는 병』에서 자기 관계를 구성하는 자기의 구조를 설명하기 위해 두 가지 계열을 제시한다. 첫 번째 계열은 영혼, 무한, 가능성으로 이루어져 있고, 두 번째 계열은 육체, 유한, 필연성으로 구성되어 있다. 이 두 계열의 요소들은 각각 짝을 이루며 대응한다. 여기서 서로 대립하는 항들(영혼과 육체, 무한과 유한, 가능성과 필연성)이 동시에 관계를 맺도록 결단하는 것이 바로 '정신' 즉 자기이며, 자기 관계를 이끄는 것이 자유의 본질이다. 이때 두 항의 존재 성격과 의미는 서로를 종합하는 역동적인 자기 관계를 통해 비로소 구체화된다.

이미 『불안의 개념』에서 키에르케고르는 불안을 중심축으로 하여 인간의 영혼과 육체가 통합된다고 설명한 바 있다. 물론 이 통합은 정신이라는 자기 안에서 이루어지는 것이다. 즉, 각각의 대립되는 요소들이 불안을 중심으로 회전하며 상호작용하고 있다는 의미다. 불안을 매개로 양쪽 요소가 끊임없이 관계를 맺는 과정을 통해 인간의 존재가 형성되기 때문이다. 그러나 키에르케고르는 『죽음에 이르는 병』에서 분명히 지적한다. 만약 대립하는 요소들이 적절히 균형을 이루지 못하고 불균형 상태에 빠지면, 불안이 심화되어 절망이라는 정신적 문제가 발생한다고 말이다. 어느 한쪽 요소가 짝을 이루는 다른 한쪽과 균형을 이루지 못하면 통합이 원활하게 이루어지지 않기 때문이다. 더 나아가, 한쪽 요소의 짝이 아예 부재한 삶은 더욱 심각한 문제를 초래할 수 있다.

절망은 마치 모든 빛이 꺼진 어둠 속에 갇힌 순간과 같다. 키에르케고르에게 절망은 자기 자신과의 깊은 연결이 끊어진 내면의 실패를 의미한다. 불안이 자기 자신과의 대화를 깨우는 신호라면, 절망은 그 대화가 멈춘 침묵이다. 이 어둠을 뚫고 나아갈 치료제는 바로 '가능성'이라는 빛, 자유의 열매다. 그는 말한다. "자유란 자신의 삶과 특별하고 구체적으로 맞닿는 자기만의 독특한 관계를 열어준다."

기본적으로 모든 인간은 자신의 삶이 한정되어 있다는 인식을 가지고 있기 때문에 유한성을 지니게 된다. 반면, 신과의 관계는 인간을 무한성으로 이끈다. 정신에 의해 형성되고 유지되는 영혼과 육체의 결합이 자기 자신과의 관계를 위한 정신의 첫 번째 과업이라면, 유한성과 무한성의 결합은 두 번째 과업이라 할 수 있다.

유한성에 갇힌 인간은 이해타산적인 현실 세계에 집착하기 쉽다. 반면, 무한성은 인간을 지나치게 환상적으로 매혹하여 도취에 빠지게 만든다. 무한성은 몽상가가 빠질 수 있는 위험을 내포하고 있기 때문이다. 이처럼 유한성과 무한성은 서로 대립하면서도 동시에 서로를 제한하는 역할을 한다. 그렇다면 가능성과 필연성의 관계는 어떠한가? 자신이 되어가는 과제를 안고 있는 한, 자기는 가능성이다. 이는 상상을 통해 자신을 비추고 확장하는 과정이기 때문이다. 그러나 가능성이 추상적인 운동에만 머무르면 구체적인 실존의 움직임은 사라지게 된다. 이때 필연성은 가능성이 길을 잃지 않도록 돕는다. 필연성은 가능성이 자유롭게 행동하는 것을 제한함으로써 그 방향성을 유지하게 하기 때문이다.

이처럼 상반된 요소들을 하나로 엮는 이유는 불안과 절망에 휩싸인 자유를 온전히 되찾기 위함이다. 불안은 인간 내면 깊은 곳에 자리한 질적 모순이 점차 커지면서 잃어버린 자유를 되찾으려는 몸부림과 같다. 그래서 자유와 불안은 떼려야 뗄 수 없는 운명적인 관계를 맺고 있다. 여기서 처음 마주하는 질문은 자유 그 자체가 아니라, 자유가 과연 가능할 것인가 하는 문제다. 절망의 어둠에서 벗어나게 하는 자유의 가능성에 대한 희망, 바로 그 기대가 불안인 셈이다.

　신학자 키에르케고르는 이 문제를 기독교적 관점에서 깊이 탐구한다. 그는 인간 내면의 질적인 모순에서 비롯된 불안을 극복하기 위해서는 이쪽 세계(육체, 시간, 유한성)가 저쪽 세계(영혼, 영원, 무한성)를 향해 나아가야 한다고 강조한다. 앞서 언급한 '자신을 세운 타자'는 신의 섭리를 깨닫게 하는 저쪽 세계와 밀접하게 연결되어 있다는 것이다. 『불안의 개념』 마지막 장인 '신앙을 통한 구원인 불안'에서는 "신앙의 힘으로 불안은 개인을 신의 섭리를 믿도록 이끈다"는 말이 나온다. 이처럼 신학적 관점에서 '자신을 세운 타자'는 초월적 차원을 의미한다. 따라서 저쪽 세계는 철학적 인간학이 멈추는 지점이자, 신앙으로 받아들여야 할 전제가 된다. 그렇다면 과연 불안은 신앙으로 극복될 수 있을까? 신학적 관점에서는 '그렇다'고 답하는 것이 자연스럽다.

　하지만 불안을 단순히 신의 섭리를 믿도록 개인을 이끄는 의미로만 한정한다면, 이는 곧 종교적 교리가 지배하는 상황이 되고 만다. 이러한 관점에서는 불안이 마치 신앙에 종속된 개념처럼 여겨지기 때문이다. 출생, 성년, 혼례, 장례 등 인생의 중요한 통과의례에서 종교가 차지하는 영향력이 점차 약화되고 있는 현대 사회에서는 이러한 논리에 동의하는 사람이 많지 않다. 따라서 불안을 극복하기 위해서는 이쪽 세계(육체, 시간, 유한성)에서 저쪽 세계(영혼, 영원, 무한성)로 나아가야 한다는 문제를 실존적 차원에서 다시 설명할 필요가 있다. 이를 위해 '절대적 존재'로 여겨지는 부분을 '실존적 체험'을 통해 이해할 수 있다는 점을 깨닫는 것이 중요하다.

우리는 인간학적 관점과 그리스도교적 관점을 엄격히 구분하기보다는, 인간과 신이 어떤 과정을 통해 무한하고 영원한 관계를 맺을 수 있는지에 대해 접근해야 한다. 불안 개념에 관한 이러한 대립을 피하려면, 실존하는 인간이 스스로 불안을 완전히 이해할 수 있다는 생각을 버려야 한다. 이는 신학적 시각이 없더라도, 인간학적 의미에서의 자유가 전적으로 지배할 수 없는 불투명한 영역에 부정할 수 없는 최종적 존재의 우연성이 존재함을 인정해야 한다는 뜻이다. 살아 있는 역사가 이해할 수 없는 사건들을 받아들이는 것은, 우연성의 상태로서 신의 존재를 인정하는 것이다. 이러한 관점을 견지할 때, 우리는 인간의 불안을 실존적으로 설명할 수 있게 된다.

04

시간과 영원의 종합은 시간의 충만함을 가져온다.

시간과 영원이 서로 접촉한다면, 영원은 시간 안에 있어야 한다. [6]

인생은 마치 손가락 사이로 사르르 흘러내리는 모래알처럼 덧없다. 이 생각은 우리에게 욕심을 내려놓고 지금 이 순간을 소중히 여기라는 속삭임을 전한다. 그러나 키에르케고르는 이러한 덧없음을 색다른 시각으로 바라본다. 그는 인생이 허무하게 느껴지는 이유가 '시간의 충만함'이 부족하기 때문이라고 말하는 것이다. '시간의 충만함'이란 과거와 미래가 얽히고설키며 현재라는 무대 위에서 다채로운 빛깔로 펼쳐지는 시간의 풍성한 경험을 의미한다.

시간은 고유한 현재도, 과거도, 미래도 없이 끝없이 흐르는 무한한 강물과 같다. 만약 이 무한한 흐름 속에서 '현재'라는 단단한 바위가 발견된다면, 과거와 현재, 미래라는 시간의 조각들이 비로소 모습을 드러낸다. 그런데 '현재'가 빛나는 순간, 우리는 과거의 자기, 지금의 자기, 미래의 자기를 구분하며 회상과 예상이라는 시간성을 지니게 된다. 문제는 이 서로 다른 자기들이 조화롭게 어우러지지 못할 때, 영혼과 육체, 무한과 유한, 가능성과 필연성 같은 대립하는 요소들이 등장한다는 점이다. 기억하고 싶지 않은 과거나 두려운 미래가 자기의 균형을 흔들기 때문이다. 따라서 대립하는 요소들이 적절히 조화를 이루지 못하는 것은, 자기 관계의 역동적인 활동을 저해하는 불안의 근원이 될 수 있다.

분초를 다투는 현대 사회에서 시간의 분할은 불가피하다. 이는 시간의 가치를 높이는 효과가 있기 때문이다. 그러나 시간의 분할은 인간 내면에 잠재한 대립 요소들 간의 모순을 일으켜, 자기 관계의 실패로 인한 불안을 일상화시키기도 한다. 이처럼 시간 분할을 피할 수 없는 시대에, 키에르케고르가 말하는 '시간의 충만함'을 어떻게 얻을 수 있을까?

키에르케고르는 시간의 분할이 초래하는 문제를 극복하기 위해 시간과 영원의 관계에 더욱 주목해야 한다고 강조한다. 영원은 시간의 분할을 부정하며, 이를 뛰어넘는 초월적인 개념이다. 그에게 영원은 시간적 분할이 없는 상태를 의미하며, 영원과 접촉하는 현재는 항상 충만함을 지닌 채 흘러가는 순간이 된다. 즉, 시간과 영원의 통합을 통해서만 '시간의 충만함'을 얻을 수 있다는 것이다.

『기독교 강화』에서 키에르케고르는 이렇게 말한다. "영원의 힘으로 오늘에 온전히 몰입하는 사람은 과거를 뒤로하고 미래를 향해 나아가며, 결코 뒤돌아보지 않는다. 만약 뒤를 돌아본다면, 영원은 그의 눈앞에서 혼란스러워지고, 시간은 다음 날로 흘러가 버릴 것이다. 그러나 영원을 향해 등을 돌리고 나아간다면, 비록 미래를 보지 못할지라도 오늘의 순간과 그 일들을 영원의 도움으로 선명하게 바라볼 수 있다. 반면, 세속적인 열정으로 미래를 등진다면, 그는 영원에서 가장 멀어지는 길을 걷는 것이다.”[7]

한마디로 표현하자면, 기독교적 관점에서 영원은 과거와 현재가 함께 어우러져 그려내는 미래의 모습이며, 시간은 과거, 현재, 미래가 끊임없이 이어져 풍성하게 흐르는 하나의 강물과 같다.

키에르케고르는 현대인이 겪는 ‘현재 없음’이라는 시간 감각에 맞서 기독교적 관점에서 시간을 새롭게 조명한다. 그에게 있어 영원과 시간의 관계는 단순한 철학적 개념을 넘어 깊은 신앙의 근원과 연결되어 있기 때문이다. 그러나 만약 우리가 인간 존재의 시간성을 올바르게 이해하지 못한다면, ‘시간의 충만함’이라는 개념이 종교적 교리 안에 갇힐 위험이 있다. 따라서 영원을 단순한 초월적 차원이 아닌 실존의 현장으로 끌어내어 설명하는 작업이 필요하다. 이는 초월적 영원이 실존적 시간의 깊이를 온전히 포착하지 못하기 때문이다.

그렇다면 실존적 시간성은 어떻게 다룰 수 있을까? 그 해답은 ‘정신이 역사를 지닌다’는 사실에서 찾을 수 있다. 인간은 정신이라는 존재로서 시간 속에 놓여 있으며, 그 정신은 역사를 품고 있다. 정신의 역사는 인간을 영과 육이 어우러진 존재로 정의하며, 이 역사는 시간성과 영원성이라는 두 축 안에서 반복적으로 드러난다. 이 두 요소가 하나로 어우러지는 순간, 바로 실존적 자기 관계가 형성되는 때다. 키에르케고르는『불안의 개념』에서 이 순간을 인간 존재의 시간성이라 부르며, 영원이 시간 속으로 스며드는 순간으로 설명한다.

시간의 무한한 연속은 단순한 물리적 시간이 아니라, 실존하는 자아의 시간이어야 한다. 자아의 시간 속에서 자신의 존재 방식을 스스로 결정할 수 있는 자유가 자각되는 순간, 드러나는 그 혼란이 바로 불안이다. 실존하는 인간이 불안 속에서 내리는 결단은 시간을 초월하는 영원과 맞닿는 순간에 이루어진다. 인간은 누구나 시간에 노출되어 있지만, 인간으로서 스스로를 영원의 세계에 완전히 놓을 수는 없다. 따라서 우리는 오직 시간 안에서 영원과 접촉하는 순간을 맞이할 수밖에 없는 것이다.

05

불안은 우리를 시간의 제약에서 벗어나게 한다.

영원은 끊임없이 시간을 관통해 들어간다.[8]

    옛날부터 지금까지, 그리고 앞으로도 계속 이어져 나가는 시간을 조각들로 나누는 방식을 우리는 '물리적 시간'이라고 부른다. 초 단위로 쪼개지는 이 빠른 세상 속에서 사람들은 하루하루를 더 알차게 보내기 위해 시간을 더욱 세밀하게 나눈다. 이렇게 나뉜 시간은 보이지 않는 족쇄처럼 우리를 묶어, 다람쥐가 쳇바퀴를 돌 듯 끝없이 반복되는 일상에 가두게 된다. 물리적 시간 속의 '지금'은 영원과는 무관한, 텅 빈 순간에 불과하며, 그 안에는 의미나 깊이 없이 허공만 가득하다. 게다가 이 시간에 갇혀 매일 똑같은 일상을 살아가는 사람들에게 현재는 점점 중요하지 않은 상태가 되어버린다. 이런 삶에서는 진정한 나 자신과의 만남이 사라지고, 그 빈자리에는 알 수 없는 불안이 서서히 스며든다. 그래서 우리는 이유도 모른 채 늘 불안이라는 그림자에 휘둘리게 되는 것이다.

물리적 시간은 끝없이 이어지는 텅 빈 '지금'에 불과하다. 키에르케고르가 말하는 실존적 시간은 과거, 현재, 미래를 동일한 선 위에 나누는 물리적 시간과는 전혀 다르다. 물리적 시간 속에서는 찰나의 순간은 아무런 의미도 갖지 못하기 때문이다. 그러나 무한히 흐르는 시간 속에서 '지금'이라는 순간은 바로 실존적 시간을 세우는 단단한 발판이 된다. 이 전제가 있어야만 현재와 미래, 현재와 과거, 그리고 과거와 미래가 함께 공존할 수 있다. 따라서 엄밀히 말하면, 물리적 시간에는 현재도, 과거도, 미래도 존재하지 않는 셈이다.

자기 자신과 마주하는 그 순간의 시간성은 시간과 영원이 만나는 지점이다. 키에르케고르가 말했듯이, "영원은 끊임없이 시간을 관통해 들어간다." 이처럼 실존적 의미를 지닌 순간은 과거와 미래를 끊임없이 현재로 전환시킨다. 이 순간은 물리적 시간의 흐름을 멈추려는 '영원의 원자'가 되어, 정신이 영혼과 육체를 아우르는 전체를 시간성과 영원성의 조화 속에 다시 엮어낸다. 오직 영원을 향한 관계만이 시간을 가득 채우기에, '지금 이 순간을 붙잡고 즐겨라'는 카르페 디엠은 오히려 불행한 순간이 된다. 그것은 실존적 삶을 잃게 만들며, 영원과 대립하는 순간이기 때문이다.

만약 우리가 시간이라는 거대한 강을 과거, 현재, 미래라는 세 갈래 길로 나누어 바라본다면, 이는 아마도 인간이 시간의 흐름을 조각조각 떼어내어 인식하는 독특한 방식 때문일 것이다. 이러한 물리적 시간의 개념은 고대 자연철학에서 비롯되었으며, 특히 플라톤은 그의 대화편『티마이오스』에서 시간을 영원의 그림자, 즉 영원의 모사로 표현하였다. [9] 플라톤주의에서 말하는 영원성은 키에르케고르가 언급한 시간 속에 내재한 영원성과는 달리, 시간 바깥에 존재하는 무시간적 영원성을 의미한다.『티마이오스』에서 우주의 조각가인 데미우르고스가 영원의 형상을 창조하려 할 때 탄생한 것이 바로 과거, 현재, 미래라는 시간의 세 얼굴이다. 이러한 시간에 대한 사유는 오늘날 우리가 이해하는 물리적 시간 개념의 전통을 형성하게 되었다.

하지만 우리가 시간을 쪼개어 나눌 수 있는 비밀은 사람들이 그 찰나를 마치 공간처럼 펼쳐 놓기 때문이다. 대부분의 철학자들이 주목하는 시간은 바로 이렇게 공간으로 전환된 시간이다. 그러나 키에르케고르는 시간에 관한 수많은 철학적 해석들이 '공간화된 시간'이라는 틀 안에서 이루어지면서, 인간의 주체성과 자아에 관한 중요한 측면들이 대체로 간과되었다고 지적한다. [10] 공간화된 시간은 시간과 공간을 한데 묶어, 시간을 인간 내면의 깊은 사유가 아닌 단순한 그림 그리기 대상으로 전락시켰다는 뜻이다. 예를 들어, 힌두인들이 7만 년 동안 이어진 왕조를 이야기할 때, '7만 년'이라는 숫자는 단순한 공간이며, 시간을 상징적으로 생각하는 방식이다. 실존적 시간의 눈으로 보면, '7만 년'이라는 표현 자체가 무한한 사유의 소멸을 뜻한다. 왜냐하면 심지어 표상으로서

조차도 시간의 무한한 연속은 무한하게 공허한 현재[이것은 영원성에 대한 서투른 모방이다]이기 때문이다.[11] 키에르케고르는 공간적인 시간 개념이 시간을 표상화한다고 설명했지만, 아쉽게도 그 이야기를 더 깊이 파고들지는 않았다. 그래서 공간화된 시간이 정확히 무엇인지 이해하려면, 그의 아이디어를 한층 더 확장해 보는 노력이 필요하다.

시간을 공간 속에 담아내는 키에르케고르의 사상을 가장 생생하게 드러내는 것은 바로 아리스토텔레스가 『자연학』에서 내린 시간에 대한 정의다. 『자연학』 4권에서 아리스토텔레스는 철학의 긴 여정 속에서 시간의 본질을 규정하는 중요한 통찰을 제시한다.[12] 시간은 앞과 뒤로 이어지는 움직임의 수이며, 이는 끊임없이 이어지는 어떤 존재의 특성에서 비롯된 지속성임을 분명히 한다.

하지만 지금 우리가 나누는 이야기를 제대로 이해하려면, 아리스토텔레스가 시간과 운동을 떼려야 뗄 수 없는 관계로 엮어냈다는 점을 기억해야 한다. 그는 이렇게 말했다. "시간은 운동을 나타낸다. 왜냐하면 시간은 움직임의 수이며, 곧 운동이기 때문이다." 이 말은 시간이라는 개념이 공간 속에서 대상의 움직임을 측정하는 도구가 된다는 뜻이다. 우리가 움직임을 인식하는 것이 시간 개념을 형성하기 전, 가장 먼저 필요한 조건이라는 것이다. 왜냐하면 우리의 몸이 움직임 속에서 앞과 뒤를 구분하도록 도와주기 때문이다. 만약 우리가 이런 움직임을 셀 수 있다면, 바로 '지금'이라는 순간을 포착할 수 있다. 아리스토텔레스는 특히 직선 위를 따라 움직이는 대상을 떠올렸는데, 이 움직임이 바로 앞과 뒤, 즉 시간의 흐름을 만들어내는 공간 속 움직임이다.

대상을 가로지르는 공간은 '과거'이며, 아직 지나지 않은 공간은 '미래'이다. 만약 관찰자가 이 움직임을 셀 수 있다면, 그는 '현재'라는 순간에 도달한 것이다. 공간 속에서 움직임을 바라보면, 시간은 무한한 점들이 모여 이루는 선과 같다. 이 점들은 과거와 현재를 나누는 연속된 순간들이기 때문이다. 이것이 바로 우리가 지금까지 '시간'이라 부른, 공간화된 시간의 개념이다. 키에르케고르 연구가 마크 테일러(Mark C. Taylor)는 이 공간화된 시간의 순간들이 공간 안에서 하나의 점으로 변하면서, 현재가 과거와 미래로부터 고립된 존재가 된다고 주장한다. 이러한 공간화된 시간에 대한 이해는 일부 사상가들로 하여금 시간을 내면의 자아가 느끼는 시간이 아니라, 외부 세계의 물리적 시간으로 인식하게 만들었다는 것이다.

반면, 키에르케고르는 자아의 시간성에 특별한 주목을 기울인다. 그의 저서 『불안의 개념』에 나오는 한 구절은 그의 실존적 시간관을 명확히 보여준다. "시간과 영원이 만난다면, 영원은 반드시 시간 안에 존재해야 한다." 이 말은 영원이 시간 속으로 스며들어 빛나는 순간을 의미한다. 또한, 키에르케고르 연구자 아르네 그론(Arne Grøn)은 "시간 안에 있어서"라는 표현이 구체적인 자기 자신이 인간 존재의 깊은 뿌리까지 닿는다는 뜻임을 덧붙인다.[13] 시간과 영원이 맞닿는 그 찰나에, 정신은 모든 것을 종합해

내는 순간을 맞이한다. 키에르케고르는 이 순간을 실존적 자기 관계의 새로운 틀로 재해석한다. "이렇게 보면, 순간은 단순한 시간의 조각이 아니라 영원의 조각이다. 그것은 시간 속에 영원을 처음으로 비추는 빛이며, 시간을 멈추려는 최초의 시도다."[14] 영원이 시간 속으로 스며드는 그 순간, 인간은 시간성과 영원성을 동시에 체험한다고 할 수 있다.

06

불안은 일상의 틀을 깨고
세상에 힘차게 나아가게 한다.

'자기'란 보편적인 것을 개별적인 것으로 정립하는 모순을 의미한다. [15]

키에르케고르는 『불안의 개념』에서 자기에 대해 다음과 같이 정의한다. "자기란 보편적인 것을 개별적인 것으로 정립하는 모순을 의미한다." 즉, 개별적 의식이 생겨날 때, 자기는 보편적인 것을 지향하며 자신의 존재 방식을 찾는 것이 아니라, 오히려 보편적인 것의 바깥에서 개별적인 것을 추구하며 형성된다는 것이다. 이 과정에서 보편과 개별의 관계는 필연적으로 부정적인 모순을 내포하게 된다. 이러한 모순은 매 순간 자기와의 관계에서 역동적인 운동과 실천을 가능하게 하는 조건이 된다. 모순이 존재하지 않는다면, 개별자로서 자기의식이 발생할 수 없기 때문이다.

키에르케고르는 『불안의 개념』에서 직접 단 주석을 통해 다음과 같이 말한다. "개별자(개별적인 존재)에게 중요한 것은 보편적인 것과의 부정적 관계이며, 보편자에 대한 반발적 관계이다." 따라서 불안은 개별자가 보편자로 이끄는 대중으로부터 분리될 때 생기는 상처에 비유될 수 있다. 개별자로서 인간이 대중이라는 추상적 실체에 함몰되면 실존적 자유는 질식당하기 때문이다. 그렇기 때문에 개별자가 실존적 자유를 갖기 위해서는 응집된 대중으로부터 자신을 떼어낼 때 겪게 되는 감정적 상처인 불안을 반드시 경험할 수밖에 없다.

불안을 겪을수록 참된 자기를 위한 자유는 새로운 질적 도약을 준비한다. 질적 도약은 가능성을 다가오게 하는 인간 본성에 앞서는 자유의 산물이다. 주체적 개별자로 존재하기 위한 자기 연관 운동은 이러한 자유에서 비롯된다. 키에르케고르는 가능성에서 오는 불안이 자유의 의미임을 말하며, 이는 인간이 거듭날 수 있는 자유를 지닌 존재임을 보여준다.

이처럼 『불안의 개념』에서 강조하는 참된 자기가 되기 위한 조건은 질적 도약에 있다. 보편적인 존재에서 벗어나 진정한 개별자가 되기 위해서는 반드시 질적 도약의 경험이 필요하다는 것이다. 어쨌든 참된 자기는 오로지 질적 도약에 의해서만 정립된다.[16) 도약이 일어나기 이전의 상태에서는 참된 자기에 관한 이야기를 할 수 없다.

개별자의 삶에서 도약의 순간은 죄가 성립되는 순간이자 이해할 수 없는 순간이며, 동시에 가능성의 도래에 따른 불안의 순간이기도 하다. 죄는 죄성, 즉 죄를 짓고자 하는 성향에 의해 발생

하는 것이 아니라 '할 수 있음'이라는 질적 도약을 통해서만 나타
난다. 이러한 도약은 지성적 사유에 머무르는 학문인 논리학에서
는 일어나지 않는다. 인간 이성을 탐구하는 논리학이 필연에 의해
작동하는 반면, 질적 도약은 자유에 의해 발생하기 때문이다. 다
시 한 번 강조하자면, 질적 도약은 논리적으로 설명할 수 없는 현
상이다. 이 도약은 정신이 온전히 자신을 빈틈없이 설명할 수 없
다는 사실을 보여준다. 오히려 이는 정신이 초월성과 관계를 맺고
있음을 드러낸다. 키에르케고르에 따르면, 초월성은 인식이나 경
험의 범위를 벗어난 것이기 때문에 논리학에서는 초월을 다룰 수
없다고 주장한다.

이처럼 키에르케고르는 보편자와 개별자를 구분하는 기준을
질적 도약에서 찾는다.

자기 자신에 대한 의식을 갖는 순간, 사람은 개별자가 누구인
지에 대해 어떤 학문도 명확히 알지 못한다는 깨달음을 얻게 된
다. 질적으로 변화하는 개별자에게 있어 질적 도약은 실존의 핵심
이지만, 논리학에서 강조하는 지성적 사유는 이 점을 간과하는 오
류를 범한다. 이는 개별자라는 문제를 공상적으로 다루기 때문이
다. 지성적 사유는 오직 지각되고 확인된 것만을 받아들이기 때문
에, 논리학에서는 질적 도약이 오히려 장애물이 된다. 따라서 지
성적 사유는 질적 도약을 통해 개별자가 되어가는 인간의 상태에
대해 결국 공상적인 이야기밖에 할 수 없다.

개인의 삶은 구체적이어야 한다고 강조한 키에르케고르에게

있어, 개별적 존재를 확립하는 과정에서 발생하는 모순은 곧 자기 자신과의 관계를 형성하는 움직임에서 발생한다. 여기서 말하는 모순이란 참된 자기를 실현하기 위해 윤리적 단계에서 형성된 보편적인 원리로부터 끊임없이 고유한 자신에게로 되돌아와야 하는 상황을 의미한다. 다시 말해 보편적인 가치의 틀을 깨고 진정한 개별자가 되기 위한 갈등과 투쟁의 중심에 키에르케고르는 바로 불안이 자리하고 있음을 간파한 것이다.

불안은 운명을 벗어나
가능성의 날개를 펼치게 한다.

가능성과 자기의 관계는 산소와 호흡의 관계와 같다.[17]

키에르케고르의 사유에서 '자기'란 단순한 존재를 넘어, 끊임없이 '자신이 되어야 하는 운명'을 짊어진 존재를 의미한다. 자기 자신이 된다는 과제를 안고 있을 때에야 비로소 자기는 무한한 가능성과 연결될 수 있다. 동시에 자기는 분리를 통해 타자를 생성해 내야 하며, 그 타자와의 역동적인 관계 속에서 새로운 자신을 생성하는 창조자의 모습을 띠어야 한다. 가능성으로서의 자기는 끊임없이 생성되는 산물이기 때문이다. 만약 타자의 생성이 멈춘다면 자기는 미래로 나아가지 못하고 제자리걸음만 하게 된다. 따라서 타자의 탄생은 가능성으로 가득한 자기로 거듭나기 위한 필수적인 열쇠라 할 수 있다.

키에르케고르가 말하는 자기와 타자의 관계는 헤겔이 구분한

‘즉자적’과 ‘대자적’ 개념과 유사하다. 즉자적 상태는 자기 자신 안에 머무르며 정체된 상태를 의미한다. 반면, 대자적 상태는 자기 자신을 넘어 타자를 향해 자유롭게 나아가는 자기의 성장 과정을 의미한다. 만약 자기 관계가 즉자적 상태에 갇히면, 의식과 행동은 자기 자신에만 머무르는 한계에 부딪힐 수밖에 없다. 이는 자기가 자기 자신에만 몰두하여 자기 완결성의 울타리를 벗어나지 못하기 때문이다. 따라서 즉자적 상태에 머무는 자기는 대자적 상태와 끊임없이 변증법적 대화를 나누며 한 단계 더 성숙하고 질적으로 변화된 자기로 나아가야 한다.

주관적이고 감각적이며 본능에 머무르는 자기가 대자적 관계를 맺는 일은 전적으로 타자의 몫이다. 헤겔에게 타자는 객관적이고 보편적인 정신으로서 자기가 자기 자신을 실현할 수 있게 하는 존재인 반면, 키에르케고르에게 타자는 자신의 현실성을 확인하기 위해 스스로 자기와 대자적 관계를 형성하는 과정에서 탄생하는 존재다. 이처럼 자기와 타자가 서로 부딪치고 어우러지는 순간, ‘무언가를 할 수 있는 가능성’이 드러나며 비로소 존재의 현실성이 확립된다.

키에르케고르에게 ‘존재한다’는 것은 무수한 가능성 앞에 서 있는 상태를 의미한다. 자기 연관의 관계에서 ‘생성’은 가능한 것을 실현하게끔 하는 현실성으로 이행하는 운동이다. 아직 구체적인 실체가 없는 가능성을 구체적인 존재로 변화시키는 이 과정이 바로 생성이며, 이러한 생성의 변화는 곧 현실성을 뜻한다. 그래서 키에르케고르는 가능성을 현실화하는 문제에 주목한 것이다. 움직임 이전에는 단지 가능성에 불과했던 비존재가 변화를 거쳐 '자기'라는 구체적인 존재로 탄생하기 때문이다.

"자기는 곧 자유이다. 그러나 자유는 가능성과 필연성이라는 두 범주 사이에서 이루어지는 변증법적 양상이다." 키에르케고르는 『죽음에 이르는 병』에서 자기를 형성하는 또 다른 대립항으로 가능성과 필연성의 관계를 제시한다. 하지만 가능성에서 가능성으로만 계속 이행하다 보면, 개인은 현실성이 결여된 몽상가로 전락하여 자신이 환상에 갇히게 된다. 이러한 삶에서 결핍된 것은 바로 필연성이다. 필연성은 즉자적 상태의 자신으로 돌아가야 하는 본질적인 성질이기 때문이다. 만약 가능성이 필연성을 넘어설 경우, 자기는 가능성에 매몰되어 자신으로부터 이탈하게 되고, 결국 추상적인 가능성에 불과한 존재가 된다. 자기가 추상적 가능성에 고립된다는 것은 자기 연관의 시간이 사라진다는 의미이기도 하다. 필연성은 가능성의 자유로운 행동을 제한하지만, 동시에 변증법적으로 자기 연관의 운동을 돕는다. 필연성을 완화하기 위해 가능성을 열어 펼치는 것도 중요하지만, 가능성이 지나치게 자유롭게 행동하지 못하도록 제한하는 필연성 역시 필요하다. 그래서 키에르케고르는 『죽음에 이르는 병』에서 "현실성은 가능성과 필연성의 종합"이라고 말한다. 가능성과 상호 배타적인 성질을 지닌 필연성을 종합하여 조화시키는 것이 바로 현실성이라는 것이다.

본래 가능성의 개념은 키에르케고르가 개척한 불안의 핵심이다. 불안에 대한 성찰은 개인에게 새로운 가능성을 창조할 수 있는 자유가 있음을 깨닫게 해주기 때문이다. 자유는 더 나아가 새로운 가능성을 잉태하는 원천이 된다. 키에르케고르에게 자유의 철학은 자기 자신을 완전히 투명하게 바라볼 수 없다는 사실에서 출발한다. 자기 안에는 항상 보이지 않는 암흑지대가 존재하기 때문에, 불투명한 부분을 자기 것으로 만들어가는 자기 연관의 과정을 지속하는 한에서 비로소 '자기'가 된다는 것이다. 따라서 자기는 곧 자유의 산물인 것이다.

이처럼 자유를 인간 본성의 일부로 해석하는 관점은 서양 근대철학 이후 꾸준히 논의되어 온 문제이다. 근대철학에서는 세계를 인과적 필연성에 의해 지탱되는 것으로 보았기 때문에, 필연성을 배제한 인간의 자유에 대한 논의는 불가능했다. 자연법칙에 나타나는 인과적 필연성은 특정 현상의 원인과 결과가 인과관계 속에서 서로 연결되어 그 관계를 벗어날 수 없는 성질을 의미한다. 그렇지만 이러한 필연성 아래에서는 우연이나 자유가 존재할 수 없다.

키에르케고르도 또한 "필연적인 것은 항상 자신과 관계를 맺으며, 언제나 같은 방식으로 자신과 관계한다. 따라서 그것은 결코 변할 수 없다"고 말한바 있다. 하이데거가 말한 '내던져진 존재'라는 표현처럼, 우리는 태어나는 순간부터 필연성에 얽매일 수밖에 없다. 자신의 의지와 무관하게 시작되는 삶 속에서 각자의 불평등도 함께 시작되기 때문이다. 어떤 부모와 가정에서 태어났는지에 따라, 특별한 변화가 없는 한 사회적 특권 계층의 아이들은 더 나은 환경에서 훨씬 앞서 나가게 되는 이유가 바로 여기에 있다. 태어나는 순간부터 교육의 불평등은 곧 부와 빈곤의 격차로 이어지기도 하는 것이다. 이처럼 키에르케고르가 말한 필연성은 인간을 제약하고 구속하는 구체적인 환경, 조건, 처지 또는 상황을 의미한다.

이러한 필연성의 하위 개념은 운명론과 숙명론으로 분류된다. 모든 일이 필연적인 법칙에 따라 일어난다고 믿는 운명론자에게는 가능성이 결여되어 있다. 키에르케고르는 숙명론자의 문제를 가능성이라는 자유를 품지 못하는 데 있다고 강조한다. 운명론과 숙명론은 인간이 자기 자신으로 존재하기 위한 자유를 완전히 억압한다는 것이다. 필연성에 얽매이면 자신의 가능성을 탐색하기보다는 모든 삶이 운명처럼 이미 정해져 있다고 체념하게 되기 때문이다.

그러나 불안은 운명에 과도한 요구를 하지 않는다. 불안은 오히려 개인이 새로운 가능성을 발견하도록 이끌기 때문이다. 운명론과 숙명론을 벗어나기 위해서는 가능성과 필연성의 모순된 관계를, 가능성을 지닌 자기를 발견하기 위한 정신의 역동적인 활동의 계기로 이해해야 한다. 필연성의 틀 안에 머무르는 자기를 변화시키는 생성 과정에는 고통이 수반된다.

개인의 의지와 결단에 따라 변화하는 생성의 본질은 운명에 많은 것을 요구하지 않는다. 따라서 가능성과 필연성이 교차하는 지점에서 발생하는 불안의 카이로스는 필연성을 무조건적으로 받아들이기보다는 인간의 자유와 갈등하며 가능성을 열정적으로 체험하는 순간이 되어야 한다. 이 순간은 낡은 지식 체계 속에서 형성된 나를 버리고, 새롭게 재발견된 자기를 성취하는 때라고 할 수 있다.

08

불안은 우리에게 무한한 가능성의
문을 활짝 열어준다.

내가 원하는 것이 있다면, 재산이나 권력이 아니라, […]
가능성을 볼 수 있고 젊고 불타는 눈이다.[18]

"나의 영혼은 가능성을 잃어버렸다. 어떤 술이 가능성처럼 그렇게 부드럽고 향기롭고 취하게 만들 수 있을까!"『이것이냐 저것이냐』제1편에 수록된 이 문장은 가능성이 열리지 못한 채 닫혀버리는 순간의 불안을 생생하게 묘사하고 있다.

자신의 가능성에 다가가기 위해 필요한 고민과 용기, 그리고 선택을 '실존적 회의'라고 한다. 이러한 실존적 회의는 자신의 존재 기반을 확립하기 위한 자기 의식을 불러일으킨다. 그러나 심미적 단계에 머무는 제1편의 주인공은 자기 자신과의 역동적인 관계를 통해 형성된 존재가 아니기 때문에 아직 '자기'로 규정될 수 없는 상태다. 그래서 그는 자신의 가능성에 대해 깊이 성찰하지 못하고, 단지 가능성에 대한 열정만을 찬미할 뿐이다. "내가 원하는 것은 재산이나 권력이 아니라, 가능성에 대한 열정, 가능성을 바라볼 수 있는 젊고 불타는 눈이다.” 그는 자신의 영혼이 언제나 구약성서와 셰익스피어로 되돌아간다고 말한다. 그곳에서 삶의 원형이 어디서 비롯되었는지 찾을 수 있고, 다시금 가능성에 대한 열정을 발견할 수 있기 때문이다.

『이것이냐 저것이냐』 제1편에서는 감각과 본능에 머무르는 심미적 인간이 숨겨진 가능성의 불꽃을 갈망하는 모습을 발견할 수 있다. 이 심미적 단계는 철학이나 종교와는 달리, 인간 존재 깊은 어둠 속에 잠재된 에너지를 직면하기 때문이다. 저자는 이를 ‘가능성의 정열’이라 명명한다. 그러나 이 단계의 한계는 그 불꽃을 단지 바라보고 찬미하는 데 그친다는 점에 있다.

아직 ‘실존’이라 부르기에는 미완성인 심미적 존재는 상상의 다리를 건너 내면의 가능성을 탐구한다. 동시에 본질적인 자기로서야 하는 이중의 숙명을 짊어지고 있다. 그가 갈망하는 가능성의 불꽃에 현실의 숨결을 불어넣는 과정을 ‘생성의 변화’라 부른다. 생성의 변화는 곧 현실성이며, 인간이 삶을 온전히 체험할 수 있도록 가능성의 씨앗을 구체적인 현실의 나무로 키워 나간다.

만약 누군가가 현실을 외면한 채 가능성의 미로 속을 헤맨다면, 그는 심미적 단계의 덫에 갇혀 환상에 빠진 몽상가가 될 위험이 있다. 『이것이냐 저것이냐』 제1편은 주인공의 내면을 이렇게 묘사한다. “나는 어둠의 상상과 불안한 꿈, 들뜬 사상과 불길한 예감, 말로 다 할 수 없는 근심이 얽힌 쇠사슬에 묶여 있다.” 그렇지만 이러한 흔들리는 마음에서 벗어나기 위해서는 반드시 현실성이 필요하다. 가능성을 품은 자유는 오직 현실성이라는 토양 위에서만 꽃을 피울 수 있기 때문이다.

키에르케고르에게 생성의 문제가 중요한 이유가 바로 여기에 있다. "생성의 변화는 가능성으로부터 현실성으로의 이행"이기 때문이다.[19] 생성은 변화하는 어떤 것을 전제로 하는 모든 변화와는 달리, 결코 변화에 속하지 않기 때문에 정의하기가 어렵다. 이 점에서 우리는 인간을 무한한 가능성을 지닌 존재로 본 아리스토텔레스의 견해를 잠시 살펴볼 필요가 있다. 아리스토텔레스는 인간의 '변화 또는 운동'의 근원으로서 영적인 능력을 가능태로 설명했다. 그는 변화를 "가능한 것이 현실로 전환되는 과정"이라고 정의했기 때문이다. 즉, 운동 이전에는 가능태에 머물러 있던 것이 변화를 통해 현실태로 생성되었기에, 운동은 비존재에서 존재로 현실성을 부여하는 생성 혹은 변화라고 할 수 있다. 예를 들어, 운동 이전에는 단지 가능성에 불과했던 것이 변화를 거쳐 '존재하는' 개체로 나타난다는 의미다. 그러나 키에르케고르는 철학자들이 필연성을 가능성과 현실성의 종합으로 설명할 때, 필연성 개념에 대한 오해가 있다고 지적한다. 그는 필연성이 "현실성과 가능성의 종합"이라는 설명이 잘못되었다고 본 것이다. 필연성은 가능태에서 비롯될 수 없기 때문에 생성될 수 없는 어떤 것이기 때문이다.

키에르케고르에게 현실성은 본래의 실존적 인간이 자신의 삶과 직면할 때 경험하는 것이다. 현실성은 인간이 처한 삶을 온전히 체험할 수 있도록, 가능성의 자기를 구체적인 현실 존재로 이끈다. 그러나 현대의 주체에게 이러한 의미의 현실성은 너무나 멀리 떨어져 있어 경악을 자아낼 정도로 희미해졌다. 그렇다면, 어떻게 보이지 않는 현실성에 다가갈 수 있을까? 이 질문은 현실을 확인할 수 있는 기준이나 통로가 사라진 '탈현실화된' 삶을 극복해야 한다는 과제를 제기한다. 따라서 현실성을 드러내는 새로운 방식의 구성이 필요하다. 이를 위해 많은 작가들은 경험된 세계를 단순히 반영하는 대신, 그 세계를 벗어나 주체를 속이고 있는 요소들을 벗어내 버리고 잃어버린 현실성을 새롭게 형상화하는 미적 표현을 제시한다.

Kierkegaard's writing is like a poetic
journey that leads the reader to find their own
way and a fierce dialogue between the two selves within.

키에르케고르의 작품은 '시적인 성격'을 지닌다.

키에르케고르는 자신을 시인이라 여기며, 모든 글을 '시적인 것'이라 주장한다. 여기서 '시적인 것'은 언어와 인간의 상투적 관계를 거부하고, 사유가 닿지 않는 지점을 드러내는 실천을 뜻한다. 시적 표현은 단순한 감정 해방을 넘어 소외된 인간성을 감각하고 가시화한다. 이러한 표현은 반드시 시를 통해서만 이루어지지 않으며, 심미적 단계를 바탕으로 발전한 현대 대중문화가 시적 실천의 영역을 확장하고 있다.

01

시적인 것은 가능성에 대한 불안을 내포한다.

심리학자는 시인이어야 한다.[1]

키에르케고르는 철학과 심리학의 경계를 자유롭게 넘나드는 사유의 마법사이자 동시에 시인이었다. 그는 자신을 한결같이 시인이라 칭하며, 자신의 글에 시적인 색채를 입혔다. 그의 눈에 시는 단순한 언어의 나열이 아니라, 상상의 날개를 달아 인간 내면을 비추고 무한한 가능성의 문을 여는 신비로운 매개체였다. 따라서 우리는 이렇게 말할 수 있다. 시적 상상력은 삶에 찬란한 빛을 더하는 것이다. 시인으로서의 역할을 강조한 키에르케고르에게 '시적인 것'이라는 말은 가능성 속에 숨어 있는 불안을 품는 것이다.

심리학자이자 시인인 키에르케고르는 시적인 순간을 포착하기 위한 글쓰기 전략에서 탁월한 역량을 발휘한다. 1842년부터 1846년까지 '익명 저술'이라는 가면을 쓰고 발표한 그의 작품들은 '심리학적 실험'이라는 부제를 달아 독자들 앞에 선보였다. '비길리우스 하우프니엔시스'라는 가명으로 발표한 1844년작 『불안의 개념』은 '원죄라는 교의학적 문제에 관한 심리학적 관점에서의 단순한 연구'라는 부제를 달았고, '콘스탄틴 콘스탄티우스'라는 이름으로 쓴 1843년작 『반복』은 '실험적 심리학'이라는 부제를, '안티-클리마쿠스'라는 익명으로 발표한 1849년작 『죽음에 이르는 병』에는 '교화와 깨달음을 위한 그리스도교적 심리학 탐구'라는 부제가 붙어 있다.

익명으로 저술하는 매력은 저자의 정체를 숨기면서도 독자들을 저자와 익명성 사이의 미묘한 경계로 초대한다는 점에 있다. 이 경계는 독자들의 상상력이 자유롭게 펼쳐질 수 있는 무대가 된다. 키에르케고르는 독자들을 상상의 세계로 이끌어 단순히 글의 내용을 전달하는 데 그치지 않고, 스스로 해석하고 사유하도록 유도한 것이다. 덕분에 독자들은 그의 저작에 담긴 인간학적 깊이와 문학적 아름다움을 온전히 발견하며, 키에르케고르가 남긴 사유의 보석들을 마음껏 음미할 수 있게 된다.

"심리학자는 시인이어야 한다. 그래서 자기 자신 스스로 인간의 다양한 내적 상태와 정서를 개인적인 방식으로 정확하게 파악할 수 있도록 그것들에 정통하고, 그것들을 느끼도록, 마음속으로 그것들을 체험하도록 해야 한다." 이 말은 18세기 코펜하겐 대학에서 철학을 가르치며 후학을 양성한 시베른(1785~1872)이, 키에르케고르가 재학하던 시절 자신의 첫 심리학 논문에서 심리학자의 본질에 대해 언급한 부분이다. 키에르케고르의 '심리학적 실험'이 시적 형식을 띠고 있다는 점에서, 시베른의 "심리학자는 시인이어야 한다"는 표현은 키에르케고르를 가장 잘 설명하는 말이라 할 수 있다.

시인 키에르케고르는 상상의 힘을 통해 현실을 새롭게 창조하며, 인간에게 새로운 자기 인식의 문을 활짝 열어준다. 그는 『철학적 단편 후서』(1946)에서 그는 이렇게 읊조린다. "시인은 관념을 품고 있지만, 현실은 그저 흐릿한 그림자에 불과하다." 시인은 현실과는 한 발짝 떨어진 곳에서 독자를 관념의 세계로 이끈다는 것이다. 따라서 시인은 감정을 통해 삶을 이상적으로 고양시키는 존재라고 말할 수 있다. 키에르케고르에게 『철학적 단편 후서』가 종교적 단계의 절정을 보여주는 작품이라면, 그 반대편에 위치한 작품은 『이것이냐 저것이냐』 제1권(1943)이다. 그런데 이 책의 첫번째 단편에서는 시인을 향한 냉소를 담고 있다. "시인이란 어떤 존재인가? 마음속 깊은 고뇌를 품고 있으면서도, 입술이 마치 그렇게 만들어져서인지, 탄식과 비명이 입술을 빠져나올 때면 아름다운 음악처럼 들리는 불행한 사람이다." 키에르케고르는 시인이라는 존재를 애증이 뒤섞인 시선으로 바라보고 있었던 것이다.

키에르케고르는 대학에서 철학을 전공한 직후 발표한 첫 작품 『이것이냐 저것이냐』 제1권의 첫 문장에서 시인을 부정적으로 묘사한 이유가 무엇일까? 그리고 시간이 흐른 뒤에는 왜 자신의 모든 저술이 시적인 것이라고 당당히 선언했을까? 이 의문은 그가 여러 필명을 사용해 '간접 전달 방식'으로 글을 쓴 독특한 문학적 전략에서 해답을 찾을 수 있다. 『이것이냐 저것이냐』는 '에레미타'라는 익명의 저자가 쓴 것으로 발표되었으며, 주인공 역시 이름 없는 익명의 'A'였다. 이 'A'는 키에르케고르 자신의 내면 감정을 대변하는 또 다른 타자였다. 흥미롭게도 그는 익명으로 쓴 작품을 비판하는 또 다른 익명 작품을 발표하기도 했다. 이렇게 서로 다른 시각을 지닌 여러 익명의 인물을 창조함으로써 자신의 글에 다양한 관점을 담아낸 것이다. 이것이 바로 '간접 전달 방식'이다. 시인에 대한 그의 냉철한 태도는 독자들에게 스스로 의미를 찾아내라는 도전이기도 했다.

키에르케고르는 독자들이 자신이 창조한 다양한 익명의 인물들이 펼치는 상반된 시각에 공감하며 적극적으로 사유의 장에 참여하기를 바랐다. 심미적 단계를 대표하는 익명의 'A'는 종교적 성향을 지닌 시인과 대립하지만, 이 두 인물은 사실 키에르케고르 자신의 상반된 두 자아를 반영하며 서로 밀접하게 얽혀 있다. 종교적 단계에 있는 시인은 현실과 거리를 둔 상상의 세계에 머무르지만, 심미적 단계의 'A' 역시 현실의 순간에서 자신을 분리하는 기술을 통해 자기 자신을 관찰자의 시선으로 바라보게 만든다. 시인이라는 존재는 현실에 초연한 태도를 유지하도록 하는 역할을 하는 셈이다.

이처럼 키에르케고르는 간접적이고 다층적인 접근 방식을 통해 자신의 저술을 '시적인 것'이라고 정의할 수 있었다. 그러나 한편으로 『불안의 개념』에서는 심미적 단계의 시가 환상의 매개체가 되어 자기 스스로를 공상에 빠뜨릴 위험이 있다고 경고한다. 찬란한 시적 상상 속에서 무한히 멀어졌던 자기는 윤리적·종교적 정신의 인도를 받아 다시 자기 자신에게로 돌아와야 한다고 키에르케고르는 강조한다. 결국 키에르케고르의 글쓰기는 독자가 스스로 길을 찾도록 이끄는 시적 여정이자, 내면의 상반된 두 자기가 펼치는 치열한 대화라 할 수 있다.

02

시적인 것은 인간 존재를
새로운 차원으로 넓혀준다.

시는 "신적인 것을 개인의 실존에 단단히 관계시켜 주는 연결선"이 된다.[2]

개인의 마음 깊은 울림을 불러일으키는 시는 문학이 담고 있는 언어의 정수임이 분명하다. 시는 사물과 언어가 맺는 익숙한 의미의 틀을 벗어나, 직접적인 경험과 맞닿아 감성의 세계로 우리를 안내하기 때문이다. 그래서 시를 읽는 독자들은 사물과 언어를 새로운 관계 속에서 사유함으로 시적인 것이 지닌 생생함을 경험할 수 있게 된다.

사실 생생함은 지성이나 이성의 표상에서 향유될 수 없는 감성적인 것에서 포착되는 특징이다. 이 신비로운 감성의 세계를 가장 먼저 섬세하게 탐구한 이는 바로 바움가르텐(1714~1762)이었다. 미학의 창시자로 불리는 바움가르텐은 미학을 철학의 한 분야로 확립하며, 감성이 이성을 방해한다는 기존의 인식을 뒤집고 감각의 가치를 재평가한 인물이다. 시인이자 철학자인 바움가르텐은 시학을 정초하고 있는 『성찰』(1735)에서 시가 자신에게 일깨워준 감각적 차원의 희열을 최대한 세밀하게 통찰해 보고자 했다. 개인의 "감정적 상태를 불러일으키는 것은 시적인 것"[3]이라고 『성찰』의 서문에서 밝히고 있을 정도이다. 예술이 아직 독자적인 체계로 정립되어 있지 않았던 시대에 살았던 바움가르텐에게 시는 인식이 성립되는 과정에서 이성과 대비되는 다른 능력으로서 감각의 자리를 확보해 준 것이다.

아리스토텔레스는 『시학』에서 시가 단순히 인간의 감정을 해방시키는 역할을 할 뿐만 아니라, 개인의 특수성을 생생하게 묘사한다고 말한다. 이에 바움가르텐은 우리가 시를 감상할 때 느끼는 생생한 감성은 시가 '외연적 명석함'을 추구하기 때문에 생긴다고 설명한다. '외연적 명석함'은 감각, 지각, 상상 등 감성적 차원이 드러낼 수 있는 특성을 의미한다. 이는 논리적이고 이성적인 개념을 강화하는 '내포적 명석함'과는 달리 다소 모호한 성격을 지닌다. 하지만 '외연적 명석함'은 개별 대상에 대한 감각이나 감성의 측면을 잘 표현함으로써, 그 대상이 지닌 개별성과 특수성을 최대한 생생하게 포착할 수 있게 해준다. "외연적으로 명석할수록" 개별자의 표상은 "높은 수준의 시적인 것"[4]으로 나타나기 때문이다. '외연적 명석함'이라는 표현력은 개별 대상을 구성하는 표상의 수를 늘림으로써 "생생함"(vividitas, liveliness)을 구할 수 있다는 것이다. 이는 시어가 표현하는 특질이란 인간 내면의 근원을 이루고 있는 것으로써 개념들이 아니라 감성적 차원이라는 점을 의미한다.

키에르케고르의 시적인 것도 감성의 "생생함"과 밀접한 관련이 있다. 그것은 바움가르텐처럼 시인이며 철학자인 키에르케고르의 철학적 저술의 특징에 그대로 나타나 있다. 키에르케고르의 저술 전체를 관통하는 특징은 당시 지배적이었던 헤겔로 대표되는 근대철학의 전통적인 어법을 거부하기 위해 시적 특징을 지닌 문학적 성질을 지니고 있기 때문이다. 『이것이냐 저것이냐』는 시인의 글쓰기 방식이 잘 나타나 있고 개인이 지닌 특별한 감수성을 깊이 있게 다루고 있다. 키에르케고르에게 시적인 글쓰기는 바움가르텐이 해명하려고 했던 감성적인 것을 넘어서는 것으로 인간의 실존을 또 다른 차원으로 확장하는 개념이다.

더 나아가 키에르케고르는 바움가르텐의 미학을 한 단계 뛰어넘어 시를 '가능성'과 연결지었다. 그는 익명으로 발표한 저서들에서 '실험적 심리학'이라는 용어를 사용하며, 시적 형식을 통해 독자의 내면에 잠재된 실존의 가능성을 일깨우고자 했다. 이를 통해 근원적이고 깊은 자기 인식이 깨어나길 바랐던 것이다. 키에르케고르의 심리학에서 시적인 것은 궁극적으로 '자기'라는 존재를 발견하고 확장하는 가능성의 상징이라 할 수 있다.

이처럼 시적인 것은 "순전한 인간적 실존의 신성한 바탕이며 […] 신적인 것을 개인의 실존에 단단히 관계시켜 주는 연결선"[5]이 된다. 키에르케고르에 대한 가장 포괄적인 내용이 담긴 『키에르케고르의 일지와 기록』(1848-1855)에 나타나 있는 이 내용은 키에르케고르의 저술 전체를 관통하는 시적인 것의 역할을 잘 설명해 주고 있다. 키에르케고르에게 시적인 것이란 단순히 예술 형식으로서 시의 속성을 지칭하는 것을 넘어, 종교적 이상을 실현하기 위해 존재의 근원으로서 신적인 것과 실존의 관계를 튼튼하게 해 주는 수단이었다.

03

시적인 것에 대한 호기심은
전적으로 우연성에서 비롯된다.

심미적 단계는 "전적으로 우연적인 것을 즐기는 기술"로 귀결된다. [6]

『이것이냐 저것이냐』 제1편의 첫 문장에 등장하는 시인에 대한 부정적인 묘사는 당시 덴마크 사회의 안일한 세속주의와 밀접한 관련이 있다. 덴마크는 기독교를 국교로 삼고 있었음에도 불구하고, 당시 신앙인들은 믿음의 순수성을 잃고 기독교의 본질에 다가가지 못한 채 단지 심미적 단계에 머무르는 존재에 지나지 않았기 때문이다. 키에르케고르에게 시인은 진정한 기독교의 모습을 그려내는 인물이지만, 동시에 실존적 이상을 실현하지 못하는 심미적 존재와 다를 바 없는 인물이기도 하다.

하지만 『이것이냐 저것이냐』 제1편에서 펼쳐진 키에르케고르의 문학적 상상력은 그 자체로 시적인 매력을 지니고 있다. 독자는 익명의 주인공 A가 다양한 상상력을 발휘해 우연한 순간을 얼마나 철저히 즐기는지를 생생하게 느낄 수 있다. 우리는 A가 우연을 포착하고, 그 우연한 감정을 자신의 시적 상상 속에서 자유롭게 만끽하는 모습을 비난할 수 없다. 우연성은 일종의 시적 유혹이기 때문이다. 그래서 심미적 단계는 모든 현실성을 벗어던지고 '전적으로 우연적인 것을 즐기는 기술'로 귀결된다. 본래 존재의 현실성이란 객관적 현실에 얽매이지 않고, '자기'라는 인식 속에서 주체적으로 세상을 바라보는 상태를 의미한다. 이에 따라 존재의 현실성을 제거한다는 것은 영적이고 정신적인 기반의 한계를 드러내는 것으로 해석할 수 있다. 심미적 단계의 우연성은 분명 '자기'가 되는 것을 방해하는 부정적인 의미를 지니지만, 동시에 고정된 '자기'로부터 벗어나 새로운 시선으로 자신을 바라보게 하는 시적 의미도 담고 있다. 즉, '나'라는 존재는 우연성의 도움으로 형성된 측면도 있다는 것이다.

우연성은 『이것이냐 저것이냐』 제1권을 관통하는 숨은 마법 같은 열쇠이다. 키에르케고르는 서문에서 이 책이 완전히 우연의 장난으로 탄생했다고 고백할 정도로, 우연은 이 작품의 심장과도 같다. 중고 가게 책상 서랍 속에서 우연히 발견된 여덟 편의 독특한 단편 원고들, 이 원고들이 배열된 순서와 각 단편이 순간의 감정을 포착해 탄생했다는 사실까지, 모든 것이 우연의 마법처럼 펼쳐진 이야기로 제시된다. 이러한 우연성은 시적 상상력에 특별한 빛을 더하며, 심미적 단계가 지닌 시적인 아름다움의 긍정적 의미를 우리에게 선사한다.

이러한 우연성은 『불안의 개념』에서 언급된 질적 도약과도 깊은 관련이 있다. 키에르케고르는 불안을 탐구하면서, 인간이 정신의 눈을 뜨는 순간 경험하는 죄의 현상을 인간학적으로 해석하기 때문이다. 그의 말에 따르면, 인간의 죄짓기는 우연하고 돌발적인 삶의 전환점인 질적 도약과 함께 찾아온다. 이러한 우연성에서 비롯된 질적 도약은 마치 삶을 환하게 비추는 시적 상상력의 불꽃과도 같다.

심미적 단계에서 우연이 얼마나 결정적인 역할을 하는지를 가장 잘 보여주는 작품은 『이것이냐 저것이냐』 제1권에 수록된 마지막 두 단편, '윤작'과 '유혹자의 일기'이다. 특히 '윤작'에서는 우연성이 촉매제 역할을 하며, 높은 상동성을 지닌 자의성과 밀접하게 연결되어 있음을 알 수 있다. 심미적 단계를 즐기는 사람은 갑작스럽게 찾아오는 우연의 순간과 그 안에서 자유롭게 펼쳐지는 자의성을 만끽한다는 것이다. 익명의 필자 A는 이를 다음과 같이 표현했다. "우리는 직접적인 그 자체를 즐기는 것이 아니라, 그 안에 우리가 자의적으로 집어넣은 전혀 다른 무언가를 즐긴다." 여기서 자의성은 어떤 규칙이나 한계 없이 매 순간 우연 속에 머무르려는 자의적인 선택의 힘을 의미한다.

그런가 하면, 우연성과 자의성은 철학이 파악할 수 없는 비논리성으로 간주된다. 근대철학을 대표하는 헤겔은 철학에게 우연성을 개념화하여 파악하고 […] 구성하며 연역하라고 요구하는 것은 가장 부당한 일이라고 지적한다.[7] 그의 철학 세계에서는 언어, 정신, 로고스, 이성이 유기적으로 얽혀 하나의 체계를 이루기 때문이다. 따라서 그 체계 내의 개념들은 우연이라는 불확실한 씨앗에서 자라날 수 없다. 개념은 반드시 범주라는 견고한 토대 위에서 이성적으로 종합되어야 한다. 이로 인해 철학의 영역에서 우연성은 주관성과 특수성과 함께 개념의 바깥에 위치하며, 이성의 한계를 넘어선 자의성의 상태로만 간주될 수 밖에 없다.

근대철학을 거부하는 현대철학에서는 우연의 마법을 주목한 철학자가 있다. 기존 철학의 견고한 틀을 흔든 20세기 사상의 거장 자크 데리다(1930~2004)이다. 니체의 정신이 살아 숨 쉬는『조종』에서 데리다는 헤겔의 엄격한 체계 곳곳에 '우연'이라는 작은 폭탄을 심어 놓았다. 그 폭탄은 우연, 놀이, 웃음, 춤, 에세이, 은유 등 다채로운 형태로 나타나, 니체 철학 속에서 헤겔의 로고스에 맞서는 니체적 반항의 수단으로 자리매김했다.

헤겔 철학은 우연성, 주관성, 특수성을 배제하고 보편성, 필연성, 객관성을 추구하는 여정이다. '하나'라는 동일성을 이루기 위해 이질적인 요소들을 제거하는 이 과정은 외부 세계를 이해하는 중요한 열쇠가 되었다. 그러나 그 '하나' 사이에는 어쩔 수 없이 존재하는 틈과 간극이 있다. 데리다는 바로 그 틈을 발견하여 우연성, 주관성, 특수성이라는 불씨를 던지며 체계를 해체하는 대담한 시도를 펼친 것이다.

우리는 키에르케고르를 철학자가 아닌 시인으로 바라볼 때, 그의 저작에 담긴 우연성은 존재에 대한 새로운 이해를 이끌어내는 시적 영감과 다름없다고 이해할 수 있다. 따라서 우연성에 대해 다음과 같이 정리할 수 있다. 인간이 확립된 기존의 범주에 의식을 고착시키면, 시적인 영감을 거부하게 되어 스스로 새로운 존재로 거듭날 수 없게 된다.

04

심미적 단계의 우연성은
예감을 통해 시적인 것을 품게 한다.

"이교(異敎)는, […] 정신의 부재이며," […] 그리고 "전적으로 감성이다."[8]

아직 실존으로 구체화되지 않은 채 의식되지 않은 가능성으로만 머물러 있는 상태를 키에르케고르는 '심미적 단계'라고 구분한다. 따라서 심미적 단계에 내재한 가능성을 탐구하는 것은 인간을 가능성의 존재로서 이해하는 중요한 계기가 된다. 가능성 그 자체, 즉 미래에 대한 미확정된 계획으로서의 미지의 가능성은 키에르케고르가 말하는 심미적 단계의 본질적인 특성이다. 이로 인해 심미적 단계는 가능성의 새로운 근원, 즉 '시원(始原)'이라고 할 수 있다. 여기서 시원이란 직접적인 상태로서의 시작을 의미하는데, 이는 아직 규정되거나 결정되지 않은 상태이기 때문에 미지의 가능성을 오롯이 품고 있는 지점이다.

키에르케고르의 철학 전반에는 시적인 문체가 흐르고 있다.

이는 당시 철학계의 주류였던 헤겔식 전통에 대한 문학적 반항이자, 감성의 깊이를 탐구하는 시인의 목소리이기도 하다. 특히 『이것이냐 저것이냐』에 수록된 여러 단편들은 시인의 섬세한 감수성을 고스란히 드러내며, 개인 내면의 독특한 세계를 탐험한다. 시인 키에르케고르는 상상력을 매개로 현실을 새롭게 재구성하고, 인간에게 새로운 자기 인식의 문을 열어주고자 한 것이다. 그러나 심미적 단계는 상상에 머무를 뿐, 그것을 현실로 옮기는 정신적 역동성이 부족하다. 이에 신학자 키에르케고르는 이 단계를 부정적인 영역으로 간주하며, 본질적인 불안을 불러일으키는 근원으로 보았다. 그래서 키에르케고르는 『불안의 개념』에서 심미적 단계를 고대 그리스 시대의 자유분방한 삶에 비유하며, 이 단계가 지닌 이교의 특성을 '정신의 부재' 상태로 보고 '전적으로 감성'이라고 주장한다.

키에르케고르의 관점에 따르면, 감성에만 의지해 살아가는 '이교도적 실천'은 오직 심미적 단계에서만 나타나는 현상이다. 여기서 '이교'란 기독교의 기준으로 본 미신이나 이방 종교를 의미하며, 동서양을 아우르는 다양한 토착 신앙과 신화들이 포함된다. 키에르케고르는 달콤한 심미적 삶이 우리를 이교의 길로 이끌지만, 진정한 종교적 단계에 도달하기 위해서는 고난의 길을 걸어야 한다고 말한다. 그 과정에서 우리는 신 앞에 홀로 선 단독자로 거듭나게 된다. 따라서 신학자 키에르케고르에게 심미적 단계는 종교적 단계로 나아가는 길을 가로막는 불안한 상태에 불과하다.

그러나 오늘날 현대인들은 끊임없이 자신을 새롭게 재창조해야 하는 과제 속에서 기존의 윤리나 종교적 규범을 넘어, 자기 바깥의 세계로 시선을 돌리고 있다. 감각과 감성을 중시하는 현대 문화에서는 익숙한 인식의 틀을 깨려는 감성과 이성 간의 가치 전도 현상이 두드러지며, 존재에 대한 새로운 문화적 패러다임이 형성되고 있는 것이다. '패러다임'이라는 용어는 과거와는 전혀 다른 사고의 전환을 의미하는데, 인간을 바라보는 시각이 변화하면서 감성은 단순히 정신이 스며드는 배경이 아니라 정신과는 별개로 독립된 영역으로 인정받고 있는 것이다. 이러한 변화를 가장 잘 보여주는 사례가 바로 현대 대중문화 속에서 빛나는 엔터테인먼트의 부상이다. 이 놀라운 변화는 사회의 전통적 질서를 지탱해 온 상징 체계에 의문을 제기하며, 감성과 이성 사이의 가치 판단을 뒤집으며 심미적 차원을 다시금 주목하게 만든다.

해외에서는 독일 철학자 아도르노(1903~1969)가 1933년에 발표한 『키에르케고르: 미학의 구성』을 통해 키에르케고르의 심미적 실존 영역에 내재된 미학적 논의를 이끌어낸 바 있다. 아도르노는 예술이 인간 존재의 깊은 내면을 탐구하는 매개체라고 보았다. 특히 그는 인간의 본질적인 감정을 섬세하게 탐구하는 심미적 단계가 예술가들의 예민한 감수성과 밀접하게 연결되어 있다고 설명했다. 최근 한 해외 연구자는 키에르케고르가 바움가르텐을 넘어서는 새로운 실존적 미학 개념을 제시했다고 평가하기도 했다. 반면 국내에서는 주로 키에르케고르를 유신론적 실존철학자로 소개하는 연구가 많으며, 그의 주요 저작을 미학적으로 해석한 연구는 아직 많지 않은 편이다. 그럼에도 불구하고, 키에르케고르의 심미적 영역을 현대 문화에 적용하려는 시도는 일부 존재한다.

심미적 단계는 단순히 개인의 감정을 해방하는 것을 넘어, 소외된 인간성의 지점을 감지하고 이를 가시화하는 역할을 한다. 이는 시적인 것의 실천에 해당하지만, 반드시 시를 통해서만 이루어지는 것은 아니다. 오히려 현대 대중문화가 이러한 역할을 더욱 효과적으로 수행하고 있음을 알 수 있다. 2016년, 대중문화계 최초로 노벨문학상을 수상한 가수 밥 딜런의 사례는 보수적인 문학계조차 대중음악이 시적인 것을 보다 효과적으로 실천하고 있음을 인정했다는 점에서 이를 잘 보여준다.

이러한 변화에 대한 논의는 현대 철학자 하이데거가 제시한 '최후의 신' 개념을 통해 더욱 확장될 수 있다. 하이데거의 '최후의 신'에 관한 사유는 『존재와 시간』 이후 그의 두 번째 주요 저작으로 평가받는 1936~1938년의 수기와, 후기 사유의 근간을 이루는 『철학에의 기여』 제7장 '최후의 신'에서 잘 드러난다.* '최후의 신'은 기존의 철학적·신학적 개념과 혼동하거나 오해해서는 안 된다. 하이데거는 "최후의 신은 […] 우리 역사의 무궁무진한 가능성의 새로운 시원이다"라고 말한다. [9] '시원'은 직접적인 상태로서

---

* 신에 관한 사유는 『종교적 삶의 현상학』, 『이정표』의 「현상학과 신학」, 『철학에의 기여』의 「최후의 신」, 『숲길』의 「니체의 말, 신은 죽었다」 등 니체 연구와 횔덜린 연구로 이어진다.

시작되는 원천이라는 의미로, 무규정적이며 결정될 수 없는 상태이기 때문에 키에르케고르의 심미적 단계가 지닌 의미와 부합하는 측면이 있다.

그러나 일종의 일지 형식으로 작성된 수기 『철학에의 기여』에서는 '최후의 신'에 대한 답변이 명확하게 제시되어 있지 않다. 다만, 우리는 그 수기에서 '최후의 신'에 대한 직접적인 설명 대신 "시는 신들을 근원적으로 명명하는 행위"라는 구절에서 힌트를 얻을 수 있다. 신들은 어떻게 소통하는가? 신은 눈짓을 통해 자신의 존재를 알린다. "눈짓은 옛적부터 신들의 언어"이기 때문이다.[10] 하지만 신이 거부당하며 자취를 감추었기에, 그 신이 보내는 '눈짓' 또는 '신호'를 알아차리는 이는 오직 시인뿐이라는 것이다.

시인과 신의 관계는 하이데거가 독일 시인 횔덜린(1770~1843)의 사유를 바탕으로 신에 대한 이해를 확장하고 재정립한 데서 비롯된다. 횔덜린은 니체와 발터 벤야민에게 깊은 영향을 미친 인물이다. 하이데거는 『횔덜린 시의 해명』에서 시의 본질을 신의 '눈짓'을 포착하여 그것을 효과적으로 표현하는 행위로 칭송하며, '시학의 신'을 새로운 차원의 신성으로 이해한다. 이러한 맥락에서 하이데거에게 존재론적 의미의 신, 즉 '최후의 신'은 신의 부재 속에서 방황하는 인간에게 성스러움을 눈짓으로 전하며, 은폐되어 있던 신성을 다시 드러내는 구원자이다. 신이 부재한 공간에서 신성의 재신성화는 우리가 잊고 있던 고유한 본질을 되찾게 하고, 완전히 새로운 존재로서 자신을 드러낼 수 있는 가능성을 열어준다.

하이데거가 언급하는 '최후의 신'은 전통적인 신학이나 철학에서 말하는 신과는 달리, 단순히 마지막에 등장하는 신을 뜻하지 않는다. 여기서 말하는 '최후의 신'은 곧 '시학의 신'을 의미한다. 그렇다면 시인 키에르케고르가 제시한 심미적 단계는 하이데거가 말하는 '시학의 신'과 어떤 연관성을 지닐까? 만약 연관성을 지닌다면, 키에르케고르의 사상 속에서 종교적 단계를 이루는 형이상학적 역사에 등장하는 신이나 기독교의 신과는 전혀 다른 의미의 개념을 발견할 수 있을 것이다.

키에르케고르의 저작을 시적인 것으로 본다면, 그것은 '시학의 신'이 머무는 공간이라 할 수 있을 것이다. 유신론적 철학자인 키에르케고르의 사상 속에서도, 시인으로서의 그의 시적 특성을 발견하는 순간 '시학의 신'이 존재함을 확인할 수 있기 때문이다.

그러나 신이 부재하거나 결여된 상태인 심미적 단계의 직접성 속에서도 하이데거가 말하는 새로운 신의 유비를 발견할 수 있을까? 형이상학의 쇠퇴를 '신의 죽음'으로 해석한 니체의 사유가 심미적 단계를 확장해석할 수 있는 토대가 된다면, 심미적 단계를 새롭게 주목하는 것은 하이데거가 말하는 '새로운 신'을 만나는 길이 될 수 있다. 기존의 윤리적이거나 종교적인 단계가 실패하는 그 지점을 새로운 시작의 근본 기반으로 해석할 수 있기 때문이다.

직접적인 상태의 인간은 무질서하고 비합리적인 충동에 쉽게 지배받는 결함을 지니고 있지만, 동시에 반성에 투쟁하면서 감각의 눈을 통해 언어로 의식화되지 않은 직접적 상태의 인간이 지닌

미지의 가능성을 포착할 수 있을 것이다.

　현대인들은 윤리적 반성과 합리적 언어의 틀 안에서 더 이상 새로운 자기에 대한 이해를 기대하기 어려워지자, 반성의 굴레에서 벗어나기 위해 이교적 실천을 시도하며 직접성으로 돌아가고자 하는 욕망을 품게 되었다. 키에르케고르가 덴마크 코펜하겐이라는 작은 도시에서 경험한 문화적 체험을 바탕으로 설명한 '심미적 단계'가 '시학의 신'이 머무는 공간으로 해석될 수 있다면, 심미적 단계는 시적인 것을 실천하는 현대 문화의 기반으로 여겨질 수 있을 것이다.

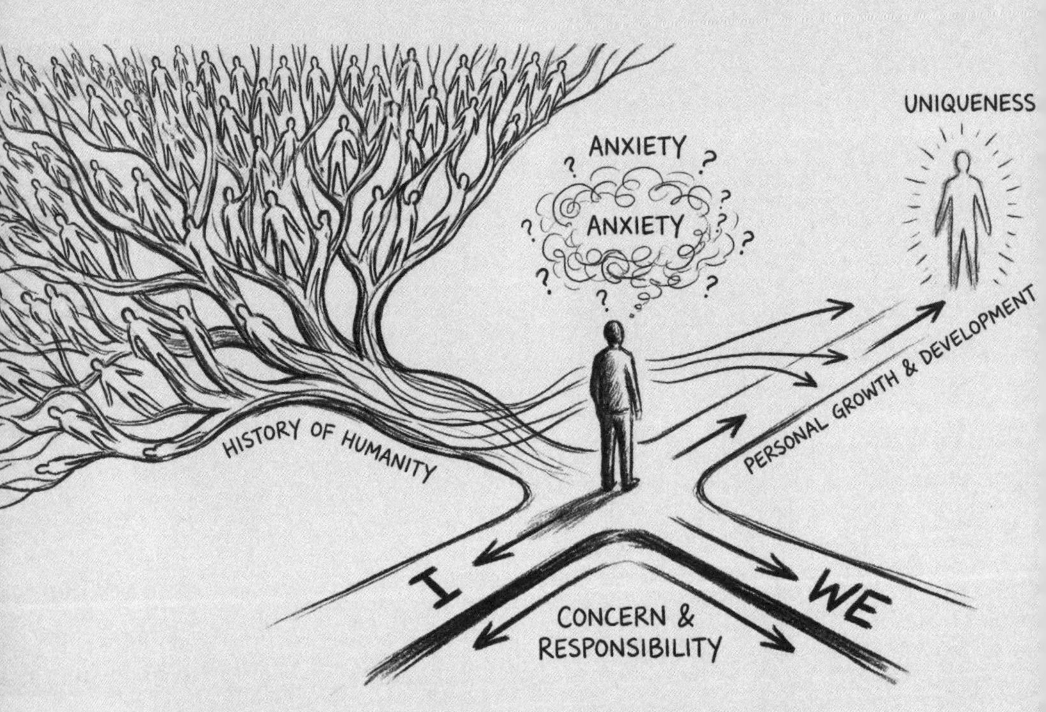

ANXIETY
ANXIETY
UNIQUENESS
HISTORY OF HUMANITY
PERSONAL GROWTH & DEVELOPMENT
I
WE
CONCERN &
RESPONSIBILITY

무정신성 상태에서도 불안은 여전히 존재한다.

무정신성을 특징짓는 불안은 바로 그 무정신적 안전감에서 비롯된다. 그러나 불안은 여전히 잠복해 있다. 『죽음에 이르는 병』에서 불안이 심화된 상태인 절망은 무정신성에 비유된다. "실존이 동요할 때 절망이 근저에서 즉시 드러난다. […] 무정신성의 본질은 절망이다." 이는 진정한 자기(self)는 없고 이기심(selfish)만 존재하는 상태를 의미한다.

01

타인처럼 존재하는 것이
훨씬 더 안전하다고 생각한다.

무정신성은 불안하기에는 너무나 행복하고, 너무나 만족스럽다.[1]

키에르케고르는 『불안의 개념』 3장에서 독특하게도 불안을 '무정신성'의 의미 안에서 탐구한다. 여기서 무정신성이란 정신이 부재한 상태를 뜻한다. 이는 정신의 모든 규정이 결여되어 있을 뿐만 아니라, 인간 존재의 특징을 부여하는 '가능성'조차 거의 들어설 여지가 없을 정도로 정신이 매우 빈약한 상태라 할 수 있다.

무엇보다 무정신성은 구체적인 개인이 자신의 현실성을 갖추기 이전의 잠재적인 상태, 즉 순수한 무구함을 의미한다. 이는 마치 어린아이가 지닌 미약한 정신의 상태, 즉 '꿈꾸는 상태의 정신'으로 정의할 수 있다. 이 상태에는 자기 자신과의 관계를 역동적으로 이끌어가는 정신의 움직임이 없는 고요함이 존재하기 때문이다. 키에르케고르는 이러한 상태를 다음과 같이 설명한다. "무정신성에는 불안이 존재하지 않는다. 왜냐하면 무정신성은 불안하기에는 너무나 행복하고, 너무나 만족스러우며, 또 너무나 무정신적이기 때문이다." 따라서 누군가가 불안을 전혀 경험한 적이 없다고 고백한다면, 그는 매우 무정신적인 상태에 놓여 있다고 이해할 수 있다.

그는 이렇게 덧붙인다. "대부분의 사람들이 눈치채지 못하는 무정신성은 정신이 약한 심미적 단계에서 나타나며, 그 안에는 희극적인 면모가 숨어 있다." 이는 마치 희극 배우가 정신적으로 흔들리면서도 관객을 즐겁게 하는 모습과 같다. 무정신성의 부산한 말들은 겉으로는 허튼소리처럼 들리지만, 그 속에 담긴 본질을 가장 잘 드러낸다. 어린 여자아이들의 수다처럼 가볍고 산만한 이 말들이야말로 무정신성을 생생하게 표상하는 것이다.

무정신성은 단순히 허튼소리를 정신의 힘으로 승화시키는 것이 아니다. 무정신적인 인물이 내뱉는 말들은 마치 자동으로 작동하는 기계가 반복하는 듯한 느낌을 준다. 따라서 그의 철학적 횡설수설이나 누구나 할 수 있는 정치적 담론이 기계적으로 되풀이되는 것을 막을 방법이 없다. 이처럼 무정신성은 인간 정신의 가장 미묘하면서도 아이러니한 면모를 드러내는 공간이다.

그렇다면 가장 무정신적인 사람이 똑같은 말을 반복하는 것을 도대체 무엇으로 막을 수 있겠는가? 무정신성의 부산함에서 벗어나는 방법은 각자가 매 순간 스스로 주체적으로 사는 것이다.[2] 무정신성에서 오는 안도감은 어떤 것도 깊이 이해하지 않고, 어떤 것도 도전 과제로 받아들이지 않는 데서 비롯된다. 이러한 안도감은 정신이 끊임없이 움직이고 변화한다는 사실을 깨닫지 못하게 만든다.

무정신성의 안전지대는 마치 주체적인 의식 없이 타인의 껍데기 속에 숨어 사는 것과 같다. 정신분석학적으로 말하자면, 타인의 욕망을 욕망하며 자신을 잃어버리는 상태다. 자기를 잃는 일은 겉으로는 아무 일도 아닌 듯 조용하고 은밀하게 이 세상 한켠에서 일어난다. 겉모습은 완벽히 정상적이지만, 정작 자신이 무정신적으로 살아가고 있다는 사실은 전혀 깨닫지 못한다. 이러한 삶의 단면은 『죽음에 이르는 병』에서 다음과 같이 묘사된다. "자신으로 존재하는 것은 너무나 위험하니, 타인처럼 존재하는 것, 또 하나의 복제본, 숫자 하나, 군중 속 한 명이 되는 것이 훨씬 편안하고 안전하다고 생각한다."

하지만 자신이 아닌 익명의 다수가 됨으로써 그는 점차 불안의 늪에 빠져든다. 정신적으로 보면, 그는 자기가 부재하며, 아무리 자신을 다르게 찾으려 해도 자신을 위해 모든 것을 걸 수 있는 '나'라는 존재가 없기 때문이다. 무정신성은 자기 자신과의 연결이 끊긴 상태이기 때문에, 주체적인 삶을 살아가기 위해 자신을 향한 존재가 될 수 없는 것이다.

키에르케고르는 무정신성이라는 상태 속에서 불안의 또 다른 양상을 발견한다. 그가 무정신성 개념을 다룬 배경에는 당시 기독교 세속주의가 신앙의 순수함을 훼손한 현실에 대한 비판이 자리하고 있다. 『불안의 개념』이 집필되던 시기, 덴마크의 국교였던 기독교는 안일한 세속주의에 물들어 있었다. 여기서 말하는 세속주의란 자기 존재에 무관심한 대중의 삶을 의미하며, 기독교 내 무정신성은 심미적 단계의 삶을 가리킨다. 따라서 『불안의 개념』에서 무정신성이 불러일으키는 불안은 고대 희랍 문화의 전형적인 상태로 간주되며, 그리스도교에 스며든 세속적 삶에 비유된다. 이는 유럽 문명의 뿌리인 그리스 문화가 고대 희랍 문화 전체의 토대이기 때문이다. '그리스'보다 '희랍'이라는 용어를 사용하는 이유는 중세 기독교가 들어오기 전 수백 년에 걸친 고대 역사를 포괄하기 위함이다.

02

무정신성의 상태에서도 불안에서 벗어나기는 어렵다.

무정신성에는 불안이 존재하지 않지만,
불안은 그럼에도 불구하고 현존하고 있다. [3]

우리는 불안이 엄습할 때 그 상태에서 벗어나고자 한다. 아무 생각도 하지 않으려 애쓰는데, 이는 정신을 차단하면 불안이 없는 것처럼 느껴지기 때문이다. 하지만 과연 그럴까? 이 문제에 대해 키에르케고르는 이렇게 말한다. "무정신성에는 불안이 존재하지 않지만, 불안은 그럼에도 불구하고 여전히 존재한다."

정신이 완전히 사라진 상태, 즉 무정신성은 정신으로 규정되지 않는다. 이는 단지 자연과 직접 맞닿아 있는 '직접성'의 상태일 뿐이다. 여기서 말하는 정신은 마치 꿈꾸는 아이처럼 자기와 타자의 경계가 흐릿한 미약한 정신을 의미한다. 『불안의 개념』 제5절에서는 이러한 꿈꾸는 정신을 다음과 같이 묘사한다. "그 상태에는 평화와 안식이 깃들어 있다. 하지만 동시에 싸움도 다툼도 없다. 왜냐하면 싸워야 할 대상이 없기 때문이다.” 그렇다면 이 평화와 안식을 깨뜨리지 않는 ‘어떤 다른 것’은 무엇일까? 그것은 바로 ‘무(無)’다. 무는 불안을 잉태한다. 무의 불안은 우리 존재의 토대를 지키기 위해 꿈을 만들어 내지만, 그 앞에서 정신은 떨고 불안해한다. 무는 사유하거나 관찰할 수 있는 어떤 형상도 드러내지 않는 텅 빈 공간이기 때문이다. 무 속에 불안이 스며들어 있기 때문에 무정신성에도 불안은 존재한다. 다만 그 불안은 숨어 있을 뿐이다. 바로 이 숨어 있는 불안이야말로 눈에 보이지 않는 공포이며, 진정으로 끔찍한 것이다.

이처럼 무정신성은 정신으로 규정되지 않는 상태와 다르지 않다. 무정신성은 정신의 침체이며, 관념성의 서투른 모방이다.[4] 정신이 자기 자신을 깨닫지 못하고 제자리걸음만 하는 그 침체의 순간이 바로 무정신성이다. 하지만 ‘무정신성이 관념성의 서투른 모방’이라는 말은 쉽게 와 닿지 않는다. 이 말은 무엇을 뜻할까? 관념성의 서투른 모방이란, 현실과 동떨어진 추상적인 생각들이 자신의 주관에 갇혀 어설프게 흉내 내는 모습을 말한다. 그런 사람은 같은 말을 기계처럼 반복하며, 진짜 의미를 모른 채 관념을 어설프게 따라 할 뿐이다. 다시 말해, 왜곡된 관념성의 모방은 어떤 문제를 제대로 이해하지 못하면서도 말만 번지르르하게 늘어놓거나 무감각한 언어 놀이에 빠져 허우적대는 상태를 뜻한다. 키에르케고르는 이 상태를 소금에 비유했다. “소금이 맛을 잃었다고 할 때, 그것은 본질을 잃은 것이다. 맛을 잃은 소금으로 무엇을 맛내겠는가?" 무정신성도 이와 같다. 사람의 이해력과 분별력을 소금에 비유한다면, 무정신성은 그 소금이 맛을 잃은 상태인 셈이다. 그런 상태에서는 자기 자신과 진정한 관계를 맺을 수 없다. 무정신성은 자기 자신과 연결되는 과제에 대해 무관심하며, 자기답게 살아가는 데 관심이 없기 때문이다.

『불안의 개념』에서 말하는 무정신성은 기본적으로 정신의 침체 혹은 부재를 뜻한다. 하지만 이 둘은 다르기에 구분이 필요하다. 무정신성은 정신을 의도적으로 포기한 상태이며, 그 안에는 그 상태에서 벗어나려는 움직임 또한 포함되어 있다. 반면 정신의 부재는 아직 정신이 형성되지 않은 상태로, 스스로 반성하거나 자신의 정신적 가능성을 깨닫지 못하는 상태다. 키에르케고르는 『죽음에 이르는 병』에서 이교(異敎)라는 개념으로 이 차이를 설명한다. 이교는 정신이 부재한 상태지만, 정신을 향해 나아가는 방향성을 지닌다. 반면 그리스도교 내부의 이교는 정신에서 멀어지는 방향으로 규정된다. 따라서 이교와 무정신성은 구별된다. 결국, 가장 엄밀한 의미에서 무정신성은 그리스도교 내부에 존재하는 현상이다.

03

무정신성의 어둠 속에서
자신이 되기 싫은 순간이 있다.

어떤 것도 억제할 수 없는 자는 순전히 직접적인 인간뿐이다.[5]

키에르케고르는 인간 존재의 다양한 층위를 '억제'와 '반성'이라는 렌즈를 통해 섬세하게 조명하며, 우리 내면의 갈등과 성장 과정을 깊이 탐구한다. 그는 『죽음에 이르는 병』에서 '억제'라는 개념을 통해 무정신성의 본질을 설명하는 것이다. 키에르케고르는 "조금이라도 반성하는 사람은 스스로를 억제하는 법을 안다. 반면, 아무것도 억제하지 못하는 이는 오직 직접적인 인간뿐이다"라고 말한다. 이 말은 인간 내면의 깊은 심연을 들여다볼 수 있게 하는 중요한 열쇠와 같다.

현대 정신분석학에서 '억제'는 인간이 언어를 습득하는 상징화 과정을 통해 사회 속에서 상징적 존재로 거듭나는 데 필수적인 개념이다. 상징화란, 자연 상태의 인간이 지닌 이해할 수 없는 미지의 세계를 자신의 의미로 전환하는 마법 같은 과정이다. 이 과정에서 의미가 부여되지 않은 것들은 억제라는 그물망에 걸리게 된다.

키에르케고르는 이 상징화 과정을 심미적 단계를 극복하고 윤리적 자각에 이르는 여정으로 이해한다. 윤리적 단계에 도달하기 위해서는 도덕적 규범을 수용하고, 심미적 단계에 머무르려는 자신을 억제해야 한다는 것이다. 도덕이 허용하지 않는 것들을 자제해아 하기 때문이다.

하지만 '직접적인 인간'은 스스로를 억제할 줄 모르는 존재다. 그는 윤리적 규범이 형성되기 이전, 본능과 욕망에 충실한 순수한 존재다. 『이것이냐 저것이냐』 제1편의 주인공 돈 후안이 바로 그런 인물이다. 그는 자신의 육체적 욕구에만 몰두한 나머지, 자신이 누구인지조차 알지 못한다. 외적인 육체성에 갇혀 반성적 사유가 차단된 그는 절대 반성을 거부하며, 억제의 문턱을 넘지 못한다.

인간은 육체적 욕구에 이끌려 욕망과 갈망 속에서 쾌락을 추구하는 존재다. 이러한 욕망이 충족되는 순간, 심미적 단계의 직접성은 더욱 빛을 발한다. 그러나 아무것도 억제하지 못하는 사람은 직접성의 늪에 빠져 무정신성이라는 어둠 속에서 자신을 잃고, 의미 없는 시간만 허비하게 된다.

키에르케고르는 『죽음에 이르는 병』에서 직접적인 인간을 다음과 같이 묘사한다. "직접적인 인간의 자기는 시간과 세속이라는 틀 안에 갇혀 '다른 것'과 직접적으로 연결된 동반자다." 여기서 '다른 것'은 유한함을 의미하며, 세상에 얽매여 이해타산에 사로잡히는 시간성의 세계를 가리킨다. 유한성은 인간이 신성한 무한성의 존엄을 사소한 것에 부여하는 시선이기도 하다. 또한 '다른 것'은 자기 바깥의 외면에 몰두하는 인간의 모습을 드러낸다. 『죽음에 이르는 병』에서는 그를 이렇게 묘사한다. "외형적으로 그는 현실적인 인간이다. 대학 졸업자, 남편, 아버지, 유능한 관리자, 존경받는 인물, 유쾌한 친구, 다정한 배우자, 자상한 부모다."

이처럼 무정신성의 늪에 빠져 '다른 것'과의 관계에만 몰두하며 진정한 자신이 되기를 거부하는 상태를 키에르케고르는 '은폐'라고 명명했다. 은폐 속에서 제자리걸음하는 인간은 오직 생계에만 집중할 뿐, 자신의 실존에 대해서는 전혀 관심을 기울이지 않는다. 니체는 『반시대적 고찰』에서 이러한 삶을 사는 이들을 '교양적 속물'이라 비판했다. 결국, 진정한 자기를 찾지 못한 채 외면에 갇힌 인간의 모습은 우리에게 깊은 성찰을 요구한다.

은폐 상태에 빠진 사람을 『죽음에 이르는 병』에서는 다음과 같이 묘사한다. "그는 큰 사업에 몰두하거나, […] 혹은 관능적 쾌락, 아마도 방탕한 삶 속에서 망각을 찾으려 할 것이다. 절망에 빠진 그는 직접적인 경험으로 돌아가기를 원한다."[6] 즉, 자신이 되기를 거부하며 심미적 단계의 순간에 몰입하거나 시간을 흘러보내는 것이다.

망각은 자기를 닫아버리는 은폐 상태를 심화시킨다. 『이것이냐 저것이냐』 제1편에서는 망각의 도움으로 무정신성의 범주에 빠져 다른 사람들처럼 된다는 것에 대해 다음과 같이 말한다. "망각, 모든 인간이 이 망각을 원한다. 그래서 어떤 불쾌한 일이 일어나면, 그들은 항상 '아아, 잊어버렸으면 좋겠다'고 말한다.”[7] 망각은 자신을 인식하지 못하는 상태에서 작용하며, 주로 당사자에게 고통스러운 내밀한 경험과 관련되어 있다. 불쾌한 기억을 잊으려 할 때, 과거의 자신과 현재의 자신을 연결하는 정신적 자기 연관 작용은 사라진다. 불쾌한 과거 사건을 망각하려는 충동은 자기의 통제를 벗어나며, 이로 인해 자기는 '자기 자신이 되기를 거부하는 절망'에 빠지게 된다. 따라서 심미적 단계를 유지하기 위해서는 이러한 불쾌한 감정을 견뎌내야 한다. 불쾌를 회피하는 가장 효과적인 방법은 심미적 단계에서 무정신성 상태에 이르는 것이다. 무정신성 상태에서는 정신이 자신과의 연관을 의식하지 않기 때문에 절망이 없는 것처럼 느껴진다. 이처럼 무정신성은 자기 바깥의 외부 대상에 몰두함으로써 자신과의 관계 맺기 과업을 망각하게 만든다.

그러나 키에르케고르는 직접성의 형태가 두 가지 있다고 설명한다. 직접성과 관련하여, 키에르케고르에게 특별한 점은 그것이 처음에는 심미적 영역에서 등장하고, 이후 종교적 단계에서 새로운 직접성의 형태로 나타난다는 사실이다.[8] 두 가지 직접성의 공통점은 언어라는 매개를 거치지 않는, 반성 없는 직접성이라는 점이다. 무정신성을 초래하는 첫 번째 직접성은 반성 자체를 거부하는 심미적 단계의 상태인 반면, 두 번째 직접성은 종교적 단계에서 반성을 극복한 초월의 상태를 의미한다.

어쨌든 직접성에 다가가기 위해서는 언어에 의한 매개를 거치지 않는 '말할 수 없음'의 영역이 있음을 인정해야 한다. 이를 통해 두 가지 직접성은 불안이 없는 것처럼 느껴지게 만든다. 첫 번째 직접성이 무정신성으로 불안에 대처한다면, 두 번째 직접성은 신앙을 통해 불안을 극복하려 한다. 돈 후안의 직접성이 언어 이전의 차원이라면, 종교적 직접성은 언어의 한계를 넘어서는 역설을 받아들이는, 말로 표현할 수 없는 직접성이다. 신학자 키에르케고르는 종교적 직접성이란 자기 비움을 통해 침묵 속에서 적극적으로 신의 말씀을 듣고 따르는 과정에서 자기의 안정성을 확보하는 것이라고 강조한다. 그의 가장 기독교적인 관점이 담긴 저서 『철학적 단편 후서』에서는 이렇게 말한다. "오직 개인이 자신의 내면에 몰두할 때, 즉 자주적인 행동에 대한 내면적 성찰을 할 때만 자신의 주의를 일깨우고 신을 볼 수 있다."

04

그러나 반항을 내포한 무정신성은
새로운 주체를 예비한다.

전혀 반항이 수반되지 않는 절망은 없다.
사실 "원하지 않는다는 것"은 반항을 내포한다. [9]

　　무정신성은 곧 절망을 의미하며, 이러한 절망은 반항에서 비롯된다. 이 두 명제를 깊이 있게 이해하기 위해서는 『죽음에 이르는 병』 구성을 살펴볼 필요가 있다. 제1부에서는 '죽음에 이르는 병은 절망이다'라는 주제를 통해 인간의 내면적 차원을 강조하고, 제2부에서는 '절망은 죄이다'라는 주제로 신의 절대적 차원을 다룬다. 이 때문에 『죽음에 이르는 병』 연구자들은 인간의 자유로운 존재로서의 면모를 조명하는 제1부와 기독교 신학에 근거한 제2부를 구분하여 해석하는 경향이 있다.

　　무정신성을 왜 절망의 상태라고 규정하고 있을까? 이 물음은 다음과 같이 답할 수 있다. 제1부에서는 자기 관계를 통한 역동적인 활동 여부를 기준으로 자기를 정의하는데, 이 과정에서 자기 관계가 실패한 상태를 절망으로 간주한다. 더 나아가, 인간의 내면적 차원에서 자기 관계를 강조하는 제1부에서는 자기 관계와 더불어 타자 관계 역시 동시에 수행되어야 한다고 강조한다. 이에 따라 자기 관계 전체를 완성하는 신과의 타자 관계를 수행하지 않는 무정신성은 결국 절망으로 귀결될 수밖에 없다는 결론에 이른다.

절망 상태의 반대는 신앙을 지니는 것이다. 키에르케고르는 『철학적 단편 후서』(1946)에서 종교적 단계 중 가장 높은 수준인 초월적 종교성을 강조하며 신앙의 문제를 깊이 탐구한다. 여기서 말하는 신앙이란 실존하는 인간이 불안과 절망에서 벗어나기 위해서는 스스로 실천적 자기실현을 이루도록 역설적인 진리를 받아들이는 것을 말한다. 이러한 관점에서 보면, 세상사에만 몰두하고 자신의 실존에는 전혀 관심을 기울이지 않는 심미적 단계의 삶에서 나타나는 무정신성은 신앙의 순수함을 잃게 할 뿐만 아니라 절망을 초래하는 원인으로 여겨진다.

그렇다면 무정신성의 절망은 왜 반항을 내포하는 상태라는 것인가? 이 질문에 답하기 위해서는 키에르케고르가 반항과 관련하여 제시한 두 가지 형태의 절망을 이해할 필요가 있다.

첫 번째 형태의 절망은 '자기 자신이 되기를 원하지 않는' 절망에 내재된 반항이다. 절망에는 반드시 반항이 수반된다. 사실 '원하지 않는다'는 태도 자체가 반항의 의미를 담고 있다. 이는 자기가 의식의 차원에서 자기 자신을 탐색하거나 반성하는 어떤 과정도 허용하지 않는, 순수하고 직접적인 상태를 의미한다. 이러한 상태에 놓인 직접성의 인간은 반성을 위한 타자의 존재를 받아들이지 않기 때문에, 자기 자신과 타자와의 관계를 동시에 형성할 수 없다. 그에게는 태어날 때부터 자기 안에 영원한 무언가가 존재한다는 공상적이고 환상적인 믿음만이 있을 뿐이다. 직접성의 인간으로 머무르면서도 자기 자신을 갖지 못하는 절망의 형태는 결국 자기 자신이 되기를 거부하는 것이다. 이는 윤리적이고 종교적인 딘게로 나아가는 것을 거부하는 반항의 의미를 담고 있다.

두 번째 형태의 절망은 '절망 속에서 자기 자신이 되기를 원하는 경우'에 나타나는 반항이다. 이러한 절망은 자기에 대한 의식이 높아진 데서 비롯된다. 여기서 말하는 반항은 자기중심적으로 살아가며 신의 뜻에 순응하지 않는 상태를 의미한다. 만약 절망하는 사람이 자신이 왜 절망하며 자기 자신이 되기를 원하는지 알고자 한다면, 그 안에 어떤 반항이 있는지 살펴보아야 한다.

일반적으로 우리는 먼저 불운이나 재산 상실과 같은 외부적 요인으로 절망을 경험한다. 그다음에 반항이 나타나는데, 이는 영원한 존재의 도움을 받아들이지 않고 오직 자신만을 믿기 때문이다. 신학적 관점에서 참된 자기를 찾기 위해서는 영원한 존재의 도움을 받아야 하며, 영원한 존재와의 관계를 원활히 이어가기 위해서는 자신을 내려놓을 용기가 필요하다. 그러나 반항하는 자기는 자신을 내려놓는 일부터 시작하지 않고, 오히려 '자기 자신이 되기를' 원하기 때문에 절망에 빠진다.

이 의미를 좀 더 쉽게 설명하면, 신학적 관점에서 '자기 자신이 된다'는 것은 신만을 참된 대상으로 인식하며 신 앞에서 '자기 비움'을 실천하는 것을 뜻한다. 성서에서 말하는 "너 자신을 비우고 성령으로 가득 채우라"는 구절이 바로 그것이다. '자기 비움'은 본래 비본질적이고 거짓된 자아를 버리라는 의미를 담고 있지만, 동시에 인간학적 자유를 위축시키는 개념으로도 해석될 수 있다. 신의 섭리를 인간학적 자유의 근원으로 보는 신학적 해석에 지나치게 치우친 영성주의는 오히려 인간을 비자유 상태에 빠뜨릴 위험이 있기 때문이다.

따라서 인간학적 자유를 탐구하는 철학의 역사 속에서, 종교적·신학적 사유가 낳는 자유와의 양립 가능성 문제는 여전히 중요한 철학적 난제로 남아 있다. 이처럼 자기 의식이 높아지고 인간학적 자유를 중시하는 삶의 태도는 신과의 관계를 왜곡하는 반항으로 나타날 수 있다.

주체적인 자기가 되기 위해서는 영원한 것과의 관계를 맺어야 한다. 신학적 관점에서 볼 때, 이러한 주장은 진리에 매우 가까운 의미를 지닌다. 신학자 키에르케고르는 영원한 존재인 신과의 왜곡된 관계 속에서 "절망하며 자기 자신이 되려는 시도"를 심술을 부리는 행위로 보았다. 그러나 안타깝게도 19세기 키에르케고르의 인간에 대한 성찰은 20세기 초중반의 개념들로는 매력적일 수 있으나, 현대에 이르러서는 신학적·철학적 전통을 후퇴한 지적 경향으로 인식되는 경우가 많다. 따라서 오늘날에는 반항에 대한 새로운 해석이 요구되고 있다.

그래서 현대 사회에서는 반항의 의미를 새롭게 재해석할 필요가 있다. 과거에는 종교가 삶의 중요한 통과 의례로 자리 잡았지만, 그 역할이 점차 축소되는 가운데 과학기술의 발전으로 지식의 수명이 급격히 짧아지고 있기 때문이다. 낡은 지식이 오히려 무지보다 더 위험하다고 인식되는 현대 사회에서, 반항의 개념도 달라져야 한다. 이에 따라 '자기 자신을 원하지 않는 경우'를 기존의 낡은 지식 체계 속에서 형성된 자신의 정체성에 대한 반항으로 이해할 수 있으며, '자기 자신을 원하는 경우'를 기존 도덕과 관습을 거부하고 새로운 주체로 나아가기 위한 반항으로 해석할 수 있다.

더 나아가, 존재에 대한 새로운 이해를 모색하는 현대의 문화적 패러다임은 기존에 확립된 인간에 대한 성찰의 한계를 인정하고, 이를 다르게 사고해 보려는 실천을 강조한다. 이는 곧 전통적인 신학적·철학적 진리에 기반한 지적 전통에 대한 거부를 의미한다. 역설적으로, 진리가 무너지는 자리에는 불안이 자리 잡고 있다. 현대가 '불안의 시대'로 규정되는 이유가 바로 여기에 있다. 따라서 불안은 기존의 낡은 지식과 환상을 넘어, 또 다른 나를 발견할 수 있는 가능성의 빛으로 재해석되어야 한다. 요컨대, 반항은 불안 속에서 새로운 주체를 준비하는 과정이라 할 수 있다.

Kierkegaard's Invitation: Into the World of Imagination

불안을 일으키는 것은 '악마적인 것'으로 여겨져 왔다.

심미적 단계는 영적이고 정신적인 요소를 거부하는 성격을 지닌다. 키에르케고르는 『불안의 개념』에서 이를 '악마적인 것'이라 했으나, 재해석하면 불안의 의미가 새롭게 드러난다. 이는 무반성적 삶의 순간을 직접 체험하는 현대 문화의 특징 때문이다. 또한, 심미적 단계에서 엔터테인먼트 문화가 형성되고 있음도 분명하다.

01

악마적인 것은 도덕을 추구하는 선에 대한 불안이다.

악마적인 것은 갑작스러운 것, 공허한 것, 지루한 것이다. [1]

키에르케고르가 불안을 탐구하는 진정한 이유는 바로 '자유'를 되찾기 위함이다. 자유야말로 우리 각자가 인생에서 큰 도약을 이룰 수 있는 열쇠이기 때문이다. 여기서 말하는 '도약'이란 평범한 일상을 벗어나 나만의 독특한 존재로 거듭나는 것을 의미한다. 그 독특한 존재란 무한한 가능성을 지닌 '진짜 나'를 뜻한다. 키에르케고르는 이러한 도약이 심미적 단계, 즉 겉모습에만 머무는 삶을 완전히 벗어나 종교적 단계로 나아갈 때 비로소 가능하다고 강조한다.

이에 따라 신학자 키에르케고르에게 있어 종교적 단계를 벗어나는 것은 곧 타락을 의미한다. 『불안의 개념』에서는 이러한 타락을 '악마적인 것'이라 부르며, 종교적 단계로 나아가는 끊임없는 흐름을 방해하는 상태로 묘사한다. 심미적 단계에 머무르게 하는 '악마적인 것'은 언제든지 우리를 종교적 단계에서 멀어지게 만들 수 있기 때문이다.

고대 철학자들은 '악마적인 것'을 한마디로 '선에 대한 믿음의 흔들림'으로 정의했다. 여기서 '선'은 플라톤 철학과 기독교 전통이 형성한 서양 철학의 궁극적 가치이며, 신은 그 선함의 완벽한 원형으로 여겨졌다.

기독교에서는 연속성이 곧 선을 의미한다. 따라서 '악마적인 것'을 '선에 대한 불안'으로 표현할 수밖에 없다. 성경이 말하는 구원은 모세의 율법에서 예수 그리스도와 성령의 법으로 끊임없이 이어지는 여정, 즉 구약에서 신약으로 이어지는 변함없는 흐름을 전제로 한다. 이는 구원의 첫걸음이 바로 이 연속성에 달려 있기 때문이다.

그렇다면 왜 키에르케고르는 종교적 단계로 나아가는 연속성을 그토록 강조하는 것일까? 그 이유는 우리가 지켜야 할 도덕적 규범을 중시하는 윤리적 단계와 그 너머에 있는 종교적 단계 사이에 근본적인 차이가 있기 때문이다. 종교적 단계는 단순히 도덕적인 삶을 사는 것을 넘어, 완전히 다른 차원으로 도약하는 것이다. 이 단계에서 우리는 '영원한 것'과 깊은 관계를 맺으며 내면의 삶이 완전히 변화하고, 인간 존재 자체가 근본적으로 새롭게 태어난다는 것이다.

그리스도적 관점에서 쓰인 『철학적 단편 후서』에서는 종교적 단계를 두 갈래로 나눈다. 첫 번째 길인 '종교성 A'는 영원한 진리가 인간의 마음속에 내재해 있다고 믿는다. 두 번째 길인 '종교성 B'는 오직 초월적인 절대자와의 깊은 관계 속에서만 '영원한 것'을 발견할 수 있다고 믿는다. 전자는 소크라테스나 칸트 같은 철학자들의 지혜를 따르는 길이며, 후자는 인간 이성으로는 도저히 이해할 수 없는 신비로운 초월성을 믿는 기독교적 신앙의 길이다. 이 두 길은 모두 '주체성과 내면성에 뿌리를 둔 진리'라는 공통된 명제를 공유하지만,『철학적 단편 후서』에서는 이 명제가 엄밀히 말해 오직 종교성 B에만 해당한다고 단언한다.

키에르케고르는 자신이 살아가는 시대를 예리하게 관찰하며, 진리는 점점 더 많아지고 명확해지지만, 정작 확신은 점점 사라지고 있다고 지적한다. 그에게 확신이란 바로 '주체성'의 문제다. 그는『철학적 단편 후서』에서 "진리의 역설적 성격은 곧 객관적 불확실성"이라며 주체성의 중요성을 강조한다. 이는 주체적인 진리가 객관적으로 보면 하나의 역설이기 때문이다. 따라서 그는 진정으로 주체적인 실존을 경험하지 못한 이들에게 내면성의 결핍은 필연적이라고 역설한다.

그렇다면 '내면성'이란 무엇일까? 키에르케고르는 내면성을 인간이 자신의 의식 속에서 구체적으로 자신을 이해하는 깊은 자각으로 정의한다. 만약 내면성이 사라진다면, 구체적인 실존에 대한 의식 또한 함께 사라지게 된다. 자신만의 가치를 붙잡고 진정한 삶의 의미를 찾아가게 하는 내면성이 결여되었음을 알리는 신호가 바로 '불안'이라면, 그 내면성을 이끄는 궁극적인 힘은 '자유'다. 자유가 있기에 우리는 내면의 깊은 바다를 탐험하며 진리와 확신의 빛을 찾아 나설 수 있는 것이다.

키에르케고르는 『불안의 개념』에서도 "자기의식은 행동"이며, "이런 행동은 이제 내면성"이라는 점을 명확히 밝힌다.[2] 확신과 내면성은 사실상 우리 존재의 핵심, 즉 주체성 그 자체라 할 수 있다. 이 두 요소는 진리를 향한 자유로운 행위에 담긴 뜨거운 열정, 즉 파토스(pathos)를 내포하고 있기 때문이다. 각 개인이 진리를 향한 불타는 열망을 품고 나아가기 위해서는 확신과 내면성이 반드시 필요하다. 만약 이 둘이 결여된다면, 자유로운 진리 탐구의 본질은 사라지고 오히려 진리에 대한 불안과 두려움에 갇혀 부자유의 굴레에 빠지게 되기 때문이다.

내면성은 각 개인이 지닌 독특한 자기 인식을 꽃피우며, 인간 존재의 고유한 개별성을 형성하는 씨앗과 같다. 그러나 이 내면성이 사라질 때면 언제나 '악마적인 것'이라는 그림자가 드리운다. 여기서 '악마적인 것'은 자유로부터 멀어진 속박의 상태를 의미한다. 그 속박은 우리 내면 깊숙이 존재의 진리를 묻는 목소리를 잠재워 내면성을 서서히 증발시킨다. 결국 내면성이 사라지면 우리의 실존적 개체성은 무너지고, 자기를 잃은 우리는 익명의 군중 속으로 흘러들어 불안의 바다에 잠기게 된다.

'악마적인 것'의 불안이 깊어질수록 사람들은 외부 세계와 타자와의 소통을 멀리하며 자신만의 고요한 감옥에 스스로를 가둔다. 그곳은 정적이 흐르는 고독의 공간, 바로 '심미적 단계'라 불리는 삶의 영역이다. 키에르케고르는 종교적 단계로 나아가는 길을 막는 '악마적인 것'의 핵심적 계기를 '갑작스러움', '폐쇄된 침묵', '지루함'이라는 세 가지 모습으로 나누어 설명한다. 이 세 가지 요소는 우리로 하여금 '진정한 자기로 살아가는 것'에 대한 관심을 잃게 만든다는 것이다.

그렇다면 '악마적인 것'은 반드시 두려워하고 피해야 할 불안의 근원일까? 현대 사회는 신학과 철학의 전통적 지성에 대한 반발과 거부가 두드러진 시대다. 이러한 상황에서 키에르케고르가 언급한 '악마적인 것'은 새로운 관점으로 재해석될 수밖에 없다. 특히 무의미한 삶의 순간을 향락으로 채우려는 현대 문화에서는 '악마적인 것'에 숨겨진 의미를 주목하고 있기 때문이다.

02

'갑작스러운 것'이 초래하는 위반은
도약의 계기가 된다.

죄(위반)는 갑작스러운 것으로, 어떤 도약에 의해서 세상에 들어온다.[3]

"악마적인 것"의 첫 번째 정의는 '갑작스러운 것'이다. 이는 끼어듦이라는 위반 행위를 통해 심미적 단계에서 종교적 단계로의 연속성을 부정하기 때문에 "악마적인 것"으로 규정된다. '갑작스러운 것'을 부정적으로 여겨온 이유는 시간의 관점에서 명확히 드러난다. 시간은 앞으로 나아가는 연속성을 의미하는데, 이러한 연속성을 부정하며 끼어드는 '갑작스러운 것'은 자연스럽게 부정적인 현상으로 인식될 수밖에 없었다. 과거 철학에서는 연속성이 도덕법칙을 우선시하며 자기의식을 고양하는 역할을 했기 때문이다.

'갑작스러운 것'이 지닌 악마적인 특성은 종교 안에서 악마를 연구하는 한 신부가 언급한 다음의 내용에서 잘 드러난다. "악마는 […] 예기치 않은 가운데 갑작스럽게 나타나는 초자연적인 존재이다.”[4] 신이 참되고 완벽한 실재라면, 악마는 불확실하고 무정부적인 존재이다. ‘악마적인 것’은 논리를 무너뜨리고 예측 불가능한 다방향성을 지닌다는 의미다. 이는 존재의 기반이 충분히 마련되지 않은 심미적 단계의 인간이 지닐 수 있는, 예측하기 어려운 위험한 방향성을 가리킨다. 신학자 키에르케고르는 바로 이러한 심미적 단계의 무정부적 특성을 ‘악마적인 것’으로 정의한 것이다. 심미적 단계에 있는 인간은 아직 자신이 진정한 실존 상태에 들어서지 않았기 때문에, 인간 존재의 상태가 무차별적인 점과 같은 예측 불가능한 순간들 속에서 그때그때 달라지는 가변적인 상태에 종속될 수밖에 없기 때문이다.

이처럼 연속성을 부정하는 ‘갑작스러운 것’은 자기 자신과의 관계를 방해하기 때문에 자기 관계의 부재에서 비롯된 불안을 초래하는 상태로 간주된다. 더 나아가, 이러한 ‘갑작스러운 것’은 자기와 타자 사이에 벌어진 틈에 불시에 개입하여, 자기 관계와 타자 관계를 역동적으로 통합하는 정신의 기능을 약화시키기 때문에 악마적인 특성을 지닌다고 인식되어 왔던 것이다.

서구 근대철학은 거의 예외 없이 기쁨이나 사랑과 같은 감정을 긍정적인 것으로 구분하고, 이를 정신 속에서 고양시키는 것을 중요하게 여겼다. 이러한 감정은 심미적 단계를 넘어 윤리적 자각을 통해 형성되는 인간 주체가 통제할 수 있는 성질이기 때문이다. 반면, 자연 상태에 있는 인간과 직접적으로 연결된 ‘갑작스러운 것’

은 아직 자기로 내면화되지 않은 심미적 단계의 충동이 돌발적으로 표출되는 것이기 때문에 부정적인 감정으로 간주되었다.

사실 가장 부정적인 감정을 유발하는 상태는 불쾌와 연관되어 있다. 불쾌한 것이 날카로운 가시를 갖고 있다는 사실은 누구나가 다 수긍하는 바일 것이다. 우리는 너무 큰 가시를 트라우마라고 부른다. 불쾌한 것은 우리가 흔히 방심하고 있는 순간에 갑작스럽게 공격해 오기 때문이다. 이처럼 과거의 철학에서는 갑작스럽게 외부에서 침투해 들어와서 정신을 교란하는 것들을 부정적인 감정으로 간주해 왔던 것이다.

그러나 키에르케고르는 『이것이냐 저것이냐』 제1권에 수록된 여덟 개의 단편에서 우울, 공허, 불안, 권태 등과 같은 부정적인 감정을 다룬다. 그는 부정적인 마음의 상태를 주목하여 인간을 고찰하는 부정주의적 방법론을 취하고 있기 때문이다.

이런 관점을 통해 우리는 '갑작스러운 것'이 지닌 흥미로운 점을 발견할 수 있다. 그것은 '갑작스러운 것'이 초래하는 위반이 오히려 새로운 도약의 계기를 지닌다는 사실이다. 우리는 이 지점에서 "악마적인 것"을 현대적으로 재해석할 수 있다.

키에르케고르가 말하는 '위반'의 본질적인 의미는 인간의 죄지음을 말한다. "죄(위반)는 갑작스러운 것으로, 어떤 도약에 의해서 세상에 들어온다."[5] 인간 내면에 잠재된 가능성의 조건으로서 위반에 대응하는 심리적 감정은 불안이다. 이러한 불안은 오히려 도약의 계기가 되기도 한다. 죄를 불러오는 질적 도약은 인간이 죄를 지을 수 있는 존재적 가능성에 근거하기 때문이다. 구약성서에서 최초의 인간으로 여겨지는 아담의 첫 번째 위반은 수수께끼와도 같은 질적 도약을 통해 이 세상에 나타난다. 순진한 무지의 상태였던 아담이 어떤 선택을 할 수 있었던 순간은 인생의 돌발적인 전환점이 된다. 이는 금지된 명령을 어기고 선악과를 먹은 사건에서 비롯된 것이다.

흥미로운 점은 키에르케고르가 아남이 금지된 열매를 따는 순간에 '할 수 있음'이라는 도약의 본질을 정확히 포착했다는 것이다. 바로 그 순간, 개별성이 갑자기 드러난다. 아이가 자라 어른이 되는 과정과는 달리, 순수함은 자연스럽게 사라지지 않고 오히려 독특한 빛을 발한다. "순진함은 불가사의하고 갑작스러운 도약에 따라 상실된다. 그렇지만 어린아이는 자신이 더 이상 예전과 같지 않다는 느낌을 통해 또 다른 자기 자신을 발견할 수 있다."[6] 아이들은 질적 도약을 통해 자신에 대한 새로운 깨달음을 얻는 것이다. 물론 이러한 멋진 변화는 어린 시절에만 국한되지 않는다.

이처럼 '갑작스러운 것'이 지니는 또 다른 긍정적인 의미는 난제의 해법이 불현듯 떠오르는 순간에 있다고 할 수 있다. 키에르케고르에게 죄짓는 행위는 우연하고 돌발적인 삶의 계기인 질적 도약과 함께 나타나기 때문이다. 이러한 도약의 의미는 전혀 예상하지 못했던 무언가를 발견하는 순간 터져 나오는 '유레카'라는 외침에 잘 담겨 있다. 사고의 비약은 모순과 불합리함을 뛰어넘는 도약을 통해 가능해지기 때문이다. 키에르케고르가 말하는 도약에는 앞서 언급한 자유 회복을 위한 종교적 단계로의 열정적인 도약뿐만 아니라, 추론 과정에서 이루어지는 갑작스러운 사고의 비약이라는 의미도 함께 내포되어 있는 것이다.

이로 인해 현대 문화에서 '갑작스러운 것'의 특징은 오히려 현대성의 본질로 주목받고 있다. 윤리적 규범이나 종교적 이상이 개념적이고 논리적으로 인간의 자기의식에 통합되는 반면, 심미적 단계는 상상적이고 유목민적이며 분열증적인 특성을 지니고 있어 인간을 보다 직접적인 상태로 다시 환원시킨다. 자기의식이 보편적 규범 인식에 고착되어 융통성 없는 정합적 의식으로 굳어지는 순간, 심미적 단계의 '악마적인 것'은 이를 전복시키고 새로운 가능성을 모색하도록 인간을 다시 출발할 수 있는 직접적 상태로 이끄는 것이다.

03

'폐쇄적 침묵'으로
혼자만의 시간을 갖고 싶을 때가 있다.

사람들은 세상에서 무엇인가를 성취하라고 한다.
[…] 그렇지만 나는 오히려 침묵을 지키련다.[7]

우리는 가끔 아무 말도 하고 싶지 않은 순간이 있다. 그저 혼자 있고 싶어 외부와의 모든 소통을 차단하며 고립을 선택할 때가 있다. 이런 때에는 마음속에 있는 어떤 생각도 굳이 꺼내어 말하고 싶지 않아 스스로를 내면에 닫아버린다. 자신만의 공간에 머물며 오직 자신과 교감하며 마음이 이끄는 대로 시간을 보내고 싶을 때가 있는 것이다.

키에르케고르는 소통을 거부하고 침묵하는 상태, 즉 말없이 벙어리가 되는 현상을 '폐쇄성의 침묵'이라고 표현한다. 이러한 상태는 '악마적인 것'의 두 번째 정의에 해당한다. 『불안의 개념』에서는 '폐쇄성의 침묵'을 반드시 극복해야 할 문제로 지적한다. "폐쇄성의 침묵은 개인 내에서 부정적인 자기 관계의 결과이다." 그렇다면 '폐쇄성의 침묵'이 초래하는 '부정적인 자기 관계'란 무엇일까?
이는 자신에 대해 생각하기를 거부하며 자기와의 관계 형성을 시
도하지 않는 상태를 의미하는데, 불안은 바로 이러한 상태로 정의
된다. 한편, 부정적인 자기 관계란 자기와의 관계가 잘못된 방식
으로 이루어지고 있는 상황을 가리킨다.

그러나 심미적 단계의 인간을 고찰하는 『이것이냐 저것이냐』
제1편에서는 '폐쇄적 침묵'을 다음과 같이 긍정한다. "나는 유일
한 심복을 가지고 있다. 그것은 바로 밤의 적막이다. 왜냐하면 그
것은 말이 없기 때문이다." 여기서 '밤의 적막'이라는 표현은 단순
히 어둠을 뜻하는 것이 아니라, 자신을 내면에서 완전히 닫아버린
상태를 비유한 것이다. 이는 마치 자기 완결성 속에서 나르시스처
럼 자기 자신과 사랑에 빠진 상태와 같다. 나르키소스가 밤의 적
막 속에서 호수에 비친 자신의 모습에 매혹되어 외부와의 모든 소
통을 거부하고 고립을 자초하는 모습은 심미적 단계가 지닌 폐쇄
적 침묵의 특성을 잘 보여준다.

불안을 거쳐 자유를 회복하는 것을 강조한 키에르케고르에게,
자신을 차단하고 고립시키려는 상태는 곧 비자유를 의미한다. 어
둠 속에서 자신의 정체성을 잃어버리는 폐쇄적인 상태는 자유가
부자유라는 겉모습에 갇혀 있는 것과 다름없다. 더욱이 '폐쇄적
침묵'은 이러한 비자유의 상태를 인식하지 못하게 만든다. 다시 말
해, 폐쇄적 침묵 상태는 내면에서 자신을 닫아버리는 비자유에 얽
매여 자유를 누릴 수 없는 상태를 뜻한다. 따라서 인간학적 관점에

서는 '폐쇄적 침묵'이 반드시 극복해야 할 문제로 다뤄질 수밖에 없다. 왜냐하면 봉쇄된 자아 상태에 빠지면 현존성이 무너진다고 보기 때문이다. 인간에게 현존성이란 과거의 경험과 미래의 가능성 속에서 현재의 순간에 충실히 살아가는 것을 의미한다.

그렇다면 '폐쇄성의 침묵'을 반드시 '부정적인 자기 관계'의 결과로만 봐야 할까? 꼭 그렇지만은 않다. 자기의식 안에는 자신도 이해하지 못하는 사각지대, 즉 불확실성이 존재한다는 점에 주목할 필요가 있다. 현대 사회는 기존에 확립된 사고의 기준과 표준이 급격히 변화하면서 끊임없이 자신을 새롭게 갱신할 것을 요구하기 때문이다. 이 과정에서 자신과의 관계가 원활하지 않은 '부정적 자기 관계'는 단순한 자아와의 불화가 아니라 낡은 지적 전통에 대한 불만을 드러내는 표현일 수도 있다. 이러한 해석은 키에르케고르의 관점을 한층 확장한 것이다.

현대에 이르러서는, 키에르케고르가 악마적인 규정으로 여겼던 폐쇄적인 침묵을 새롭게 해석할 여지가 많아졌다. 이는 소셜 네트워크 서비스(SNS)의 등장 덕분이다. 때로 우리는 혼자 있고 싶을 때 SNS를 찾는다. 사회적 관계 속에서 보편적인 의식에 얽매여 있던 자신으로부터 벗어나, 가상 공간에서 나마 오롯이 자신에게 집중하기 위해서다. 사람들은 '좋아요', '리뷰', '공유'와 같은 아이콘을 누르며, 사회 속에서 내면적 교류가 부족해 느끼는 행복감의 결여를 SNS 화면을 통해 상상 속에서 보상받으려 한다. 결국, 자신을 얽매던 타인과의 관계에서 벗어나 숨통을 틔우는 것이다. 현대인들은 '오직 자신과만 소통하려는' 독백과도 같은 침묵 속에서 정서적 안정을 찾으려 하기 때문이다.

키에르케고르는 『이것이냐 저것이냐』 제1편에서 이러한 심리를 다음과 같이 표현하고 있다. "나는 어쩌면 진리의 인식에 도달할 수 있을지도 모르지만, 결코 행복해지지는 않았다. 나는 무엇을 해야 할까? 사람들은 세상에서 무언가를 성취하라고 말한다. […] 그러면 나는 목성(木星)에 있는 흑점(黑點)을 발견한 사람처럼 유명해질 수 있는 드문 보수를 받게 될지도 모른다. 그렇지만 나는 오히려 침묵을 지키려 한다."

이 문장에서 주목할 점은 일인칭 주어를 사용하고 있다는 사실이다. 어쩌면 나의 행복은 '우리'라는 공동체의 삶 속에 매몰되지 않고 고립을 자초한 뒤, 스스로 고독을 감내할 수 있을 때 비로소 찾아올 수 있는 것인지도 모른다.

현대인들은 '나'라는 주체가 느끼는 행복을 반드시 윤리적 자각을 거쳐 종교적 단계에서 '진리의 인식'에 도달해야만 찾을 수 있다고 생각하지 않는다. 복잡한 사회적 관계 속에서 피로를 느끼는 주체가 높은 실존 단계로 나아가기보다는 다시 '나'에 집중하는 심미적 단계로 되돌아가려는 심리는 대중문화 속에서 뚜렷하게 드러난다. 특히 지난 50년간 사회 변화를 민감하게 반영해온 대중가요 가사를 살펴보면 이러한 변화가 잘 나타난다. 낡은 인식에 대한 거부감이 강한 현대의 젊은 세대가 선호하는 가사에서는 '우리'와 같은 대명사보다 '나'를 주어로 사용하는 곡들이 훨씬 더 많다는 점이 이를 증명한다.

　현대인들은 집단 속에 있으면서도 '나'라는 자신을 주목하기 위해 스스로 고립을 선택할 줄 알아야 한다는 인식을 가지고 있다. 자신만의 독특한 개성이 평범해지지 않도록, 그리고 다른 사람들과 똑같은 보편적 기준에 맞춰 살아가게 하는 공동체의 가치관에 휘둘리지 않기 위해 스스로 고립을 택하는 경향은 '폐쇄적 침묵'이 지닌 긍정적인 의미를 다시금 주목하게 한다.

04

'지루함'은 역설적으로
인생의 달콤함을 더 갈망하게 한다.

일을 한다고 해서 권태가 폐기되는 것은 아니다. [8]

"악마적인 것"의 세 번째 정의는 '지루함'이다. 흥미롭게도, 지루함과 관련된 권태의 여러 문제들은 『이것이냐 저것이냐』 제1편에 수록된 일곱 번째 단편 '윤작'(輪作)에서 다루어진다. '윤작'은 같은 땅에 여러 가지 농작물을 번갈아 가며 심는 농법을 뜻하는데, 이 단편은 심미적 삶의 단계를 유지하기 위해 권태와 함께 살아가는 방법을 제시하고 있다.

'윤작'에서는 이렇게 말한다. "모든 사람은 권태를 느낀다는 원리에서 출발한다. [⋯] 이 원리는 가장 강한 반발력을 지니고 있다." 권태는 모순적이게도, 그것에 대한 반발심리로 인해 기분 전환을 추구하게 만든다는 것이다. 따라서 다음과 같은 명제가 성립한다. 권태에 대한 반발심리는 쾌락주의를 탄생시킨다.

권태에서 비롯된 쾌락주의는 과거 철학에서 당연히 부정적인 문제로 여겨졌다. 권태와 쾌락의 관계는 이미 17세기 사상가 파스칼이 『팡세』에서 밝힌 바 있다. 그는 권태를 비참한 인생의 허무로부터 도피하기 위해 오락에 의존하다가 결국 죽음에 이르는 상태로 이해했다. 키에르케고르 역시 '윤작'에서 "오로지 쾌락의 순간에만 기분의 전환을 느낀다"고 말하며, 새로운 쾌락들은 매 순간 권태를 회피하게 하지만, 그 자극이 한계에 다다르면 쾌락의 느낌은 사라진다고 지적한다. 즉, 쾌락주의가 권태를 완전히 없애는 것은 아니라는 것이다.

파스칼이 권태에 대해 부정적으로 인식한 관점은 『불안의 개념』에서도 여실히 드러난다. 권태를 뜻하는 '지루한 것'은 분명히 자기 자신과의 관계를 방해하는 악마적인 성질을 지니고 있다고 보는 것이다. 『불안의 개념』에서는 권태를 내포하는 심미적 단계의 악마적 성질이 주로 육체적 쾌락의 직접성에서 비롯된다고 인식한다. 즉, 권태를 회피하기 위한 식도락이나 감각적 황홀경과 같은 즉각적인 만족에 길들여지면, 자신의 본질에 대한 질문을 끊임없이 회피하게 된다는 것이다.

자기에 대한 명확한 인식이 형성되지 않은 심미적 단계의 권태는 인간을 도덕적 타락의 늪으로 빠져들게 하기 쉽다는 점은 분명하다. 지성적인 사고로는 이해할 수 없는 권태의 무서운 영(靈)에 사로잡히면, 자기 인식 속에서 존재의 기반을 이루는 영적이고 정신적인 요소들은 속수무책으로 무너질 수밖에 없기 때문이다.

이처럼 자기 형성을 방해하는 권태를 『불안의 개념』에서는 병적인 불안 상태로 규정하고 있다.

그럼에도 불구하고, 권태는 피할 수 없는 감정이므로 그것과 더불어 살아야 한다고 강조하는 『이것이냐 저것이냐』의 '윤작'에서는 권태를 두 가지로 나눈다. 하나는 일상의 권태이고, 다른 하나는 실존의 권태이다.

일상의 권태는 흔히 말하는 지루함을 포괄하는 개념이다. 많은 사람들은 바쁘게 지내다 보면 권태를 느낄 틈이 없다고 생각한다. 과연 그럴까? 만약 그렇다면, 무한 경쟁의 사회에서 생존을 위해 분주히 살아가는 현대인에게 권태는 존재하지 않아야 할 것이다. 그러나 『이것이냐 저것이냐』에서 키에르케고르는 분명히 말한다. "일을 한다고 해서 권태가 사라지는 것은 아니다." 그러므로 스스로 권태를 느끼지 않기 위해 일에만 몰두하는 경향이 있는 일 중독자 역시 일상의 권태를 겪는 사람으로 간주할 수 있다.

실존의 권태는 삶의 본질에 대한 근본적인 질문을 불러일으키는 개념이다. 바쁘고 고된 노동에 몰두해 권태를 느끼지 못하는 노동자 계층과 달리, 귀족층은 자신이 권태를 경험하고 있음을 분명히 인식하고 있다. 그렇기 때문에 귀족들은 뛰어난 언변, 세련된 옷차림, 그리고 우아한 매너를 통해 타인에게 즐거움을 선사하려 애쓴다. 키에르케고르는 "권태를 느낄 시간이 없다고 말하며 권태를 모르는 사람들은 남을 지루하게 만드는 평범한 시민이나 군중이며, 스스로 권태를 자각하는 사람들은 선민이나 귀족이다"

라고 말한다. 이처럼 실존의 권태는 충분한 여가 시간을 가진 귀
족층의 권태를 의미한다. 충분한 여가를 바탕으로 형성되는 실존
의 권태는 자기 자신과의 관계를 모색하며 '자기 인식의 가능성'
을 일깨워 주는 긍정적인 의미를 지니는 것이다.

권태를 '악마적인 것'으로 규정하며 이를 경계한『불안의 개념』
과는 달리,『이것이냐 저것이냐』의 '윤작'에서는 권태의 영향에서
벗어나기 위한 방어기제를 소개하기도 한다. '윤작'의 초반부에서
도 "권태로움이란 모든 악의 근원"이라는 표현이 등장하지만, 이
는 권태와 함께 살아가야 한다는 지혜를 강조하기 위해 키에르케
고르가 사용한 문장에 불과하다.

'지루함'과 더불어 살아가기 위해서는 권태를 흥미로운 감정으
로 전환시켜야 한다. '윤작'에서는 공상, 환상, 회상, 망각 등 다양
한 상상적 관념을 통해 권태를 다스리는 구체적인 방법을 제시한
다. 키에르케고르는 무엇보다도 스스로의 기분을 앞서서 통제할
수 있는 방식을 터득하는 것이 중요하다고 강조한다. "우리는 반
드시 우리 자신의 기분을 지배하고 있어야만 한다. […] 우리는 그
기분이 우리 자신에게 어떤 영향을 미치고, 또 타인에게 어떤 영향
을 미치는지를 그 기분이 지나기 전에 알아두어야만 한다."[9] 이와
관련하여 구체적인 방법으로 '자신의 기분을 조절하는 기술'이자
'회상과 망각을 원하는 대로 조절하는 기술'이라는 가상법을 제시
한다. 자신의 기분을 효과적으로 다스리기 위해서는 회상과 망각
을 자의적으로 편집할 수 있어야 한다는 것이다. 이렇게 자의적으

로 편집된 가상법 속에 있을 때만큼은 아무도 지루함을 느끼거나 불평하지 않기 때문이다. 의식적이든 무의식적이든 회상과 망각을 자의적으로 편집하는 행위는 자기기만이며 거짓된 자기를 만들어 낼 수 있지만, 타인에게 해를 끼치지 않는 한 정서적 안정을 유지하는 데 긍정적인 역할도 한다.

권태라는 현상은 또 다른 측면에서, 누구나 시간의 지배를 받을 수밖에 없다는 한계를 확인시켜 준다. 예를 들어, 어느 날 하루 일과를 마치고 침대에 누웠을 때 갑작스러운 공허함이 밀려온다면, 이는 이전에 의미 있던 일이 이제는 의미를 잃었기 때문일 것이다. 사랑하는 시간, 자신이 쌓아온 전문성, 그리고 사람과의 관계 모두 그 지속 기간이 한정되어 있기 때문에, 시간이 지나면 권태를 피할 수 없게 된다. 이러한 권태에 대처하는 방법은 '회상과 망각을 원하는 대로 조절하는 기술'이다. 권태에 빠지면 미래를 향한 의지보다는 회상을 통해 자기 삶에서 가장 행복하고 짜릿했던 순간으로 돌아가기 때문이다.[10] 회상은 기억하는 사람의 몫이기에 자신을 보호하기 위해 과장되거나 축소되는 과정을 거치는 변조된 기억의 산물이다. 회상 속의 행복이 정말로 짜릿했던 순간이었을까? 그렇지 않을 가능성이 높다. 기억하고 싶지 않은 부분은 삭제되거나, 기억이 회상될 때 자기 자신의 기분을 지배할 수 있도록 여러 차례 변형되기 때문이다. 불쾌한 것은 망각하려 하기 때문이다.

회상과 망각의 기술은 또한 삶의 어떤 관계에 지나치게 밀착되는 것을 방지해 주며, 완전한 자유의 실현을 가능하게 해 줄 것이다.[11] 여기서 말하는 자유란 '내 방식대로' 생각하는 자의적인 자유를 의미한다. 이는 회상과 망각을 임의로 편집하여 일상의 권태를 쾌락으로 바꾸어 준다.

현대인들은 남녀노소를 불문하고 집에 가만히 혼자 있지 못하고 바쁘게 이리저리 움직이며 떠들썩한 생활을 하고 있다. 일상의 권태에 대한 반발심리로 저녁이 되면 화려한 현대 도시의 환상적인 분위기를 즐기기 위해 집 근저 밤서리로 발걸음을 옮기곤 하는 것이다. 도시에 사는 삶이 권태롭게 느껴지면 도시 근교의 시골에서 텃밭을 가꾸고, 조국에서의 생활에 싫증이 나면 해외로 여행을 떠난다. 이런 과정을 반복하다 보면 사람들은 결국 몽상적인 희망에 사로잡혀 별에서 별로 이어지는 무한한 여행길에 오를지도 모른다. 실존의 권태 역시 바깥을 향한다는 점에서 다르지 않다. 미술관이나 박물관을 방문하거나 음악회를 찾아 몸으로 느끼는 예술적 체험을 통해 권태가 불러오는 병적인 불안에서 벗어나려 노력하기 때문이다.

2부

라캉의
'불안'에 대하여

I exist in places I do not think, and I think in places I do not exist.

불안은 새로운 주체를 창조한다.

불안이 어떻게 새로운 주체의 탄생으로 이어지는지에 대한 질문을 통해, 우리는 '상징계'라는 현실 속에서 무의식적으로 '실재'라는 거대한 그림자 아래 살아가고 있음을 깨닫게 된다.

01

우리의 의식을 지배하는
대타자의 환상은 사람을 속인다.

신경증자들은 [대타자의] 환상에 속은 자들이다. [1]

인간은 모두 '상징계'라는 거대한 세계 속에서 살아간다. 플라톤 이후 2,600년이 넘는 시간 동안 이어져 온 가치 판단과 지식의 틀은 마치 거미줄처럼 사회의 관습적 질서를 반복적으로 엮어내며, 라캉이 말한 '상징계'를 형성한다.

언어로 구성된 이 상징 체계는 우리의 삶 구석구석에 의미를 부여한다. '이해할 수 없는 무언가'를 내 것으로 만드는 신비로운 과정, 바로 상징화다. 이 과정에서 상징화되지 못한 것들은 상징계에서 배제되어 억압의 대상이 되며, 그로 인해 인간 존재가 지닌 다양한 의미들이 사라진다. 그러나 상징계 밖으로 밀려난, 의미를 부여받지 못한 대상들은 본래의 존재 상태로 회복되기를 요구하며, 여러 종류의 불안을 유발한다.

상징화란 개인이 상징계의 질서와 의미의 네트워크에 편입되어 그 안에서 주체로 다시 태어나는 과정을 의미한다. 이 과정에는 반드시 거쳐야 할 통과의례가 존재하는데, 그것은 바로 상징계를 지탱하는 '대타자'(大他者) 혹은 '아버지의 이름'(the name of the Father)을 받아들이는 일이다. 주체는 점차 상징계의 주인 '대타자'가 허락한 상징계의 법칙에 순응하게 된다.

여기서 말하는 '대타자', 즉 '아버지의 이름'은 특정 개인을 지칭하는 것이 아니라 언어의 규칙과 법, 그리고 대의명분과 같은 신념 체계를 의미한다. 주체는 이 대타자와 깊이 동일시할수록 심리적 안정감을 얻고 다양한 불안으로부터 벗어날 수 있다는 믿음을 지니게 되는데, 이 믿음을 '환상'이라고 한다. 대타자의 환상 속에서 주체의 안정성을 확보하기 위한 조건은 '억제'이다. 상징계는 이러한 억제를 통해 유지되기 때문이다. 그러나 상징계가 허용하지 않는 것을 배제하는 억제는 결국 신경증이라는 그림자를 드리운다.

라캉은 『세미나 10권』에서 신경증자는 자신의 환상을 마치 방패처럼 사용하여 불안이라는 적과 맞서 싸운다고 설명한다. 이 환상은 신경증자에게 가장 강력한 방어막이지만, 사실 그 환상은 타자의 위치에서 비롯된 것이기 때문에 신경증자는 결국 대타자의 욕망에 휘둘리는 존재가 된다. 다시 말해, 신경증은 대타자의 욕망에 속아 넘어간 이들이 지닌 증상이라 할 수 있다.

정신분석의 창시자 프로이트는 불안을 자아가 보내는 위험 신호로 보았지만, 라캉은 이 개념을 해체하고 새롭게 접근한다. 라킹은 불안의 본질을 보다 깊이 탐구하고, 그 발생 과정을 더욱 세밀하게 구분하여 설명하고자 한 것이다.

『세미나 10권』에서 라캉은 플라톤 이후 이성이 지배해온 근대적 인식 체계와, 그 안에서 도덕과 초자아가 내세우는 대타자의 환상들이 주체를 안정시킬 것이라는 믿음을 무너뜨린다. 라캉에게 주체는 "불확정적인 장소에 존재하는 것"이기 때문이다. 따라서 라캉이 말하는 불안은 혼란과 모호함의 경험으로 다가올 수밖에 없다.

상징계가 인식하지 못하는 애매한 대상이나 불확실성이 나타나면, 주체는 이를 우선적으로 위험 신호로 받아들인다. 문제는 이러한 방어기제가 외부의 의도에 의해 역으로 이용되는 경우다. 대중이 불안을 단순히 주체의 안정성을 해치는 부정적인 것으로만 인식하여 회피하려는 경향을 보이기 때문에, 이를 교묘히 파고들어 의도적으로 불안을 조장하는 일이 발생한다. '불안 마케팅'이 바로 그 대표적인 사례라 할 수 있다.

자본주의는 불안을 씨앗 삼아 빠르게 성장하는 거대한 나무와 같다. 이 불안의 씨앗은 우리 삶의 모든 영역에 뿌리내려 깊은 영향을 끼친다. 기업들은 단순히 욕망을 자극하는 데 그치지 않고, 그 욕망 이면에 숨겨진 불안을 더욱 부추긴다. 사람들은 그 불안을 갈망하며, 그것을 해소하면 마음의 평화를 얻고 자신이 단단해질 것이라는 근거 없는 믿음에 빠진다. 특히 사교육 열풍은 미래에 대한 불안을 더욱 키우며, 집안 형편이 어려워도 학원과 과외는 반드시 필요하다는 생각을 심어준다. 결국, 불안은 교묘한 속임수로 우리를 조종하는 도구가 되고 만다.

근대적 사고방식은 주체가 반드시 견고하게 자리 잡아야 한다고 믿는다. 따라서 인식의 대상들은 고정되어 있어야만 한다. 상징계 역시 명확하게 고정된 인식 대상들로 구성된다. 그렇다면 인식이 확고히 고정되기 위해서는 어떤 조건이 필요할까? 그것은 인식할 수 없는 것들과 섞이지 않는 것이다. 인식 불가능한 것들은 철저히 배제되고 억압되어야 한다. 프로이트는 이러한 억압된 것들이 무의식적 주체를 형성하는 요소라고 보았다. 반면, 인식 대상이 고정되지 않는 것은 무의식 주체의 특징이다. 프로이트는 이를 '불확정적인 장소에 존재하는 것'이라 표현했고, 라캉은 '없지 않은 대상'이라 불렀다. 라캉의 상징계에서 '없지 않은 대상'이 나타나는 순간, 바로 그때 불안이 시작된다. 불안은 상징계 속에서 만들어진 주체의 허구성을 드러낸다. 이렇게 정의되는 불안의 경험은 인간 조건에서 겪는 혼란과 모호함 속에서 새로운 주체를 준비하는 과정으로 해석할 수 있다.

키에르케고르의 철학에서는
무엇이 사람을 속이는가?

키에르케고르에게 불안은 단순한 감정이 아니라, 종교적 단계로 나아가는 길목에서 울려 퍼지는 경고의 신호이다. 이 불안은

심미적 단계와 윤리적 단계가 지닌 함정에 빠져 좌절하지 말라는
경고를 담고 있다.

심미적 단계는 종교적 단계로의 전환을 잊게 만든다. 자연 상
태의 인간이 억제되지 않은 감정에 몸을 맡기며 살아가는 이 단
계에서는, 삶의 깊은 의미를 탐구하기보다는 순간의 쾌락에 젖어
만족을 느낀다. 키에르케고르는 이를 '감각적 집착에서 비롯된 불
안'이라고 정의한다. 감각적 집착은 인간의 기분을 고양시키는 향
락을 불러일으키지만, 동시에 인간이 정신을 가진 존재임을 잊게
만들기 때문이다. 따라서 종교적 단계로 나아가기 위해서는 반드
시 심미적 단계를 거부하는 통과의례가 필요하다.

『불안의 개념』에서 키에르케고르는 심미적 단계의 모든 향유
를 일종의 속임수로 간주한다. 심미적 단계의 유혹은 순간순간 변
덕스러워 언제든 소멸될 수 있는 불안정한 속성을 지니기 때문이
다. 심미적 단계의 향락은 결국 정신을 다른 곳으로 돌리는 교묘
한 기만에 불과하다는 것이다. 반면, 『이것이냐 저것이냐』 제1권
에서는 심미적 단계를 옹호하는 미학자로서의 키에르케고르가 등
장한다. 이 책에서 유혹자 돈 후안은 인간의 감각적 경험을 대변
하는 인물이나, 『불안의 개념』에서는 감각적 집착에서 비롯된 불
안의 상징으로 간주된다.

그렇다면 왜 키에르케고르는 돈 후안을 감성적인 천재라 칭송하
면서도 동시에 사기꾼이라고 부를까? 그 이유는 돈 후안이 가변적
인 육체적 욕구에 충실한 인물이기 때문이다.

키에르케고르의 이러한 인식은 과거 철학에서도 그대로 나타난다. 플라톤 이후 서양 철학은 육체를 정신에 비해 열등한 존재로 간주해왔다. 플라톤의 『향연』에서도 보잘것없는 사람들은 "영혼보다는 오히려 몸을 사랑하는 저, 범속한 사랑을 하는 자"이고, "그는 또 확고부동하지도 않은데, […] 그가 사랑했던 몸의 꽃이 시들자마자 그는 날아가 버린다"고 말하는 부분에서 그와 같은 인식을 분명히 드러낸다.[2] 육체가 지닌 기본 욕구들은 마치 변덕스러운 바람처럼 이성의 맑은 시야를 흐리게 만드는 안개와 같다고 여겨진 것이다. 서양 근대 철학의 출발점에 선 데카르트(1596~1650)조차도 욕체의 욕구들에 깊은 불신을 품었다. 그는 진리의 빛나는 등불인 명료하고 확실한 인식이 의심할 여지 없이 견고해야 한다고 믿었지만, 육체의 기본 욕구는 언제나 우리를 속이는 것이라고 간주한 것이다.

돈 후안은 본질적으로 윤리적 규범에 속할 수 없는 존재이다. 그는 유혹자로서 천재적인 재능을 지녔지만, 오직 순간에만 실존한다. 향락을 추구하는 순간들의 집합으로 이루어진 유혹자의 개념은 오직 그 순간 안에서만 의미를 가진다. 이 순간 속에서 유혹자로서의 강력한 힘은 어느새 사라지는 안개와 같다. 제정신을 차린다는 의미의 반성이 일어나면, 그는 결국 파멸할 운명에 처하게 된다. 따라서 종교적 단계에서는 심미적 단계에서의 모든 향유가 단지 속임수에 불과하다고 지적하며, 이를 극복해야 한다고 강조한다. 이로 인해 키에르케고르는 불안을 감각적 집착에 빠지면 온전한 제정신을 유지할 수 없다는 신호로 해석한다. 그래서 심미적 단계는 속이는 성질을 지닌 실존 단계라는 것이다.

　인간을 도덕적 자각에 이르게 하는 윤리적 단계에서도 속임수는 드러난다. 윤리적 단계의 과제는, 사회적 존재로서 개인에게 요구되는 보편적 가치를 이해하고 이를 자신의 내면과 조화롭게 연결하여 서로 충돌하지 않도록 관계를 형성하는 데 있다. 그러나 윤리적 존재는 자신이 추구하는 윤리적 이상에 도달하지 못할 때, 인간의 모든 유한한 지혜가 무한한 것 앞에서는 무의미하다는 사실을 깨닫고, 그 무(無) 앞에서 불안을 경험하게 된다. 윤리적 단계에서 느끼는 이러한 불안은 사회적 인간이 겪을 수 있는 일시적인 지혜이며, 하찮은 이해타산과 깊이 연관된 유한성의 명민함과도 연결된다. 문제는 이 불안이 자기 자신을 근본적으로 다른 차원으로 도약하게 하는 영원성을 요구하는 신호임에도 불구하고, 낯선 힘으로 인식되어 우리를 오도한다는 점이다. 신학자 키에르케고르의 관점에 따르면, 세상사에 밝다는 의미의 유한성의 명민함은 결국 종교적 단계로 도약하려는 정신의 움직임을 멈추게 만드는 속임수로 비춰질 뿐이다.

02

라캉의 불안은 결코
자신을 속이지 않는다는 의미를 지닌다.

불안의 진정한 실체는 속이지 않는 것이다. [3]

불안이란 무엇을 의미하는가? 이 질문에 대해 라캉은 『세미나 10권』 6장에서 불안을 주체가 "스스로를 속이지 않는 상태"로 설명한다. 라캉에게 불안은 언어의 최소 단위인 기표에 선행하는 감정, 즉 일종의 '예감(the pré-sentiment)'이다. 이는 단순한 예감에 그치는 것이 아니라, 언어가 개입되기 이전에 나타나는 감각이다. 라캉은 불안의 진정한 본질을 "스스로를 속이지 않는 것"이자 "완전히 의심의 여지가 없는 상태"로 보았다.

상징계는 기표를 통해 형성되기 때문에 불안은 여러 방향으로 분기될 수 있다. 이는 언어로 완전히 포착되지 못한 것들이 상징계 이면으로 억압되면서 불안이 다양한 형태로 나타난다는 의미다. 기표들은 연쇄적인 사슬 형태로 구성되어 의미를 생성하고,

언어는 이러한 기표들로 최대한 촘촘한 의미망을 형성하여 인간의 의식을 포착하려 시도한다. 이에 대해 라캉은『세미나 10권』6장에서 다음과 같이 설명한다. 상징계의 "기표는 세상을 한 순환에서 다른 순환으로 전환할 수 있는 흔적들의 네트워크(network of traces)로 바꾼다." 즉, 기표가 상징계라는 세계를 만들어내며, 그 세계는 말하는 주체의 세계이고, 그것의 본질적인 특징은 그 안에서 속이는 것이 가능하다는 점이다.

라캉이 사용한 '흔적'이라는 개념을 깊이 이해하기 위해서는 프랑스 철학자 자크 데리다(1930-2004)의 견해를 참고하는 것이 필요하다. 데리다의 핵심 사상은 모두 '흔적'에서 출발하기 때문이다. 그에 따르면, 언어 세계에서 모든 기표는 흔적이며, 기표로 포착할 수 없는 부재한 대상이 남긴 것 또한 흔적에 해당한다. 흔적은 눈앞에 나타나는 인식 가능한 대상의 현전(presence)과 부재(absence) 사이에서 끊임없이 미끄러지는 상태를 말한다. 기표가 지시하는 의미는 독자적으로 존재하지 않고 항상 부재하는 다른 대상에 의존하기 때문이다. 이러한 관점에서 기표 체계는 의미를 고정할 수 없으며, 끊임없이 변화하는 흔적들의 네트워크 속에 존재할 뿐이다. 동일한 기표가 다른 기의를 나타낼 수도 있고, 같은 기표라도 누가 언제 그것을 해석하느냐에 따라 의미가 달라지며 새로운 흔적을 남기게 된다. 그래서 의미는 영원하지 않으며, '그땐 맞고 지금은 틀리다'라는 명제가 가능한 것도 바로 이 때문이다.

라캉은 기표가 기의에 닿지 못하고 미끄러지는 것이라고 설명하고, 데리다는 기표가 꼬리를 물고 이어지는 연쇄적인 사슬 때문에 기의는 무한히 지연된다고 설명한다. 어떤 기표가 다른 기표로 대체되고, 그 기표가 인접한 또 다른 대체물을 찾아 또 다른 기표를 가리키며 이어질 때, 기표는 무한한 연쇄를 형성한다. 이는 기표가 기의에 고정되지 못하고 오직 다른 기표와의 관계 속에서만 의미를 획득하기 때문이다. 이러한 기표의 무한한 연쇄 과정에서 기표의 의미는 실재에 도달하지 못한다. 라캉에게 실재란 존재의 숲 속으로 들어가 존재와 마주하는 타자의 영역이다. 그러나 기표의 무한한 연쇄는 실재를 끊임없이 보이지 않는 곳으로 숨긴다. 기표가 존재함에 따라 실재는 더 이상 필요하지 않게 되고, 존재는 언제나 왜곡된 형태로 드러날 수밖에 없다.

주체를 속이지 않는 불안의 본질은, 언어 기표 뒤에 은폐된 실재를 끊임없이 포착하려는 시도에서 비롯된다.

그렇다면 기표의 연쇄적 사슬 구조가 어떻게 주체를 속일 수 있을까? 언어의 흔적들이 얽힌 네트워크 안에서, 모든 언어가 기표만으로는 완전한 의미를 담아내지 못하기 때문에, 숨겨진 대상의 도움을 반드시 필요로 한다. 그렇지만 기표는 자신과 다른 기표로 대체되는 과정을 통해 완결된 의미를 추구하기 때문에 결국 기표는 기표 자체의 규칙에 따라 의미 없는 기표들의 무한한 연쇄만을 만들어낼 뿐이다. 이 과정에서 주체는 끊임없이 새로운 모습으로 나타나며, 수많은 허구적 자아를 지닌 채 방황하게 된다. 요컨대 의미 없는 기표들의 공허한 연쇄야말로 주체를 속이는 근원인 것이다.

이 문제는 보다 구체적으로 논의할 필요가 있다. 라캉은 초기 이론에서 대타자가 기표, 믿음, 진리의 자리를 형성한다고 강조했다. 이를 통해 기표에 대한 근거를 마련하고자 한 것이다. 그러나 『세미나 10권』 이후 후기 연구에서는 상징계의 취약성을 드러내는 불안 개념을 통해 대타자의 작용이 불필요한 허구를 내포하고 있음을 밝히는 데 주력한다.

기표 논리를 기반으로 구성되는 상징계는 그 세계를 유지하기 위해 형식 논리를 엄격히 따른다. 기표의 연쇄적 사슬 형태에서 파생된 언어적 존재인 주체는 사고하는 존재이며, 그 사고는 일정한 질서를 지닌다. 이러한 질서의 뼈대를 세우는 작업을 형식 논리라고 한다. 상징계에서 형식 논리는 필수적이지만, 그것만으로는 충분하지 않다. 형식 논리는 어디까지나 기표로 인식 가능한 대상을 전제로 하며, '인식할 수 없는 대상'은 사유에서 배제하기 때문이다. 따라서 형식 논리는 인식 가능한 대상의 현전과 부재가 상호작용하는 관계를 은폐한다고 볼 수 있다. 라캉은 『세미나 10권』에서 기표로 포착할 수 없는 부재의 흔적을 "없지 않은 대상"이라 명명했다. 이러한 흔적이 상징계 내부에서 출현할 때 불안이 발생한다. '실재'의 신호인 불안은 형식 논리에 충실한 상징계가 배제해 온 기표로 포착할 수 없는 그 흔적을 주목하게 만든다. 따라서 불안은 상징계의 논리적 완결성에 속은 주체가 그 사실을 깨닫게 하는 결정적 신호가 된다.

‘속이지 않는’ 불안은 본질적으로 주체가 ‘무(無)’와 대면하게 함으로써 형식 논리의 함정에 빠지지 않도록 돕는다. 기표의 사슬이 촘촘할수록 “없지 않은 대상”은 더욱 깊숙이 숨겨지기 때문이다. 이는 곧 존재의 소외, 즉 ‘결여’를 의미한다.

대타자의 환상 속에서 현존의 안정성을 보장하는 조건은 바로 ‘결여의 결여’이며, 이는 주체를 속이는 덫이 된다. 이 덫 안에서 기표로 찾지 못한 대상은 억압되어 무의식 속에 영원히 머문다. 그러나 주체를 속이지 않는 유일한 개념인 불안은 ‘결여의 결여’라는 환상을 뚫고 ‘무’의 공백으로 나아가게 한다. 그곳에서는 기표의 사슬이 막지 못하며, 기표의 필터를 통과하지 않은 실재와 마주하게 된다. 그래서 불안은 실재를 이해하는 데 필수적인 개념임이 분명해진다.

이처럼 명확한 통계와 확실한 사실 위에 견고한 논리를 쌓는 형식 논리라 할지라도, 의심의 여지가 전혀 없는 완벽한 것은 아니다. 논리적으로 탄탄한 거짓말이나 악도 존재할 수 있기 때문이다. 더욱이 통계와 사실을 바탕으로 진화하는 ‘AI’는 훨씬 더 견고한 근거 위에 논리정연한 형식 논리를 만들어낼 것이다. 그러나 라캉의 불안은 이러한 논리의 빈틈을 포착하여, 그 틈새에서 의심의 씨앗을 뿌린다. 이는 사실이나 통계로 매개되기 이전, 원초적 대상과의 직접적인 관계를 통해 가능하다. ‘완전히 의심할 수 없는 것’인 불안은 기표의 사슬 속에 숨겨진 실재를 대면하게 하며, 확립된 체계나 개념이 주체를 속이고 있음을 폭로한다.

키에르케고르에게 불안의 본질은
의심할 여지가 전혀 없는 것이다.

키에르케고르에게 있어 '속이지 않는' 불안은 과연 어떤 의미일까? 이를 설명하기 위해 라캉이 『세미나 10권』에서 "불안은 속이지 않는다"라는 문장에 덧붙인 내용을 주목할 필요가 있다. 라캉은 불안의 진정한 본질을 "의심의 여지가 전혀 없는 것"이라고 말한다.

이 내용을 설명하기 위해 신학자 키에르케고르는 믿음의 조상인 아브라함을 예로 든다. 『창세기』에는 다음과 같이 기록되어 있다. 하나님께서 아브라함을 시험하시려고 말씀하셨다. "사랑하는 네 외아들 이삭을 데리고 모리아 땅으로 가라. 거기 내가 지시하는 산에 올라가 그를 번제물로 바쳐라." 아브라함이 백 세에 얻은 외아들을 제물로 바치라는 하나님의 명령은 매우 부당해 보이지만, 그는 망설임 없이 아들을 죽이기 위해 칼을 들었다. 그 순간 천사가 나타나 아브라함의 행동을 멈추게 한다. 키에르케고르는 이 순간 아브라함의 신앙이 불안과 확신이 뒤섞인 역설적인 상태였다고 해석한다. 그는 아브라함의 사례를 통해 "신앙이 무한한 것을 향한 것이라면, 의심은 유한한 것을 향한 것"이라고 설명하고 있는 것이다.

라캉에 따르면, 상징계에서 대타자와 동일시함으로써 얻는 삶의 충만감은 결국 허구적인 만족에 불과하다. 이는 나르시시즘적 이미지에서 비롯된 삶의 안전감으로, 상상적이거나 기만적인 자아를 무비판적으로 받아들이는 데서 생겨난다. 이러한 안전감은 주체로 하여금 마치 아무런 불안도 없는 것처럼 착각하게 만든다. 키에르케고르가 말한 '유한한 것'은 기표의 연쇄를 통해 실재를 가리는 상징계의 문제로 해석할 수 있다.

의심이 존재의 유한한 측면에 집착하게 만드는 상징계와 연결되어 있다면, '속이지 않는' 불안은 존재의 '무한한 것'을 지향하는 실재와 연관되어 있다고 할 수 있다. 키에르케고르에게 '유한한 것'은 '무한한 것' 앞에서 무의미한 것으로 인식되기 때문이다. 존재가 '무한한 것'을 향해 나아가는 지향성은 '속이지 않는' 불안의 의미를 내포한다. 라캉이 말하는 실재 역시 존재가 탐구해야 할 모든 것을 포함하는 영역이기 때문이다. 이에 라캉은 불안을 실재의 신호로 보며, 불안이 "의심이 아니며 오히려 의심의 원인"이거나 "의심 바깥에 있는 것"임을 강조한다.

03

불안은 인식할 수 없는
'없지 않은 대상'이 전하는 정동이다.

"불안은 대상을 가지지 않는 것이 아니다.[4]

라캉은 『세미나 10권』에서 불안을 정동(affect, 情動)과의 관계 속에서 설명한다. 여기서 정동이란 글이나 소리처럼 의미를 인식할 수 있는 외적 형식인 기표에 앞서 존재하는 주관적인 감정이나 느낌을 뜻하며, 타인이 관찰할 수 있는 신체적 상태까지 포함하는 개념이다. 라캉은 정동이라는 용어를 통해 불안이 단순한 감정에 그치지 않고, 인식 대상이 명확히 구분되지 않는 저 너머의 심연 속에 존재하는 복합적인 현상임을 강조한다.

『세미나 10권』 7장에서는 불안의 정동을 '공백'(void, 無)속에 감도는 상태로 묘사한다. 라캉에게 공백은 '없지 않음'(not without)의 상태를 의미하기 때문이다. 바로 이 '없지 않음'의 지점에서 주체가 불안을 감지한다는 것이다. 즉, 불안이 정동으로 드러난다는 것은 "완전히 사라지지 않은 어떤 대상"이 주체에게 신호를 보내고 있다는 의미다.

인간은 기표를 통해 대상을 언어로 전환하며, 언어는 대상을 인식할 때 비로소 그것은 의미를 갖게 된다. 따라서 상징계는 인간 인식의 한계를 벗어날 수 없다. 이 과정에서 인식할 수 없는 대상은 자연스럽게 배제된다. 바로 이 지점에서 '없지 않음'을 의미하는 공백이 발생한다. 라캉은 그곳에 나타나는 것을 "없지 않은 대상"(not without an object)이라고 명명했다. 이는 언어의 한계를 나타내며 상징화할 수 없는 인식의 영역이 있음을 나타낸다.

프로이트는 불안을 명확한 대상이 없는 상태에서 느끼는 공포로 보았다. 공포는 특정한 대상을 가지지만, 불안은 대상이 없기 때문에 정확히 무엇이 우리를 불안하게 하는지 알 수 없다는 것이다. 그래서 우리는 때때로 아무 이유 없이 그저 불안함을 느낀다. 그러나 라캉은 『세미나 10권』에서 불안을 "없지 않은 대상"이 보내는 신호로 해석하며 프로이트의 견해를 수정한다. 만약 불안에 대상이 있다면, 주체에게 불안은 두려워할 필요 없이 정동으로 간주될 수 있기 때문이다.

'불안이 "없지 않은 대상"이라는 표현은 다음과 같은 명제로 이어진다. "불안은 대상을 전혀 가지지 않는 것이 아니다." 다시 말해, 불안은 그 대상이 무엇인지 명확히 알 수 없을 뿐, 완전히 대상이 없는 상태는 아니라는 뜻이다. 라캉의 이러한 설명은 우리가 왜 불안에 대해 안정적이고 명확한 개념을 찾기 어려운 가를 이해하는 데 도움을 준다. 불안에 대한 해석을 확정적으로 내리는 일은 마치 투명한 모자의 끝을 그리는 것처럼 매우 까다롭기 때문이다.

서양 근대철학에서 불안과 같이 불확실한 정동은 이성적 인식의 대상으로 포함되기 위한 조건인 범주에 속하지 않는다. 이성이 작동하기 위한 전제 조건을 범주라고 하는데, 범주가 성립하려면 인식 대상이 반드시 고정되어 있어야 한다. 그렇다면 인식 대상이 고정될 수 있는 조건은 무엇일까? 그것은 '동일성'이다. 동일성은 '하나'라는 범주를 통해 서로 섞일 수 없는 성질을 배제하는 과정을 거쳐 성립된다. 라캉의 상징계 역시 지식 체계로 파악할 수 없는 것을 배제하는 배타성을 지닌다. 인식 대상이 고정되도록 규범과 원칙에 기반해 객관성을 중시하는 상징계는 단일체로서 그 체계를 견고하게 유지하기 위해 어떠한 불규칙성이나 불균질성도 허용하지 않기 때문이다. 이러한 상징계를 구축하는 과정에서 필연적으로 존재의 일부가 잘려 나가게 되는데, 이 부분이 바로 존재의 결여(lack)를 형성한다. 그러나 이 지점에서 난공불락의 성처럼 견고한 체계를 내세우는 상징계는 오히려 불완전한 빈틈을 드러낸다. 상징계의 주체는 마치 양파와 같아서 껍질을 벗기면 아무것도 없는 무(無)의 상태가 드러나기 때문이다. 라캉은 『세미나 10권』에서 바로 이 무가 드러나는 빈틈에 주목하며, 그 구멍을 통해 무의 공백에서 나타나는 불안을 감지할 수 있다고 말한다.

재해나 테러와 같은 위험이 초래하는 불안은 명백히 외부 위험에서 비롯된 현실적인 불안이다. 예측할 수 없는 현상들이 보내는 '위험 신호'는 불안감을 삶의 일부로 내재화시키고 있다. 이러한 불안은 인간이 인식해 온 총체적인 지식 체계인 상징계에 균열을 일으킨다. 상징계 내부의 모순과 더불어 외부의 위험은 언어의 논리 구조로는 파악할 수 없는 대상이기 때문에, 상징계의 한계점을 드러내는 것이다. 이는 사유를 위한 인식 기능에 언제나 맹점, 즉 빈틈이나 구멍으로 남을 수밖에 없음을 의미한다.

상징계는 그 자체의 안정성을 유지하기 위해 항상 공백이나 맹점을 메우려 한다. 그러나 주체들을 달래기 위한 상징계의 이러한 강박적 집착은 오히려 불안을 더욱 증폭시킨다. 따라서 불안은 상징계를 위협하는 부정적인 요소가 아니라, 지속적인 변화를 이끌며 새로운 질서를 생성하는 창조적 정동으로 이해되어야 한다.

『세미나 10』권에서는 상징계에서 어떤 말로도 형언할 수 없는 텅 빈 상태를 '공백'이라 정의하며, 인식의 공백 속에 존재하는 대상을 '대상 a'(objet petit a)라고 명명한다. '대상 a'는 결여가 발생한 지점에서 나타나 주체에게 내쫓긴 자신의 존재를 회복하라는 신호를 보낸다. 이후 논의에서는 '대상 a'와 '결여'는 거의 동의어처럼 사용되는데, 라캉은 '대상 a'가 바로 결여의 위치에 있다고 설명하기 때문이다. 불안은 대상의 결여 그 자체에서 비롯되는 것이 아니라, 결여의 자리에 '대상 a'가 출현함으로써 발생한다. 그래서 『세미나 10』권에서는 "없지 않은 대상"을 설명하기 위해 '공백', '대상 a', '결여'라는 용어들이 핵심적인 개념으로 제시된다.

키에르케고르와 라캉이
공통적으로 탐구하는 주제는
'무에서 비롯되는 불안'이다.

키에르케고르는 불안을 '무'라는 대상이 보내는 역설적인 신호로 포착한다. 흥미롭게도, 그가 불안을 본격적으로 다룬 『불안의 개념』 5장 첫 구절에서 우리는 이와 관련된 문장을 찾아볼 수 있다. "순진함은 무지이다. […] 이런 상태에는 평화와 안식이 있다." 여기서 키에르케고르는 순진함을 스스로 만족하는 자족적인 상태로 정의한다. 따라서 순진함은 단순히 지식 체계가 갖춰지기 이전의 단계로만 볼 수 없다. 이러한 순진함의 상태는 라캉이 말하는 상상계의 상태와 유사하다. 즉, 주체가 삶의 안전감을 확보하기 위해 상징계에 내재한 모순과 결핍을 덮어버리는 기제와 맞닿아 있는 것이다.

현대인들은 일상생활에서 느끼는 주체의 안전감에 특별한 집착을 보인다. 만약 우리가 자족적인 상태를 최고의 가치로 여긴다면, 이는 일상의 가치가 현대에 이르러 더욱 중요해졌기 때문일 것이다. 역설적이게도, 갈등이 없는 일상의 안전감에 대한 집착이 클수록 오히려 불안은 더욱 커진다. 키에르케고르가 말한 '평화와 안식'의 상태에서도 불안은 여전히 존재하기 때문이다.

순진함의 불안에 이어 『불안의 개념』에서는 무(無)와 관련된 다음과 같은 표현이 등장한다. "그렇지만 그곳에는 어떤 다른 것이 있는데, […] 그것은 무(無)이다. 그렇다면 무는 어떤 작용을 하는가? 무는 불안을 낳는다.” 무는 어린아이처럼 운동이 미약한 정신을 깨우려는 어떤 상태이다. 순진한 상태에서 깨어나 자신과 타자 사이의 차이를 인식하게 만드는 무 앞에서, 미약한 정신은 불안을 느낀다. 미약한 정신은 마음의 갈등을 회피하기 위해 마치 ‘정신줄을 놓은’ 상태와 다름없다. 여기서 키에르케고르가 말한 “거기에 어떤 다른 것이 있는데”라는 표현은 라캉이 언급한 “없지 않은 대상”과 유사한 의미로 해석할 수 있다. 무의 자리에서 “어떤 다른 것”이라는 “없지 않은 대상”이 출현함으로써 불안이 발생한다는 것이다.

이처럼 키에르케고르와 라캉이 불안에 대해 공통적으로 말하는 바는 한마디로 ‘무(無)에서 비롯되는 불안’이라 할 수 있다. 키에르케고르는 무로부터 오는 불안을 통해 그의 시대에 지배적이었던 헤겔 철학의 전체 체계를 흔들었고, 라캉은 무라는 공백을 통해 상징계를 뒤흔들었다.

04

욕망의 이면에 숨겨진 대상을
'없지 않은 대상'이라고 한다.

불안은 '대상 a'에 대한 유일한 주관적 번역이다. [5]

　욕망의 비밀을 풀어내는 『세미나 10권』 8장의 제목은 '욕망의 원인'이다. 이 장에서 라캉은 욕망 뒤에 숨어 있는 대상에 대해 깊이 있게 설명한다. 그는 "불안은 대상을 결코 잃어버린 상태가 아니다"라고 말하며, '없지 않은 대상'을 '대상 a'라고 정의한다. 더 나아가, 라캉은 불안이야 말로 '대상 a'를 향한 유일무이한 주관적 해석임을 강조한다. 그는 '주관적 번역'이라는 표현을 통해 불안과 '대상 a'는 서로 떼려야 뗄 수 없는 하나의 의미를 지니고 있음을 분명하게 드러내고 있다.

　라캉 정신분석학의 핵심 개념은 바로 '대상 a'이다. 일반적으로 '대상'이라 하면 감각으로 인지하거나 포착할 수 있는 것을 의미하며, 상징계는 이러한 대상을 바탕으로 형성된다. 그러나 '대상 a'는 이와 다르다. 그것은 인식의 한계를 넘어, 언어의 기표로 표현할 수 없는 무언가를 가리킨다. 『세미나 10』에서 라캉이 언급한 '대상 a'는 '없지 않은 대상'이라는 표현에 담긴 깊은 의미를 지니고 있다. '없지 않음'이라는 독특한 존재 형태는 이 대상이 상징계 어딘가 보이지 않는 곳에 숨어 있음을 뜻한다. 욕망의 그림자처럼, '대상 a'는 우리 내면 깊숙이 자리 잡고 있기 때문이다.

서양 철학의 역사에서 인식의 공백 속에 존재하는 '대상 a'는 쓸모없고 무의미한 것으로 여겨져 왔다. 이성중심주의가 인간의 실존을 보편적 개념으로 환원하려 할 때, '대상 a'는 견고한 지식 체계를 교란하는 부정적인 개념에 지나지 않았기 때문이다. 그러나 라캉이 『세미나 10권』에서 '대상 a'를 '불안'의 다른 이름으로 주목한 이유는, 욕망하는 존재로서의 개별자를 강조하기 위해서다. 여기서 '대상 a'는 의식이 이미 대상을 향한다는 기존의 생각과는 다른 의미를 지닌다. 따라서 대상과 욕망의 관계를 면밀히 살펴볼 필요가 있다.

우리는 흔히 의식이 항상 무언가를 향하고 있다고 보며 이를 '지향성(Intentionality)'이라고 부른다. 그러나 라캉은 『세미나 10권』에서 지향성을 의식의 본질로 전제하는 것이 오히려 욕망의 대상을 포착하는 데 방해가 된다고 지적한다.

후설(1859~1938)의 현상학은 지향성의 개념을 극대화한 대표적인 철학적 시도로 평가받는다. 여기서 '노에시스(noesis)'는 인식의 핵심 개념으로, 특정 대상을 향하는 의식의 작용을 의미한다. 예

를 들어, 글을 쓰다가 펜이라는 사물을 보고 '이것은 펜이다'라고
규정하는 의식의 능동적인 행위 자체가 노에시스에 해당한다. 그
러나 라캉은 욕망의 대상이 단순한 지향성으로는 설명될 수 없다
고 단호히 주장한다. 그는 인식의 틀 안에 원인의 개념을 가두려
는 시도가 오히려 문제를 야기했다고 본다. 라캉에게 원인이라는
정신적 기능은, 쉽게 제거되거나 희미한 형이상학적 그림자로 축
소될 수 없는 막중한 위상을 지닌다.

라캉은 『세미나 10권』에서 '대상 a'가 욕망의 지향성과는 다르
며, 노에시스의 지향성과도 닮지 않은 특별한 위치에 있다고 설명
한다. '대상 a'는 욕망 뒤에 숨어 있기 때문이다. 그는 "대상은 욕
망 뒤에 있다"고 강조하며, '대상 a'를 욕망의 원인으로 이해해야
하는 이유를 여기에 둔다.

불안은 바로 이 욕망의 원인이 자리한 빈 공간에서 발생한다.
이 빈 공간, 즉 결여는 무언가를 갈망하는 상태를 뜻하며, 상징계
의 틈새를 형성하는 동시에 실재를 받아들이는 통로가 되는 것이
다. 욕망의 원인으로서 대상이 상징계의 빈틈에 모습을 드러내는
순간, 주체는 불안을 경험하게 된다. 이는 우리 존재에서 잘려 나
간 어떤 대상이 다시 나타나는 순간이기 때문이다. 이 결여의 자
리가 바로 '대상 a'가 머무는 곳이다. 그렇다면 눈에 보이지 않고
인식되지 않는 이 공백 속의 '대상 a'를 어떻게 경험할 수 있을까?
상징계의 지식으로는 결코 포착할 수 없지만, 인식의 틈새에 '없
지 않은 대상'으로 현현하는 불안을 통해 우리는 그 실재를 감지

할 수 있다.

라캉의 초기 이론에서 '대상 a'는 욕망을 지탱하는 환상의 공식으로 소개되었다. '잃어버린 대상' 또는 '욕망의 원인'을 나타내기 위해 '오브제 쁘티 아(objet petit a)'라는 용어가 도입된 것이다. 라캉은 이 표현을 그대로 사용하기를 원했으나 이후 간략히 '대상 a'라고 부르게 되었다. 여기서 소문자 'a'는 프랑스어로 '타자(他者, autre)'를 의미하는 약어이다. 잃어버린 대상은 상징계에 구멍을 남기며 결여의 상징으로 작용한다. 주체가 때때로 자신 자신을 낯선 타자처럼 느끼는 것은 바로 이러한 존재론적 결여에서 기인한다.

욕망이 주체를 가능하게 하는 조건이라면, 결여의 궁극적 대상은 '존재' 그 자체이다. 결여의 대상은 '나는 누구인가?' 혹은 '나의 정체성은 무엇인가?'라는 질문이 가리키는 존재를 가리킨다. 이는 주체가 사회적 인간이 속한 상징계에 진입하면서 잃어버리거나 망각해야만 했던 근원적인 무엇이다.

결여는 상징계에서 공백으로만 존재하는 빈 공간을 의미한다. 이는 인간이 사회적 존재로 성장하는 과정에서 잘려 나가거나 상실되어 상징화할 수 없는 무엇, 즉 언어 기호로 부르거나 표현할 수 없는 어떤 것을 가리킨다. 다시 말해, 라캉은 존재의 결여 상태를 '대상 a'라는 추상적 도식으로 상징화한 것이다. '대상 a'는 어떤 현실적 대상으로도 채울 수 없으며, 완전히 얻을 수 없는 대상을 뜻한다. 그것은 도달할 수 없는 욕망의 대상이자, 그 자체로는 아무것도 아니지만 삶을 지속하게 하는 동인이 된다. 라캉 고

유의 개념인 '대상 a'는 그의 후기까지 여러 차례 수정되며 다양한
의미를 지니게 되었으나, 『세미나 10권』에 이르러서는 "없지 않은
대상"을 의미하게 된 것이다. 이는 기존 인식론의 지배적 관점과
이미 각색된 이론들에 저항하여 새롭게 만들어진 개념이라고 할
수 있다.

라캉의 '대상 a'는
키에르케고르에게 '내면성'을 의미한다.

키에르케고르에게 불안은 무엇보다도 내면성의 부재를 알리는
신호이다. 여기서 '내면성'은 개별자로서의 의식을 자각하게 해주
는 개념으로, 라캉의 '대상 a'와 유사한 의미를 지닌다.

키에르케고르는 『불안의 개념』에서 자신의 내면에 기반한 삶
을 끊임없이 강조하며, 외면성과 내면성을 명확히 구분한다. 그
는 심리학적 관점으로 내면성을 탐구하면서, 인간의 실존적 상황
인 불안이라는 심리적 상태를 중심 주제로 삼은 것이다. 개인이
세상과 맺는 관계 속에서 유한한 욕망과 현세적 물질에 대한 집착
은 불안을 불러일으킨다. 이는 우리를 현세에 몰두하게 만드는 유
한한 목적들이 인간으로 하여금 자신의 내면이 아닌 외부의 욕망
대상에 집중하게 만들기 때문이다.

이와 마찬가지로, 라캉의 상징계는 외면성의 상태와 다르지
않다. '나'라는 존재의 정체성은 공동체라는 타자가 부여한 상징

계 안에서, 제도와 문화의 구조에 의해 결정되기 때문이다. 이러한 상징계 속에서 인간이 자기 의식 안에서 구체적인 자기 이해를 갖는 것은 쉽지 않다. 사실 개인이 결여하고 있는 것은 내면성이다. 정신분석학이 욕망으로 이루어진 인간을 탐구한다면, 키에르케고르의 실존철학은 가능성으로 이루어진 존재를 탐구한다. 키에르케고르와 라캉은 '가능성'과 '욕망'이라는 개념을 통해 인간 존재의 특징을 구체적인 개인에게서 찾고 있음을 알 수 있다.

무엇보다 욕망의 원인으로 작용하는 '대상 a'는 키에르케고르가 말하는 자유로운 존재가 지녀야 할 잠재성의 측면으로 해석할 수 있다. 욕망이나 잠재성은 결코 완전히 채워질 수 없는 미확정된 상태이지만, 이는 인간이 끊임없는 욕망과 무수한 가능성 속에서 존재한다는 의미이기도 하다. 키에르케고르는『불안의 개념』후반부에서 내면성의 결여 상태로서 불신과 위선을 언급한다. 기독교적 관점에서 불신이 신앙에 대한 불안이라면, 인간학적 관점에서 위선은 자신에 대한 불안을 초래한다. 양파 껍질처럼 상징계 내에서 중층적으로 구성된 주체는, 사회적 가면을 쓴 채 위선에 빠진 상태와 다르지 않다. 내면성의 결여인 이러한 위선은 곧 '대상 a'가 문제 삼는 존재의 결여를 드러내는 지점이 된다.

키에르케고르는 이렇게 말한다. "내면성은 곧 진지함이다. […] 내면성을 잃어버린 모든 사람은 진정으로 '생명의 술이 다 떨어졌다'고 느낄 것이며, 또한 '죽음이라는 운명 앞에서 진지할 것은 아무것도 없다. 모든 것이 단지 장난감일 뿐이다'라고 말할 것이다." 이는 진지함 속에서 내면성이 작용하여, 개인의 삶 속에 보존된 본래성이 다시 회복되고 유지된다는 뜻이다.

라캉에게 삶의 본질은 상징화되지 않는 어떤 것에 숨겨져 있다고 여겨진다. 이에 따라 라캉은 '존재의 모든 것'을 담고 있는 실재로의 여정을 강조한다. 라캉에게 실재란, 타자라는 공동체 속에서 이식된 욕망에서 벗어나, 주체의 고유한 내면성을 자각하게 해주는 영역이기 때문이다. 키에르케고르가 내면성을 인간 안에 존재하는 영원한 요소로 본다면, '대상 a'는 그러한 의미를 수용할 수 있는 공백을 끊임없이 생성하는 개념이 된다.

'대상 a'는
객관적인 불확실성을 전제로 한다.

주체성을 강조하는 키에르케고르는 진리의 역설적인 본질을 불확실성 속에서 발견한다. 객관적인 불확실성은 개인을 내면으로 이끌어 자신에 대한 깊은 자각을 가능하게 하기 때문이다. 이에 그는 다음과 같이 말한다. "객관적 불확실성은 가장 열정적인 내면성으로 빠지게 한다."[6]

개인에게 완결된 어떤 것은 확실성이 아니라 생성 과정에 있는 자기의식이며, 한 개인의 구체적인 행동일 수밖에 없다. 그런 행동이 바로 키에르케고르가 강조하는 내면성이다. "주체적인 진리는 객관적으로는 하나의 역설이다. 그래서 진리의 역설적 성격은 곧 객관적 불확실성이다."[7] 그렇지만 객관적인 불확실성에 대한 사유는 객관적인 관점에서 보면 그 근거와 내용이 불확실하고 모호할 수밖에 없다.

상징계는 고정된 인식 대상을 확보하기 위해 확실성에 천착하지만, 키에르케고르에게 그러한 객관적 사유는 내면성을 잃게 만든다. 따라서 키에르케고르에게 '객관적 불확실성'은 라캉의 '대상 a'가 지닌 특성을 발견하는 계기가 된다. 이는 상징계의 경계에서 발견되는, 주체 내에 존재하는 친숙한 대상임과 동시에 주체의 정체성을 위협하는 거부된 타자성이다. 라캉은 이를 '비체(非體, abject)'라는 용어로 설명하는데, 이에 대한 구체적인 논의는 다음 장에서 이어진다.

05

불안은 공감과 반감의 대상이라는
이중적 의미를 지닌다.

보잘것없이 버려진 '비체'의 대상이기도 하다. [8]

모든 이에게는 지워진 존재의 일부가 존재한다. 이는 결코 드러나 언어와 상징 속에 담길 수 없는 것이다. 라캉은 이를 '비체(非體, abject)'라고 명명한다. 상징계가 대상에 대한 확실성을 지닌 영역이라면, 비체는 상징계와 실재의 경계에 위치하여 주체도 객체도 아닌 어떤 상태를 의미한다. 주체도 대상도 아닌 비체의 아나키즘적 성격은 고정되고 고착된 의식을 거부하며, 끊임없이 변하는 가변적인 상태임을 나타낸다.

따라서 비체는 주관과 객관 사이의 이항 대립을 해체하라는 요구를 내포하고 있다. 라캉 역시 『에크리』에서 이미 이와 같은 견해를 밝힌 바 있다. "나는 생각하지 않는 곳에서 존재하고, 존재하지 않는 곳에서 생각한다."[9] 이 문장은 개념화할 수 없는 실재와 존재가 결여된 상징계가 서로 양립할 수 없는 상태를 극복해야 한다는 의미를 담고 있다.

상징계에 등록되지 못한 비체는 '대상 a'가 '비참하고 보잘것없이 버려진 대상'이라는 의미를 갖게 한다. 비체는 주체 내에 존재하는 친숙한 것이지만, 주체의 정체성과 통일성을 무시하고 위협하는 중간적이고 모호한 성격을 지니고 있어 상징계 밖으로 추방될 수밖에 없다. 이는 비체가 언젠가 주체의 정체성에 위협이 될 수 있기 때문이다.

라캉이 『세미나 10권』에서 언급한 비체라는 개념은 문학 이론가 줄리아 크리스테바(1941년~)가 경계선 철학을 전개하며 심도 있게 탐구한 주제이기도 하다. 라캉이 불안을 상징계에 침투하는 '실재의 신호'로 강조하고, 후기 연구에서 실재라는 타자를 탐구한 것처럼, 크리스테바 역시 『공포의 권력』에서 비체라는 개념을 통해 타자의 의미를 탐구한다.

경계에 위치한 비체는 삶의 낯설음과 불확실성을 상징한다. 이는 의심을 통해 상징계의 공적 규범에 도전하며, 고정된 사고와 가치관을 근본적으로 재고하게 한다. 한편, 『경계에 선 줄리아 크리스테바』에서는 비체를 주체 형성의 가장 근본적인 과정으로 다음과 같이 설명한다. "자기 자신에게 낯선 것을 추방하거나 거부함으로써 항상 모호한 나의 경계를 창조하는 상태를 의미한다." 이처럼 비체라는 이질적 타자성은 주체 형성에 상호 보완적 작용을 일으키기 때문에 반드시 수용해야 할 필수적인 조건임을 보여준다.

크리스테바에 따르면, 비체는 상징계가 거부하고 배척하지만 동시에 반드시 포용해야 하는 존재이다. 그런가 하면 비체는 일종의 수수께끼 같은 대상에 대한 동경을 의미한다. 이 점에서 불안은 금지가 불러오는 두려움을 욕망하는 이중적인 의미를 지닌다. 매혹과 반감이 공존한다는 사실은 불안이 지닌 비체의 본질적인 특징이다. 버려진 대상이 지닌 이질성은 반감을 불러일으키지만, 동시에 그것이 주체에게서 잘려 나간 존재의 일부이기에 공감을 자아내는 모순적인 의미를 갖는 것이다.

비체는 영화나 소설에서 자주 등장하는 모티브 중 하나다. 사회적 영향력을 잃고 사실상 존재하지 않는 것과 다름없는 인물들이 주요 등장인물로 그려지기 때문이다. 이들은 자신의 정체성을 상실한 채 부당하게 비참한 삶을 살아가는 존재로 묘사된다. 또 다른 유형도 있다. 이들은 무의미하게 존재하며 비체로 취급받는 사람들이다. 그러나 작가 밀란 쿤데라(1929~2023)는 『무의미의 축제』에서 이렇게 말한다. "하찮고 의미 없다는 것이 존재의 본질이다." 즉, 인간의 삶은 무의미함과 보잘것없음으로 채워져 있다는 뜻이다.

키에르케고르에게 불안이란
반감적 공감이자 공감적 반감이다.

라캉이 말한 불안의 이중적 의미를 키에르케고르는 『불안의 개념』에서 "공감적인 반감이자 반감적인 공감"이라고 표현했다. 이는 우리가 불안을 느끼면서도 동시에 두려워하는 대상을 욕망하고 있음을 뜻한다. 즉, 불안은 두려움의 대상에 마음이 끌리는 상태를 의미한다. 키에르케고르는 이러한 불안을 "어떤 달콤한 불안, 결코 싫지 않은 불안"이라고 덧붙여 설명하기도 했다.

불안의 이중적 성격인 반감과 공감은 프로이트의 정신분석학에서 말하는 언캐니(Uncanny)와 유사하다. 언캐니는 낯익으면서도 낯선 감정을 뜻하는데, 본래 독일어 단어 운하임리히(Unheimlich)에서 유래한 개념이다. 상징계에 편입되지 못한 비체는 '비참하고 보잘것없이 버려진 대상'이지만, 동시에 다시 포용해야 할 존재이기도 하다. 주체가 스스로 그 대상을 명명할 기표를 찾아 나서며 실재와·마주하는 과정에서 언캐니한 감정이 발생한다. 낯익음은 공감을 형성하는 반면, 낯섦이라는 반감은 공감에 대한 저항일 수 있다. 그러나 공감과 반감이라는 상반된 의미를 동시에 지닌 비체는 기존 한계를 넘어 새로운 주체의 좌표를 모색하는 과정에서 겪는 의미로 해석된다.

불안이 지닌 비체의 특성은 현대 대중문화 속 다양한 현상을 해석하는 데에도 활용되고 있다. 대표적인 개념으로 '언캐니 보이드(Uncanny Void)'와 '언캐니 밸리(Uncanny Valley)'가 있다. 이 용어들은 모두 '묘하게 비어 있는 공간'을 의미한다. 여기서 '비어 있는 공간', 즉 '보이드'라는 명사는 라캉의 불안 이론에서 핵심적인 개념이다. 라캉은 『세미나 10권』 초반부에서 "공백 속에 감도는 불안"이라는 표현을 사용하며, 불안은 본질적으로 공백 속에서만 의미를 지닌다고 강조하기 때문이다. 따라서 언캐니 보이드는 공감과 반감이 뒤섞인 불안이 만들어내는 지점에서 마주하는 '없지 않은 대상'을 명명할 기표를 스스로 찾아 나서도록 하는 시도라 할 수 있다.

로봇이나 가상 인물이 인간과 지나치게 흡사할 때, 우리는 왜 도리어 '불쾌감'을 느끼는 걸까? 이는 친숙한 대상에서 느껴지는 일종의 공포감 때문이라고 할 수 있다. '언캐니 밸리'라는 용어는 바로 이러한 현상을 설명한다. 이 이론에 따르면, 어떤 대상의 유사도가 높아질수록 처음에는 호감이 증가하지만, 특정 지점을 넘어서면 오히려 강한 불쾌감을 불러일으킨다. 즉, 공감과 반감이 교차하는 지점을 의미하는 것이다.

최근 인공지능 기술이 예술 분야에 깊숙이 침투하면서, 상징계에서 사라졌던 비체(非체)가 인공지능이 생성하는 가상 이미지로 다시 등장하게 되었고, 이로 인해 언캐니 밸리 현상이 더욱 두드러지게 나타나고 있다. 따라서 현대 대중문화에서 언캐니 밸리 현상이 유발하는 불쾌감을 극복하는 문제는 비체가 직면한 또 하나의 중요한 과제라고 지적할 수 있다.

06

대타자에게 속지 않는 자가 느끼는
불안을 '당혹'이라 한다.

당혹감 속에서 불안의 개념이라고 부르는 것이 있다. [10]

'속지 않는 자'는 순간적으로 당황스러움에 휩싸인다. 라캉이 말하는 이 당황은 단순한 혼란이 아니라, '속지 않는' 불안의 의미를 내포하고 있기 때문이다. 사전에서 당황은 '머릿속이 뒤죽박죽되어 어떻게 해야 할지 모르는 상태'로 정의된다. 이러한 순간은 내가 믿고 따르던 대타자의 규범과 가치가 내가 생각하는 기준과 어긋난다는 사실을 깨달을 때 찾아온다.

라캉은 『세미나 10권』에서 당황을 불안이 본격적으로 나타나기 전, 살짝 스며드는 '가벼운 형태의 불안'이라고 설명한다. 우리는 항상 타인의 시선을 의식하며 살아가는데, 이 시선은 우리에게 대타자가 심어준 도덕과 초자아의 환상에서 벗어나지 못하게 만든다. 우리는 대타자가 '나'라는 존재를 든든히 지지해줄 것이라는 믿음을 의심하지 않기 때문이다.

하지만 이러한 당황스러움, 즉 불안의 예감은 대타자의 환상을 넘어설 수 있는 열쇠가 된다. 대타자의 영향권에서 벗어나려는 시도는 상징계 속에 구축된 '나'는 허구적으로 형성된 주체임을 깨닫게 한다. '이 삶이 정말 내가 원한 삶인가?'라는 질문이 마음속에 떠오르며, 결국 상징계 안에서 자신을 확신하지 못하는 혼란의 순간에 이르세 되는 것이다.

라캉은 이러한 당황 상태를, 주체가 실재의 신호를 억제하려는 상징계의 우월성에 의문을 품는 상황이라고 설명한다. 당황은 실재의 신호를 가리려는 억제 압력이 주체에게 가해질 때, 그가 겪는 심각한 어려움과 불안을 드러내는 상태이기 때문이다. 상징계 속에서 갑작스럽게 실재의 신호를 접한 주체가 경험하는 심리적 균열을 '마음의 지진'에 비유하기도 한다. "마흔이 되면 마음에 지진이 일어난다." 이 문장은 분석심리학자 칼 융(1875~1961)이 『마흔에 읽는 융 심리학』(2025)에서 사용한 표현이다. 불혹의 나이인 마흔에 찾아오는 내면의 변화와 혼란을 섬세하게 탐구한 이 책에서, 칼 융이 말하는 '진정한 자기 찾기'는 곧 라캉이 언급한 불안, 즉 실재의 신호를 받아들이라는 의미를 담고 있다.

인간은 상징계 속에서 사회적 시스템의 일원으로 존재한다. 사회적 시스템은 상징계에서 형성된 주체의 허약함을 드러내는 결여를 배제하면서, 타인에게 인정받고자 하는 욕망을 키워 나간다. 사회가 요구하는 이상적인 사람이 되기 위해 끊임없이 노력하며 성공한 자기완성형 개인은 외형상 주체의 구조가 안정적으로 유지되는 삶을 사는 것처럼 보이기 때문이다. 그래서 그 과정에서 발생할 수 있는 극심한 불안과 내면의 공허함은 부정된다. 이는 주체의 허약함을 드러내는 표현으로 간주되기 때문이다. 이때 '당황'이라는 불안이 발생한다. 불안은 사회적 성공이라는 환상의 기표가 주체를 속이는 순간마다 새로운 형태로 나타나기 때문이다.

이러한 가벼운 형태의 불안을 칼 융은 다음과 같이 자세히 묘사한다. "모든 통상적인 경우에 자기 자신을 무시하고 사회적 역할과 동일시하려는 시도가 일어나는 그 즉시, 무의식은 이미 반응을 나타낸다. 즉, 변덕스러운 기분, 흥분된 정서, 불안, 강박관념, 무기력, 부담 등이 그것이다."[11] 비록 사회적으로 흠잡을 데 없는 성취를 이루었더라도, 그 이면에 숨겨진 내면 세계는 어둡고 기이할 수 있다. 이처럼 대타자의 욕망에 사로잡힌 이들이 겪는 갈등은 결국 신경증이라는 증상으로 나타난다. 이러한 증상은 겉으로 드러나는 현상만으로는 알기 어렵고, 그 이면에 자리한 무의식적인 억압 기제를 면밀히 살펴야 비로소 명확하게 드러난다.

이 문제를 극복하는 핵심은 자신을 위협하는 불안의 신호들을 숨기지 않고 솔직하게 드러내는 데 있다. 이에 라캉은 『세미나 10권』에서 프로이트의 『억제, 증상, 불안』을 토대로 불안의 복잡한 양상을 3행 3열로 구성된 '불안 차트'를 통해 체계적으로 설명한다.

라캉의 '불안·차트'에서 '억제'란 우리가 받아들이기 어려운 증상들을 의식적으로 외면하는 기능을 의미한다. 불안의 출발점이 바로 이 '억제'에 있다는 점에서, 차트는 가로축(억제, 장애, 당황)과 세로축(억제, 정서, 동요)으로 구분된 개념들을 통해 불안이 지닌 다양한 양상을 보여준다. 이 모든 개념은 불안에 점점 가까워지는 감정의 파동이자, 동시에 기존 상징계를 넘어 새로운 주체가 탄생하는 씨앗이기도 하다. 불안은 고정된 형태에 얽매이지 않고 유동적인 성질을 지니며, 무한한 가능성을 품고 있기 때문에, 상징계를 유지하는 사회 제도와 권력에 맞서는 저항의 불씨가 될 수 있다.

억제가 점점 강해질수록, 감정의 좌표는 가로축과 세로축의 끝자락을 향해 움직이며 미묘한 불안의 정동을 만들어낸다. 라캉이 불안을 '실재의 신호'라고 표현한 맥락에서 보면, 실재를 부정하려는 억제는 가로축의 오른쪽에 위치한 '당황'이나 세로축에 자리한 '동요'처럼 불안에 가장 가까운 감정의 파장을 일으킨다. 이러한 정동들은 존재의 확실성을 갈망하는 상징계가 불확실한 실재를 온전히 받아들이지 못할 때 나타나는 분노의 한 형태로 해석할 수 있다. 그러나 이 분노는 단순히 감정에 휩쓸린 비이성적인 분노와는 다르다. 라캉이 말하는 정동은 감정이라는 색채를 벗겨낸, 순수한 불안의 상태이기 때문이다.

당황이 '실재 속에 스며든 상징계'의 산물이라면, 동요는 '상징계 안에 자리한 실재'의 결과물로 구분할 수 있다. 두 감정 모두 상징적 질서에 실재가 보내는 불안 신호를 제대로 받아들이지 못할 때 나타나며, 상징계의 우월성을 뒤흔드는 불안을 내포한다는 공통점을 지닌다. 그러나 당황은 상징계를 벗어나 실재를 향해 나아가는 반면, 동요는 상징계 내부에서 발생한다는 점에서 차이가 있다. 이처럼 라캉에게 '당황'과 '동요'는 불안이라는 정동의 핵심을 이루는 중요한 개념으로 자리매김한다.

누가 나를 속여서
이 세계로 끌어들인 건가?

"나는 누구입니까? […] 어떻게 해서 나는, 사람들이 현실이라고 부르는 이 대기업의 일원이 되었을까요?" 이 문장은 키에르케고르가 '실험적 심리학'이라 밝힌 『반복』(1843)에서 드러낸 작중 인물의 절규이다. 자기 존재에 대한 자각이자 동시에 외부 현실에 대한 당혹감이 담겨 있다. 이어지는 문장에서는 당시 외부 현실을 지배하는 이데올로기에 속지 않으려는 자가 느끼는 당황이 표현되어 있다. "저는 어디에 있는 것입니까? 세계? 세계란 무엇을 하는 것입니까? 세계라는 이 말은 무엇을 뜻하는 것입니까? 나를 속여서 이 세계 속으로 끌어넣고는, 이렇게 버려둔 자가 누구입니까?"[12] 『반복』은 이러한 절규를 통해 자아의 재발견을 어떻게 성취하는가에 대한 내용을 담고 있다.

절규는 당황함을 나타내는 표현이기도 하다. 이 문제를 보다 깊이 이해하기 위해, 『반복』에서 인용된 구약성서 〈욥기〉의 중심 인물에 관한 내용을 주목할 필요가 있다. 『반복』은 키에르케고르가 『불안의 개념』을 발표하기 전에 인간의 주관성에 대해 내밀하게 관찰한 저작이다.

키에르케고르는 반복의 개념을 철학적 계기로 삼은 동기를 〈욥기〉의 주인공 욥에서 찾았다. 욥은 어떤 인물인가? 그는 아무 이유 없이 고통에 빠진 수난자이다. 평소 의롭게 살아온 욥은 어느 날 많은 자식과 재산을 모두 잃고, 자신도 병마에 시달리는 고난에 직면한다. 이에 욥은 돌연 태도를 바꾸어 자신이 믿고 의지했던 하나님께 불평을 쏟아내며 무한한 항의를 표한다. 그러나 욥은 신의 시험으로 고난을 겪으면서도 신에 대한 믿음을 저버리지 않고, 신만이 모든 문제를 해결할 수 있다는 전능함을 받아들인다. 결국 신은 욥을 특별한 삶을 사는 인간으로 선택하여, 잃었던 자식들과 같은 수의 자식과 더 많은 재산을 되돌려 준다.

만약 욥에게 "자식은 다시 낳으면 되잖아"라고 말한다면, 이는 매우 사려 깊지 못한 발언일 것이다. 죽은 자식들은 단순한 아이들이 아니라 욥에게 특별한 의미를 지닌 자식들이기 때문이다. 자식은 대체할 수 없는 존재이다. 욥은 반어적인 방식을 통해 기존의 도덕 법칙에 의문을 제기하고, 보편적인 법칙의 적용을 거부한다. 이것은 일종의 역설이다. 그러나 역설은 위반을 통해 종교적 예외가 반복된다는 개념을 성립시킨다. 키에르케고르는 반복을 이미 전제된 도덕 법칙을 넘어서는 힘과 연결시키며, 이를 보편성에 통합되지 않는 '단독성'과 관련짓는다. 반복은 모든 형태의 보편성에 반하는 위반이며, 예외적인 단독성을 지향하는 것이다.

『반복』이라는 책이 왜 욥을 주목하는지 이해하려면, 먼저 작품

속 인물인 우수에 찬 청년의 행동에 주목할 필요가 있다. 이 청년은 오직 열정적인 사랑에 빠졌던 순간에 머물러 있는 심미적 단계에서 벗어나지 못한 상태였다. 동시에 그는 약혼녀와의 약혼을 깨야 할지, 아니면 유지해야 할지에 대한 윤리적 딜레마에 빠져 절망에 허덕이고 있었다. 그가 처한 곤경은 보편적인 삶을 강조하는 윤리적 단계가 규정한 규범을 어긴 순간 느끼는 당혹감에서 비롯되었다. 진퇴양난의 상황에서 무작정 외지로 도피할 수밖에 없었던 그에게 정신적 위로가 되어준 것은 구약성서에 나오는 욥의 이야기였다.

욥은 인간의 고난과 하나님의 징계를 받아들이라는 권고에 갈등을 겪지만, 고난을 경험한 후에는 하나님을 더욱 깊이 체험하며 자아를 새롭게 발견하는 인물이다. 욥이 겪은 고난은 하나님의 징계이자, 인간을 정화하고 더 나은 상태로 이끄는 과정으로 그려진다. 이 과정에서 인간이 정화되는 순간은 심미적 단계나 윤리적 단계를 넘어서는 지점으로, 그때 느끼는 당혹감이 중요한 의미를 지닌다.

『반복』에서 청년은 자신의 고뇌가 윤리적 잘못 때문이 아니라, 욥처럼 예외적인 단독성을 추구하는 과정에서 겪는 종교적 시련이라고 여긴다. 이는 일반성에 반하는 위반으로 이해할 수 있다. 주체적인 삶을 강조하는 현대철학자 들뢰즈는 키에르케고르의 이런 반복의 특징을 "도덕법칙에 대립시키기"라고 말한다.[13] 윤리적 단계의 근간이 되는 도덕법칙에 얽매이는 사람은 결국 스스로를

속이게 된다. 다시 말해, 일반적으로 사회에 잘 적응하는 것이 성
공적인 삶이라는 통념은 사실상 이러한 자기 기만 속에 안주하는
것에 지나지 않는다. 그러나 욥은 이러한 일반적인 규범에 반하는
행동을 통해 주체적인 삶을 실현한다. 욥의 행동은 일반성이라는
법칙에 의문을 제기하며 당혹감을 불러일으키기 위한 의도를 지
니고 있었다고 이해할 수 있다.

07

상징계의 허약성을 드러내는
불안을 '동요'라고 부른다.

동요(émoi)는 "권력의 붕괴"로 정의된다.[14]

라캉은 『세미나 10권』 1장에서 불안 차트를 통해 '동요'라는 감정을 섬세하게 분석한다. 그는 억제, 장애, 당황으로 이어지는 가로축과 억제, 정서, 그리고 가장 아래에 '동요'로 이어지는 세로축을 통해 이 감정의 위치를 설명하고 있다. 여기서 동요는 불안과 가장 가까운 정서의 경계선에 해당한다. 그렇다면 우리는 언제 마음이 흔들릴까? 그것은 재난이나 금융 위기와 같은 사회경제적 충격일 수도 있고, 사회 내부에서 정당성에 대한 의심이 싹틀 때 일 수도 있다. 그러나 라캉은 한 걸음 더 나아가, 대타자의 환상이라고 말하는 우리가 믿고 있던 근본적인 신념이 무너질 때 주체가 심리적 균열을 겪으며 동요한다고 설명한다.

일상에서 동요라는 말은 흔히 마음의 평정과 대비되어 사용된다. 우리는 보통 마음을 잘 다스린다는 것을 어떤 자극에도 흔들리지 않고 평정심을 유지하는 것으로 이해한다. 사실 이 평정심의 본질은 자기 동일성이다. 즉 어떤 상황에서도 '나'라는 존재를 일관되게 지켜내는 힘을 의미한다. 이러한 일관성 덕분에 우리는 언제 어디서나 자신을 자신으로 인식하며 살아갈 수 있다. 반면, 사전적 의미의 동요는 생각이나 입장이 확고하지 못하거나 외부 환경에 휘둘려 마음이 흔들리는 상태를 가리킨다. 결국, 동요란 우리 내면 깊은 곳에서 일어나는 정서의 미묘한 파동이라 할 수 있다.

『세미나 10권』에서는 동요를 권력의 기둥이 흔들리는 순간, 즉 '권력의 붕괴'로 정의한다. 영어 번역본에서는 이 단어가 '혼란(turmoil)'로 번역되었으며, 일부 학자들은 이를 '좌절'이나 '근심'으로 해석하기도 한다. 그러나 공식 출간 이전에 비공식적으로 공개된 원서에서는 '동요(émoi)'라는 원어가 그대로 사용되었다. 따라서 우리는 이 단어를 상징계의 힘을 약화시키고 균열을 일으키는 '기운'으로 이해할 수 있다.

동요는 본질적으로 순간적인 강렬한 충동을 담고 있다. 이는 단순한 감정의 흔들림을 넘어 무질서와 폭동을 일으키는 불씨와 같다. 그래서 라캉은 이를 '권력의 붕괴'라고 부른다. 갑작스러운 순간에 논리와 질서로 단단히 짜여 있던 상징계가 금이 가기 때문이다. 단순히 마음이 흔들리는 것과 달리, 라캉이 말하는 동요는 상징계의 일관성을 의도적으로 깨뜨리는 힘이다. 당황스러움처럼, 동요는 상징계의 우월함을 약화시키는 불안의 그림자를 드리운다. 이는 상징계가 강할수록 실재의 목소리가 더욱 묵살되기 때문이다.

상징계가 불안이라는 실재의 신호를 차단하는 이유는 그것의 체계를 단단히 보호하기 위해서다. 불안에 부정적인 꼬리표를 붙이며, 낯선 실재를 밀어내는 주체의 자기 동일성은 상징계의 빈틈, 즉 결여를 허용하지 않는다. 다시 말해, 결여 속에서 모습을 드러내는 '대상 a'의 출현을 철저히 금지하는 것이다. 라캉이 '없지 않은 대상'이라 부른 '대상 a'가 나타나는 순간, 상징계는 흔들리기 시작한다. 동요는 자기 동일성을 해체하는 위반을 통해 상징계의 주인인 대타자의 권위를 무너뜨리기 때문이다.

이처럼 동요는 '권력의 붕괴'를 통해 주체가 안락한 일상에 안주하려는 기반을 뒤흔든다. 이에따라 '왠지 이렇게 살아서는 안 될 것 같다'거나 '나를 바꿔야 할 것 같다'는 불안한 자각이 서서히 고개를 드는 것이다. 이러한 동요의 힘 덕분에 주체는 이전의 상징계를 벗어나 스스로 새로운 상징계를 창조할 용기를 얻게 된다. 결국 동요는 주체에게 낡은 질서를 버리고 새로운 상징계의 질서를 세우라는 무거운 과제를 부여하는 셈이다.

서구 근대 사상사는 마치 거울 속에 비친 자신을 바라보며 '나는 나다'라고 굳게 다짐하는 여정과도 같다. 그러나 이 견고한 자기 동일성의 성벽을 허무는 작업은 니체라는 사상가를 필두로 현대 철학이 펼쳐낸 대담한 모험이었다. 1969년에 출간된 『니체와 악순환』은 기존의 확고한 범주들을 흔들며, '자아'라는 단단한 껍질에서 벗어나는 순간을 생생하게 그려낸다. 니체는 '악순환'이라는 개념을 통해 단일한 진리와 도덕의 신화를 해체하고, 근대적 질서의 뿌리를 송두리째 뒤흔드는 사유의 바다로 우리를 이끈다. 그의 사유가 마치 혼란의 소용돌이 속을 맴도는 듯 보이는 이유는, 권력의 붕괴와 함께 찾아오는 동요의 의미를 선명히 드러내기 때문이다. 이 혼란의 중심에는 '벌어진 틈', '간극', '심연'이라는 이미지가 자리 잡고 있다. 라캉의 상징계에서 공백으로 나타나는 이 심연은 바로 동요가 만들어내는 불안의 핵심이다. 니체는 기존 사회의 가치관과는 다른 새로운 가치를 향해 스스로 자기 동일성의 마지막 끈을 놓아버림으로써, 질서 정연한 상징계의 주체가 무한한 자유를 품은 새로운 개인으로 다시 태어나길 갈망했다.

당황을 '실재로의 도피'라는 불안으로 본다면, 동요는 상징계 속 주체에 대한 의심과 도전을 불러일으키는 또 다른 형태의 불안이라 할 수 있다. 이처럼 라캉은 『세미나 10권』에서 대타자의 본질에 관한 질문을 제기하게 하며, 실재의 신호를 감지하고 수용하도록 하는 개념이 동요하고 설명한다.

결국 동요란 상징계의 기표가 실재의 요구를 제대로 수용하지 못할 뿐만 아니라, 오히려 그 요구에 압도되어 주체를 지탱하던 상징계의 힘이 급격히 소실되는 상태를 의미한다. 이는 상징계에서 의미를 부여받지 못하고 탈락한 '없지 않은' 대상과 마주하는 순간과도 같다. 세로축에서 발생하는 동요의 불안은 주체에게 실재의 신호가 얼마나 강렬한지를 알려준다. 그 신호가 강해질수록 동요는 불안의 정동으로 표출되기 때문이다. 이처럼 동요는 상징계를 완전히 짓밟고 무력화시키는 불안의 낮은 단계라 할 수 있다. 하지만 동시에 동요는 새로운 상징계 질서를 세울 가능성의 문을 활짝 여는 열쇠이기도 하다.

키에르케고르에게 후회와 회한이란 동요를 불러일으키는 의미를 지닌다.

라캉이 말하는 주체의 동요는 키에르케고르의 사유안에서 후회와 회한의 양태로 드러난다. 키에르케고르의 실존철학에서 윤리적 단계에 있는 인간은 보편성과 개별성의 조화를 이루며 자신의 내면을 형성하려 하지만, 사회가 요구하는 절대적인 보편적 윤리나 도덕적 가치에 도달하지 못한 자신의 모습을 직면하게 된다. 현실적인 자기와 이상적인 자기 사이의 괴리를 깊이 인식하는 가운데, 윤리적 단계는 그 한계를 드러낸다. 이러한 한계에서 비롯된 후회와 회한은 칸트의 도덕 규범을 염두에 둔 윤리적 단계의 취약성을 명확히 보여준다.

"나는 어디에 있는가? 세계란 무엇을 하는가?" 『반복』에 등장하는 이러한 절규는 후회와 회한의 강렬한 감정을 드러낸다. 이처럼 윤리적 단계에 있는 인간은 자기 내면에서 절망을 경험하게 된다. 절망에 이르렀을 때, 윤리적 단계의 개인은 후회와 회한이라는 개념을 통해 다시 선택을 시도한다. 그는 "자신의 영원한 타당성 안에서 자기 자신을 선택"함으로써 근본적으로 다른 차원으로

도약하려는 것이다. [15]

　윤리적 단계의 한계는 『이것이냐 저것이냐』 제2권 후반부에서 명확하게 드러난다. "의심이 무한한 관계를 유한한 것으로 제한하려 하고, 지혜가 유한한 관계를 유한성으로 채우려 하는 한, 그는 여전히 의심 속에 머물러 있다." 동요가 상징계 내에서 발생하는 효과인 것처럼, 의심은 윤리적 단계의 한계를 분명히 보여준다.

　키에르케고르는 『불안의 개념』에서 유한한 시간 속에 존재하는 인간이 영원성과 마주할 때 느끼는 현기증을 '불안'이라고 정의한다. 이는 라캉이 말한 상징계를 벗어나 실재에 다가가는 과정에서 경험하는 당황스러움과 유사한 의미를 지닌다. 이러한 당황은 세상을 이해하는 방식을 근본적으로 변화시키려는 키에르케고르의 도약과 비교할 수 있다.

　키에르케고르가 말하는 불안은 윤리적 단계의 한계에서 비롯되며, 궁극적인 자기실현이 종교적 단계에 의존할 수밖에 없다는 점에서 드러난다. 따라서 인간이 더 높은 실존의 단계로 도약하여 내면을 온전히 구축할 수 있는 최선의 방법은 후회와 회한을 통한 뉘우침이라 할 수 있다. 이는 결국 인간이 윤리적 단계의 이상에 도달하지 못한 채 자신의 한계를 자각하고 체념하게 되기 때문이다. 불안을 극복하기 위한 뉘우침은 최고의 윤리적 표현이자 동시에 종교적 범주에 속하므로, 윤리적 단계에서 종교적 단계로 넘어가는 접경 지점이 된다.

키에르케고르는 절망을 경험함으로써
새로운 주체를 예비한다.

키에르케고르가 말하는 '절망'은 깊은 내적 동요의 순간에서 나타난다. 그는 『죽음에 이르는 병』에서 '진정한 나'가 아닌, 잘못된 방식으로 자신이 구현된 상태를 절망으로 정의한다. 이러한 관점에서 보면, 라캉의 불안은 상징계 속에서 주체가 대타자의 욕망에 휘둘리며 자신을 제대로 형성하고 있는지 스스로 성찰하게 만드는 신호탄이라 할 수 있다. 이 의심은 상징계에서 대타자의 욕망과 마주할 때, 주체 내면에 감정의 파동을 일으켜 흔들림을 초래한다. 키에르케고르에게 절망은 불안이 더욱 심화된 상태로, '자신을 온전히 소유하지 못하는 상태'를 의미한다. 이는 상징계에서 주체가 대타자에게 완전히 포섭되어 자신의 존재에 대한 질문조차 잃어버린 상태와 같다.

라캉이 말한 '인간의 욕망은 대타자의 욕망이다'라는 명제는, 우리가 현재 갈망하는 모든 것이 사회와 제도라는 거대한 타자가 심어준 것임을 의미한다. 이는 『죽음에 이르는 병』에서 키에르케고르가 지적한 문제의식과도 궤를 같이한다. 그는 "타인과 함께 존재하는 것, 또 하나의 사본, 숫자 하나, 군중의 일원이 되는 것이 훨씬 편하고 안전하다고 생각한다"고 역설했다.[16] 즉, 이러한 주체들은 대타자의 욕망과 자신을 동일시함으로써 고유한 실존의 불안을 회피하고, 상징계가 제공하는 안락함 속에 안주하는 존재로 형성되는 것이다. 그들은 세상의 흐름에 민감하게 반응하며 재능을 발휘하고, 부를 쌓고 명예를 얻어 어쩌면 역사에 이름을 남길지도 모른다. 그러나 키에르케고르는 이들이 진정한 '자신'이 아니라고 말한다. 태어날 때부터 지닌 고유한 우연성 속에서 '나'가 되는 과업을 잃어버리고, 의식이 평범한 틀에 갇혀버렸기 때문이다.

라캉이 말하는 실재의 신호인 불안은 키에르케고르에게 '본질적인 우연성' 속에서 진정한 자기로 나아가는 감정의 흐름이다. 여기서 '본질적인 우연성'이란 오직 나만이 지닌 독특한 윤곽과 색채를 의미한다.

키에르케고르에게 남들과 똑같이 보이려는 겉치레는 곧 절망의 씨앗이다. 이는 마치 대타자의 본질에 의문을 제기하며, 그 상징적 질서에 균열을 일으키는 동요와 같다. 절망에 빠진 자는 본질적으로 자기 자신이 되는 것에 실패하여 스스로로부터 도피하려는 자다. 절망은 인간 존재의 근원 앞에서 가면을 쓴 위선적인 삶의 한계를 적나라하게 드러내는 기제인 것이다.

인간은 절망이 현실로 드러나는 모든 순간이 다시 가능성으로 되돌아갈 수 있다고 말한다. 현실이 실현되는 순간, 가능성은 스스로를 '무(無)'로 드러내는데, 키에르케고르에게 이 '무'란 바로 가능성의 무한한 공간을 의미한다. 다음 장에서 다룰 '무로부터의 창조'는 바로 이러한 인식의 토대 위에서 전개된다. 불안이 예감하는 자유는 내면에 잠재한 모든 가능성을 붙잡을 수 있게 해주기 때문이다. 그래서 키에르케고르는 이렇게 말한다. "절망으로 인한 죽음은 끊임없이 삶으로 전환된다." 라캉에게도 그 순간은 새로운 주체가 탄생하는 불안의 순간으로 빛난다.

08

상징계의 경계를 넘어선
실재는 새로운 주체를 예비한다.

불안은 실재의 신호이다. [17]

라캉은 『세미나 10권』에서 인간은 항상 자신이 속한 상징계의 경계를 넘어선 곳에 존재해야 한다고 말한다. 그 경계 너머가 바로 '실재'이다. 실재의 시선으로 바라본 상징계는 결핍과 부재로 가득한 불완전한 공간에 불과하다.

상징계란 사회가 만들어낸 규범과 정의로 가득 찬 현실의 무대이다. 하지만 동시에 그 무대는 자본의 논리가 우리의 마음을 지배하는 공간이기도 하다. 사람들은 자신의 재능을 돈으로 환산하고, 그 돈을 기준으로 서로를 평가하는 데 익숙해진다. 물질적 풍요와 사회적 성공을 쌓아 올리며, 사회라는 거대한 퍼즐의 한 조각으로서 자기만족에 빠져든다. 라캉에 따르면, 이 모든 것은 '가짜 실재'에 불과하다. 진정한 실재는 바로 이 현실 사회의 틈새, 존재의 결핍 속에서 발견된다.

주체를 규정하던 지식과 체계가 무너질 때, 그 자리에 빈 공간이 드러난다. 이 빈 공간은 자신을 완성하지 못한 주체, 즉 신경증자가 상징계에 머무를지, 아니면 실재를 받아들여 그 공백을 채울지 선택하라고 요구한다. 이는 상징계의 규범과 기준으로는 설명할 수 없는 무언가가 주체를 흔들고 혼란에 빠뜨리는 순간이다.

우리는 새로운 주체를 맞이할 준비를 해야 한다. 이를 위해 상징계는 주체에게 잠시나마 안식을 제공하는 가짜 현실, 즉 위장된 실재에 불과하다는 사실을 받아들여야 한다. 라캉이 말한 언어의 미로 속 실재는 억제의 기제 아래 증상이라는 형태로만 드러날 수 있다. 동시에 이 세계는 상징화되지 않았거나 상징화를 거부하는 '없지 않은 대상'들로 가득 차 있다. 이 대상들은 상징 질서가 만들어낸 단일한 시간의 틈새에 결코 들어설 수 없으며, 말로 표현할 수 없는 것을 새로운 언어로 다시 불러내는 신비로운 작업을 요구한다. 우리는 상징계 안에서 살아가면서도, 그 거대한 실재의 그림자 아래서조차 그것을 깨닫지 못한 채 존재한다.

실재는 결국 주체의 증상으로 드러난다. 라캉 정신분석의 궁극적인 목표는 바로 그 증상을 자신의 일부로 받아들이는 데 있다. 이를 위해 불안 차트에서 제시하는 개념인 '행동화(acting-out)'와 '행위로의 이행(passage to the act)'이 중요한 역할을 한다. 이 두 개념은 주체가 내면의 실재와 마주하는 다리 역할을 한다.

라캉은 증상을 '물이 새는 수도꼭지'에 비유하며, 수도꼭지가 잠겨 있는 상태를 억제가 제대로 작동하는 상태로 설명한다. 반면, 수도꼭지가 고장 나 물이 새는 현상을 증상으로 간주한다. '행동화'는 수돗물이 줄줄 새는 정도가 아니라 "뿜어져 나오는 것"이며, '행위로의 이행'은 "자신이 무엇을 하고 있는지 모른 채 수돗물을 틀어버리는 것"이다.[18] 이 두 개념은 주체가 불안에 직면했을 때 취할 수 있는 최후의 방어 수단이라는 점에서 공통적이다.

행동화에서 주체의 위치는 상징계에 속한다. 그러나 행동화는 정신분석에서 흔히 말로 풀어내는 언어가 아니라, 몸짓과 행동이라는 또 다른 형태의 언어로 자신을 드러내는 것이다. 이는 단순히 말을 못해서 행동으로 먼저 표현하는 미숙함과는 전혀 다르다. 예를 들어, 과거의 기억이 사라진 사람이 있다면, 그는 말 대신 행동으로 자신의 내면을 토해낼 수밖에 없다. 상징계에서 실재의 신호인 불안이 억눌리지 못하고 터져 나올 때, 증상은 마치 수도꼭지에서 쏟아지는 물처럼 겉으로 드러나는 상황이 행동화인 것이다. 그 순간 상징계는 흔들리고, 주체는 해체 직전의 동요 속으로 빠져들며 불안은 점점 커져간다. 하지만 행동화는 불안의 세로축, 즉 억제와 정서, 동요 중 가장 밑바닥에 위치한 동요가 불안으로 번지는 것을 막아주는 방패막이 역할을 한다. 불안이 찾아왔을 때, 행동화는 그 불안을 일으킨 문제를 즉시 해결하기 위한 행동으로 뛰어들어 심리적 안정을 되찾으며 불안을 잠재운다. 만약 주체가 어느 순간부터 짜증, 분노, 신경질 같은 감정을 폭발시킨다면, 이는 행동화를 방어기제로 삼아 불안을 억누르고 있다는 신호다. 이러한 행동화는 내면의 충동을 반사적으로 행동으로 표출하기 때문에 때로는 폭력적이고 감정적이며, 일관성이 부족한 모습을 보이기도 한다.

행위로의 이행은 곧 실재로의 미끄러짐을 의미한다. 이는 상징계를 포기하고 실재의 차원으로 도피하는 행위로, 주체가 자신도 모르게 변화를 겪는다는 점에서 일반적인 행동과 구별된다. 행위를 거치면서 주체는 문자 그대로 이전과 동일하지 않게 되며, 기존의 주체는 소멸하고 새로운 주체가 다시 태어난다. 불안 차트에서 가로축의 가장 오른쪽에 위치한 당황은 주체가 행위로 이행하도록 유도하며, 이를 통해 불안을 감소시킨다. 이는 증상을 자신의 것으로 받아들이는 '수돗물을 틀어버리는' 행위와 같다.

실재에서는 증상을 억누르려는 의지가 없기 때문에, 주체는 불안이라는 족쇄에서 벗어나 자유로워진다. 다시 말해, 상징 질서가 요구하는 억제를 거부하며 불안의 굴레를 떨쳐내려는 것이다. 이렇게 행동으로 나아가는 순간, 주체는 상징 질서의 틀을 벗어나 순수한 대상으로 변모한다. 이 순간은 마치 새로운 주체가 세상에 태어날 준비를 하는 찬란한 시작과도 같다.

Emptiness quietly questions the profound meaning of our existence

공백 한가운데에
주체의 좌표가
존재한다.

사람들은 풍요로워질수록 더 많은 것을 갖고자 하는 욕망에 사로잡혀 바빠지기 쉽다. 일상의 안락함에 집착할수록 불안은 더욱 커지기 마련이다. 욕망이 있는 곳에는 언제나 불안도 함께하기 때문이다.

01

상징계와 연관된 사회 구조는
항상 공백을 메우며 존재한다.

불안은 공백 속에 감돈다. [1]

라캉은 『세미나 10권』 서두에서 "공백 속에 감도는 불안"이라는 강렬한 표현을 통해, 불안은 본질적으로 텅 빈 공간에서만 그 의미를 찾는다고 말한다. 이 공백의 틈새에서 피어나는 불안은 우리로 하여금 자신의 존재 좌표를 끊임없이 찾아 헤매게 하는 것이다. 주체의 좌표는 고정된 자아의 틀에 갇힌 정체성이 아니라, 끊임없이 움직이고 변화하는 정신의 흐름 속에서 새롭게 형성되는 것이기 때문이다.

인생이란 과연 얼마나 허무하고 무의미한 것일까? 왜 우리는 이런 공허함에 사로잡히는 걸까? 라캉은 『세미나 10권』에서 불안이란 존재의 이면에 숨어 있는 텅 빈 허무함에서 비롯된다고 강조한다. 그는 상징계 속 주체를 양파에 비유하며, 겹겹이 껍질을 벗겨내면 그 중심에는 아무것도 없는 무(無)의 공간만이 남는다고 말한다. 그리고 바로 그 텅 빈 공간을 자세히 들여다보면 우리 각자만의 독특한 주체 좌표를 발견할 수 있다는 놀라운 진실을 전한다.

공백이란 무엇일까? 그것은 무엇보다도 표상이 삭제된 채 비어 있는 지점을 의미한다. 상징적 질서가 기표들의 그물망으로 이루어져 있기 때문에, 모든 기표는 이 공백을 대신하여 존재한다. 그러나 상징계가 포착하지 못하는 공백은 '없음'의 형태로 주체 앞에 드러나는 텅 빈 구멍과 같다. 이 공백을 마주하는 순간, 우리는 일상의 반복되는 순환에서 벗어나 전혀 다른 삶의 영역으로 발을 들여놓게 된다. 마치 닫힌 회로를 벗어나 새로운 차원의 내부 구조와 직선적 연속체를 넘어서는 경험을 하게 되는 것이다.

그러나 우리의 일상을 지탱하는 상징적 질서는 본질적으로 근본적인 공백을 메우기 위한 구조에 불과하다. 우리는 상징적 질서가 제공하는 안정된 틀 안에서 그 공백을 외면하고 부정하며, 그렇게 평온한 일상을 유지한다. 그 결과, 그 공백에 대한 망각이 우리를 감싸게 된다.

안락한 일상을 갈망하는 우리는 불안을 단순히 마음을 흔드는 어떤 것으로만 여긴다. 그래서 사람들은 필연적으로 '대타자'의 환상을 통해 그 공백을 감춘다. 대타자의 욕망을 욕망함으로써, 우리는 마치 자신의 주체가 확고히 서 있는 것처럼 착각하는 것이다.

전통적 인식론이 주목한 주체는 처음부터 공백의 자리를 인정하지 않았다. 인식의 범위를 벗어난 대상을 지식 체계에서 배제했기 때문이다. 17세기 철학자 데카르트는 "나는 생각한다, 고로 존재한다"라는 명제를 통해, 사유하는 주체가 곧 인식의 주체임을 선언했다. 그러나 니체 이후 현대 철학은 인식론의 한계를 넘어서는 새로운 사유를 요구한다. 우리가 직접 보고 느끼는 모든 것은 인식의 틀 안에서 왜곡될 수 있기 때문이다. 이러한 비판적 흐름 속에서 라캉은 『세미나 10권』에서 인식에서 탈락한 대상을 주목한다. 그는 이를 '없지 않은 대상'이라 부르며, 공백에 대한 적극적인 주목을 강조한다. 공백을 욕망하는 주체는 상징계를 강화하려는 대타자와의 동일시는 거부하며, 그 허구성을 드러낸다. 이를 통해 주체는 대타자가 정한 도덕과 사회 정의의 틀에 갇혀 남들과 똑같은 욕망을 좇는 상태에서 벗어날 수 있기 때문이다.

라캉은 이미 『세미나 7권』에서 순수 욕망을 주제로 다루며, 상징계의 공백 속에 홀로 선 주체를 탐구한 바 있다. 그는 타자가 주입한 획일적인 욕망의 굴레에서 벗어나, 주체를 고유한 존재로 서게 하는 윤리적 결단을 '순수 욕망'일 명명했다. 주체는 이 순수 욕망을 향해 나아가면서, 대타자가 설정한 경계—즉 우리가 믿어온 안정적이고 올바른 상징적 질서—를 흔드는 불안의 지점에 도달하게 된다. 순수 욕망을 통해 주체는 상징계와 연동하는 사회 구조가 평온한 일상성을 지닌 상태가 아니라, 존재의 결여를 초래하는 하나의 허구적 공간에 불과하다는 자각을 얻게 된다.

『세미나 10권』에서 불안의 장소로서 공백에 부여된 의미에 대한 라캉의 통찰은 그가 처음 『에크리』를 출판했을 때부터 이미 드러나 있었다. 라캉은 인간 주체를 텅 빈 구멍을 지닌 존재로 보며, 이를 '존재 결여'와 연결하여 설명했다. 더 나아가 『세미나 11권』에서는 공백을 '존재하기도, 존재하지 않기도 하는, 실현되지 않은 것'으로서 비실체적인 개념으로 다루었다. 즉, "공백 속에 감도는 불안"을 통해 인간은 다양한 자기 정체성을 경험할 수 있게 된다는 뜻이다. 라캉에게 공백은 아무것도 아닌 텅 빈 대상이지만, 상징계를 넘어서는 이 공백이 없으면 새로운 존재 의미는 결코 발생하지 않는다. 라캉은 이를 위해 공백을 유지하게 하는 불안에 주목하며, 공백을 망각하는 것을 경계했다.

키에르케고르에게 공백이란
가능성의 세계로 진입하는 통로를 의미한다.

라캉과 마찬가지로, 키에르케고르는 『불안의 개념』에서 불안이 바로 '무(無)'에서 비롯된다고 말한다. 여기서 '무'란 텅 빈 공간, 아무것도 채워지지 않은 그 자리를 뜻한다. 그렇다면 불안의 대상이 '무'라는 것은 과연 어떤 의미일까? '무'에서 비롯되는 불안은 구체적으로 인식할 수 있는 대상이 없기 때문에, 생각하거나 관찰할 수 있는 어떤 형상도 없이 텅 빈 공백 속을 감도는 상태임을 의미한다.

이처럼 키에르케고르가 주목한 불안은 무에서 비롯된 존재론적 불안이다. 그는 이를 '무의 불안'이라고 명명하였다. 이 개념을 이해하기 위해서는 키에르케고르의 ‘무’ 개념에 영향을 준 셸링(1775~1854)의 사상을 살펴볼 필요가 있다. 키에르케고르에게 영향을 미친 독일 사상가들 중 셸링은 그가 실제로 강의를 들었던 유일한 철학자였다. 셸링은 인간의 자유에 관한 중요한 저서인 『인간적 자유의 본질』에서 신이 출현하는 근원으로서 ‘어두운 바탕(dark ground)’이 존재한다고 주장한다. 이러한 관점은 키에르케고르에게 인간의 내면적 차원이 신의 절대적 차원과 근본적으로 연결되어 있음을 시사한다. “신이시여, 그렇다면 당신은 누구신가요? 자기의 원인과 근본은 누구도 발견하지 못한 ‘깊게 숨겨진’ 그리고 ‘이해할 수 없는’ 것이기 때문이다.”[2] 키에르케고르가 신을 ‘깊이 숨겨진’ 인간 내면에서 찾는다는 점은, 라캉이 인간 존재의 의미를 실재에서 발견할 수 있다고 강조한 것과 같은 맥락이다.

셸링에게 실존은 의도적으로 통제되지 않는 다양한 성질들이 혼재하는 어두운 바탕을 전제로 한다. 키에르케고르와 셸링 철학의 만남에 관한 전반적인 논의는 널리 알려져 있지 않지만, “키에르케고르의 ‘무’와 셸링의 ‘어두운 바탕’은 평행하는 개념으로서 매우 유사한 기능을 한다”고 할 수 있다.[3] 그래서 한 키에르케고르 연구자는 이렇게 말한다. 셸링이 정의한 어두운 바탕에 키에르케고르는 ‘무’라는 새로운 이름을 부여했을 뿐만 아니라, 더 나아가 그의 첫 번째 산물에 ‘불안’이라는 이름을 붙였다.[4] 셸링의 주장은 키에르케고르에게 영향을 주어 실존주의의 탄생에까지 기여한 것으로 평가할 수 있다.

키에르케고르가 말하는 '무'에서 비롯되는 불안은 곧 미래를 향한 깊은 의미의 불안이다. 이는 인간이 저절로 자기 자신으로 존재하는 것이 아니라, 이제 비로소 진정한 자기 자신이 되어야 한다는 실존적 과제를 안고 있음을 일깨운다. 그러나 이 불안이 지향하는 대상은 안정되고 편안한 일상이 아니라, 불확실하고 결정되지 않은 미지의 영역이다. 이러한 상황에서 인간은 스스로 자신의 정체성을 규정해야 하는 과제에 직면하게 된다. 그리하여 불안은 인간을 보편적이고 평균적인 사고의 틀에서 벗어나, 독특한 개성을 지닌 진정한 자기 자신으로 이끈다.

셸링이 말한 신이 출현하는 어두운 배경에서 비롯되는 불안의 또 다른 형태는 바로 우울이다. 그는 신의 근원에는 우울의 감정이 내재되어 있다고 보았다. 독일어 '우울'(Schwermuth)과 덴마크어 '정신적 부담'(Tungsind)은 서로 번역될 때 주로 사용되는 단어들로, 두 단어 모두 깊은 우울감을 뜻한다. 흥미롭게도 셸링과 키에르케고르는 이 두 단어를 모두 사용하고 있다. 키에르케고르가 '정신적 부담'이라는 표현을 통해 암시한 정신적 문제는 사실상 셸링이 '우울'이라는 단어로 신과 자연 전체에 대해 표현하고자 한 바와 거의 동일하다.[5]

키에르케고르와 셸링에게 이 두 단어는 모든 존재 하나하나에 내재된 '무'를 가리키는 표현이다. 정신이 자신의 가능성에 이끌리는 순간, 불안은 그 가능성을 우리에게 다가오게 만드는 정동으로 이해된다. 키에르케고르는 텅 빈 공백을 지닌 주체를 '가능성

의 존재'로 규정했다. 인간은 자신의 고유한 가능성과 마주함으로
써 비로소 독자적인 정체성을 형성하기 때문이다. 이를 위해서는
불안에 이끌려 존재의 의미와 중요성이 응축된 내면의 심연, 바로
'무'에 도달해야 한다. 라캉이 말하는 '공백에 감도는 불안'이란 키
에르케고르에게 무이자 신의 어두운 바탕이며, 『불안의 개념』에서
말하는 '할 수 있음'의 가능성을 일깨우는 원동력이 된다.

02

자기 성취형 인물에게
불안은 공백이 메워질 때 발생한다.

불안이란 대상의 상실에 대한 것이 아니라 출현에 대한 것이다. [6]

불안을 없애려 애쓸수록 오히려 더 깊고 거대한 불안의 소용돌이에 빠져드는 아이러니한 현상이 존재한다. 이러한 현상은 바로 '공백'을 메우려는 시도에서 비롯된다. 라캉은 『세미나 10권』에서 불안을 이렇게 정의한다. 불안은 공백 속에 나타나는 "없지 않은 대상", 즉 '대상 a'라고 말한다. 상징계는 주체가 자신을 표현할 기표를 찾아 헤매는 공간이다. 그러나 이 공간은 확실히 알 수 없고 실체가 없는 어떤 대상의 출현을 금지하며, 이로 인해 공백을 메우려는 문제가 발생한다.

현대 사회에서 개인은 자신의 욕망보다 국가, 자본, 규범과 같은 사회적이고 상징적인 시스템, 즉 대타자의 요구에 의해 형성되는 존재다. 자본주의라는 상징적 질서 안에서 개인은 타자에게 종속된 주체로 자리 잡는다. 주체가 관심을 기울이는 것은 오직 자신이 사회에서 차지하는 위치와 타인과의 관계뿐이며, 이는 곧 주체가 타인에게 인정받고자 하는 욕망 속에서 살아간다는 의미다. 특히 자기 성취형 인물에게는 대타자 앞에서 자신의 허약함이나 결핍을 드러내는 일이 용납될 수 없다. 왜냐하면 그것이 곧 자신의 욕망과 능력을 실현하지 못한, 사회적으로 실패한 모습으로 비춰질 수 있기 때문이다.

상징계의 일관성을 유지하기 위해 대타자는 결코 공백을 허용하지 않는다. 대타자의 요구에 부합하지 않는 대상은 삭제되며, 상징계에 등록되지 못하는 대상은 철저히 배제된다. 개인은 자신의 욕망과 능력을 실현하지 못한 채, 자본주의가 만들어낸 구조적 불평등 속에서 존재의 결여를 경험한다. 그럼에도 불구하고, 기존에 확립된 상징적 체계를 따르면 결여가 채워질 것이라는 의심 없는 믿음을 품고 그 길을 따른다. 주체는 끊임없이 대타자에게 의존하며, 마치 폐쇄회로처럼 자신을 사로잡는 대타자에 대한 믿음은 라캉이 말한 '실재에 대한 신호를 받아들이는 공백에 대한 방어막'과도 같다.

그래서 라캉은 이렇게 강조한다. "보전되어야 할 일정한 공백이 완전히 막히는 장소에서 불안이 발현되는 혼란이 발생한다."[7] 공백을 허용하지 않으면 오히려 더 큰 불안이 몰려온다는 의미다. 마땅히 배제되어야 할 무언가가 상징계 속에 선명하게 드러나면서, 주체는 그 불안을 온몸으로 체감한다. 이 공백의 현현이 곧바로 상징계의 붕괴나 주체의 해체로 이어지지는 않지만, 분명히 상징계에

파동을 일으킨다. 일상의 틈새에서 불현듯 찾아오는 '허전함'이나 '공허'와 같은 미묘한 불안이 바로 그 전조라 할 수 있다.

서구 근대철학에서는 낯선 대상이 공백 속에서 나타날 때 이를 '이질성'으로 규정하고, 상징계 바깥에 위치한 비이성의 영역으로 배제해 왔다. 이는 이성적 인식이 사회를 지배해 왔기 때문이다. 그러나 라캉은 이질성을 실재의 핵심적인 특징 중 하나로 이해한다. 이질성은 주체가 잃어버린 무언가로서, 항상 공백의 지점에서만 존재할 수밖에 없기 때문이다.

라캉이 말하는 상징계에서 사라진 대상이 다시 나타날 때 느끼는 불안은 프로이트가 제시한 '언캐니(the uncanny)' 개념과 밀접하게 연결되어 있다. '내 집처럼 익숙하면서도 남의 집처럼 낯선' 언캐니는 사라졌던 것이 되돌아오면서 불러일으키는 기묘한 낯섦과 연관된 불안의 감정을 의미한다. 상징계 속 주체는 이를 부정하고 억압하려 하지만, 그 감정은 증상의 형태로 끊임없이 틈입하여 주체의 정체성을 흔들어 놓는다.

공백은 인간이 결코 상징계 안에 완전히 갇혀 있지 않다는 사실을 일깨워 준다. 대타자는 기표의 사슬을 통해 주체의 구조를 지탱하려 하지만, 상징계 밖의 실재가 침투하는 순간 그 구조는 허약함을 드러낸다. 불안은 기존 주체의 틀을 흔들고 깨뜨리는 감정의 충격이기 때문이다. 따라서 라캉의 주체는 상징화 과정 속에서 탄생하는 동시에, 불안으로 인해 새로운 주체를 맞이하기 위해 사라지는 존재로 이해될 수 있다.

“부정적인 자기 관계”는
공백을 메우게 한다.

키에르케고르는 『죽음에 이르는 병』에서 “완벽하게 건강한 사람은 단 한 명도 없을 것”이라고 말한다. 살아 있는 모든 사람은 예외 없이 조금씩 근심을 품고 있으며, 내면의 갈등이나 자기 자신에 대한 불안 등을 마음 깊이 간직하고 있다. 즉, 누구나 마음의 병을 안고 살아간다는 것이다. 이러한 근심에서 잠시나마 벗어나기 위해 사람들은 본능적 욕구에 충실한 심미적 단계에서 환희를 추구하기도 하는데, 이는 향락이나 식도락과 같은 형태로 나타난다. 그러나 키에르케고르는 순간의 환희가 궁극적으로 절망이라는 근심의 상태에서 벗어나게 해줄 수 없다고 말한다.

인간이 심미적 단계를 거쳐 윤리적 자각을 통해 종교적 단계로 나아가는 것은 ‘공백’을 마주하기 위함이다. 키에르케고르에게 무(無)의 불안이 열어주는 이 공백은, 심미적 단계와 윤리적 단계 사이의 분명한 차이를 드러내는 동시에 두 단계 모두 헛된 안정을 추구하는 삶에 불과하다는 자각을 일깨워 준다.

신학자 키에르케고르는 공백의 지점을 신을 ‘깊이 숨겨진’ 상태로 설명하기 때문에 기독교 사상가로 평가받는다. 그렇지만 심리학자 키에르케고르는 신의 ‘깊이 숨겨진’ 어두운 본질을 인간학적으로 해석하며, 이를 ‘무’라는 새로운 개념으로 명명하였다. 무에서 비롯되는 불안은 라캉이 통찰한 ‘공백 속에 감도는 불안’과 유사한 방식으로 작용하는 평행한 범주에 속한다.

사람들이 공백을 응시할 때 느끼는 불안이 싫다면, 굳이 그것을 마주할 필요는 없다. 그런데도 많은 이들이 공백을 마주하려는 이유는 무엇일까? 공백 속에 스며든 불안이 드러나는 순간, 두렵지 호기심을 불러 일으키는 감정이 우리 마음을 사로잡기 때문이다. 키에르케고르는 이처럼 두려움에 끌리는 상태를 '결코 싫지 않은 불안'이라고 표현했다. 이는 감각적인 집착에서 비롯된 불안으로, 종교적 단계에서 금기시된 대상에 대한 호기심을 자극한다. 우리는 이 점을 명확히 이해할 필요가 있다. 심미적 단계는 인간 삶에서 결코 배제될 수 없는 부분이며, 윤리적 단계나 종교적 단계와는 구별되는 독자적인 영역이라는 점이다.

가끔은 아무런 걱정 없이 즐겁게 시간을 보내고 싶을 때가 있다. 그런 순간 떠오르는 인물이 바로 심미적 단계의 주인공 돈 후안이다. 그는 인간이 지닌 환희와 열정을 상징하는 인물이기 때문이다. 유혹자 돈 후안은 본래 "생사를 걸고 정신적인 것에 반항하는 감성적인 존재"로, 반성적인 의식을 갖지 않기 위해 스스로 마음을 닫아버린다. 그래서 자신의 내면을 철저히 폐쇄하며 절대 반성하지 않는다. 반성하는 순간, 그가 지닌 환희와 열정은 사라질 것이기 때문이다. 하지만 이러한 환희가 주는 행복의 가장 깊은 은신처 안에는 감각적 집착에서 비롯된 불안이 자리 잡고 있다. 『죽음에 이르는 병』에서는 이러한 상태를 절망이라고 정의한다.

한편, 불안은 우리가 그동안 안주해왔던 일상과 세계의 허무함을 드러내어, 어떤 고통보다도 더 큰 고통을 불러일으킨다. 이로 인해 우리는 스스로를 닫아버리게 되며, 불안을 견디기에는 너무 무기력한 상태에 빠지게 된다. 이러한 상태는 개인을 오직 자신과만 교류하는 '폐쇄적인 침묵' 속에 머물게 하는데, 이 침묵은 '부정적 자기 관계'라는 내면의 결과를 낳는다. 부정적 자기 관계란 자신과의 역동적인 관계가 멈춘 상태를 의미한다. 키에르케고르는 『죽음에 이르는 병』에서 부정적 자기 관계의 결과를 절망이라 정의한다. 절망에 빠졌다는 것은 내면의 공백이 메워진 상태와 같으며, 더 정확히는 자기와의 관계가 제대로 이루어지지 못한 채 그 사실을 드러내지 못하게 하는 상태를 뜻한다.

절망이 머무르기에 가장 포근하고 적절한 장소는 헛된 안전과 평온함의 품이다. 자기를 상실하는 일은 마치 아무 일도 아닌 듯 이 세상에서 조용히 일어난다. 그러나 어떤 상실도 이렇게 조용히 일어나지는 않는다. 절망은 종종 혼동되기 쉽다. 정신의 한 상태로서, 절망은 낙담이나 내면의 갈등 같은 다양한 일시적 감정 상태와 착각되거나 혼동될 수 있으며, 이러한 상태들은 절망으로 발전하지 않고 사라지기도 한다. 오직 '무의 불안'을 통해서만 이러한 상태들이 절망의 한 형태임을 명확히 인식할 수 있다. 이는 공백 속에 깃든 무의 불안을 통해 가능하다. 즉, 자기로 존재한다는 것은 부정적인 자기 관계를 극복하기 위해 '공백에 감도는 불안'의 신호를 받아들여야 한다는 뜻이다.

03

억제가 심해질수록
공백이라는 마음의 구멍이 생긴다.

주체가 단지 기표의 연쇄 효과라면, […] '공백'을 연속시킬 뿐이다.[8]

라캉은 그의 첫 번째 저서 『에크리』에서 불안의 근원인 '공백'에 대해 다음과 같이 설명한다. "주체가 단지 시니피앙(기표)의 연쇄 효과라면, […] 주체의 존재 결여라는 '공백'을 연속시킬 뿐이다." 이 문장은 라캉 후기 사상의 핵심 쟁점인 불안과 증상의 관계 안에서, '공백'이 지니는 의미를 보다 면밀히 살펴볼 수 있는 실마리를 제공한다.

'주체가 단순히 '기표의 연쇄 효과'로 만들어진 존재라는 말은 무엇을 의미할까? 언어를 수용하며 형성되는 주체는 동시에 억제을 경험한다. 언어는 기표라는 체계로 구성되어 있는데, 이 체계는 억제를 낳으며, 그 억제된 것은 '완전히 사라지지 않은 대상'으로 남아 있다. 음성 이미지와 같은 기호의 외형을 가리키는 기표는 언어의 기본 단위이지만, 의미를 생성하기 위해 서로 연쇄적으로 연결되어 언어 체계를 이룬다. 하나의 기표는 다른 기표 위를 끊임없이 미끄러지듯 지나가며 의미와 욕망을 불러일으킨다. 여기서 '기표의 미끄러짐'이란 말이나 글로 표현된 기표의 의미가 언제든지 이리저리 바뀌거나 대체될 수 있음을 뜻한다. 기표의 연쇄 작용을 통해 주체는 상징적 질서를 받아들이고, 그 연쇄가 자리 잡은 곳에서 주체는 상징화된다.

기표의 연쇄 작용을 통해 형성되는 주체는 다음과 같다. 주체는 '이해할 수 없는 그 무엇'을 나의 것으로 전유하는 상징화 과정을 거쳐 형성되는 존재이다. 상징화되지 않은 '이해할 수 없는 그 무엇'은 주체에게 억제의 대상이 된다. 따라서 어떤 것이 주체에게 억제되었다는 것은 그것이 먼저 상징화 과정이라는 심사를 통과하지 못했다는 뜻이다.

주체에게 기표를 부여하는 사회, 제도, 그리고 다양한 주변 환경을 우리는 '대타자(大他者)'라고 부른다. 대타자의 기표는 주체의 삶을 지배하며, 상징계는 대타자의 욕망을 욕망하게 만드는 영역이 된다. 예를 들어, 명문 대학이나 대기업을 선망하고 사회적 성공과 부를 갈망하는 이유는 대타자의 담론이 그것을 이상적인 욕망으로 제시하기 때문이다. 대타자의 욕망을 좇게 만드는 기표의 연쇄는 '무언가를 해야 한다'는 내면의 목소리를 낳는데, 이는 결국 타인에게 인정받고자 하는 욕망과 다르지 않다.

하지만 기표의 연쇄로 직조된 주체의 지식 체계는 필연적으로 빈틈을 남기는데, 이 틈새가 '불안이 스며드는 공백'이다. 상징계를 흔드는 이 공백을 봉합하기 위해 주체는 끊임없이 새로운 기표를 요청한다. 대타자의 결여된 자리에 돈, 사회적 지위, 도덕 규범, 심지어 초자아의 명령같은 대체물을 채워넣고, 주체는 그것들과 자신을 동일시하는 데 몰두한다. 불안을 떨쳐내기 위해 대타자가 제시하는 담론을 충실히 따르는 이유가 여기에 있다. 주체는 그것만이 위태로운 자신의 내면을 단단히 지탱해 줄 것이라 믿기 때문이다.

그래서 라캉은 이렇게 말한다. 만약 주체가 단지 기표의 연쇄에 의해 형성된 존재라면, 이는 "주체의 존재 결여라는 공백을 계속 이어갈 뿐"이라고 지적한다. 이 문장에서 라캉이 강조하는 핵심은 기표의 연쇄 상태와 그로 인해 메워지는 공백이 불가피하게 비례 관계에 있다는 것이다. 대타자의 기표에 의한 억제가 심화될수록 존재 결여는 공백이라는 구멍을 남기게 된다. 상징화, 주체화, 사회화의 과정을 거치면서 남는 것이 바로 결여인데, 사회적 존재로서 살아가기 위해 형성되는 주체가 필연적으로 존재 결여를 경험하는 이유가 바로 여기에 있다. 따라서 공백은 상징계에서 존재 결여의 신호가 된다.

일상의 안락과 평화를 위해 대타자의 담론을 충실히 따르는 사람은 신경증이라는 증상을 겪게 된다. 억제는 증상을 만들어내며, 이는 공백을 통해 드러난다. 그러나 증상을 숨기려는 억제는 오히려 신경증을 유발한다. 신경증의 작동 원리 때문에 신경증 환자들이 원인도 모른 채 불안과 우울에 시달리거나 히스테리 증상을 보이는 이유가 바로 여기에 있다. 상징화 과정에서 본래의 자신으로부터 잘려 나갔지만 완전히 사라지지 않은 대상이 증상을 통해 신호를 보내고 있기 때문이다.

사실 신경증은 대타자에게 속은 사람들이 겪는 증상이다. 그래서 라캉은『세미나 10권』에서 불안은 대타자의 담론이 지닌 허구성을 드러내기 때문에 속임수가 없는 정동이라고 말한다.

이제 주체는 신경증에 대해 방어적인 태도를 취한다. 결여를 감추기 위해 대타자의 담론 속에서 형성된 사회적 가면 뒤에 숨어 버리는 것이다. 그러나 메울 수 없는 공백을 메워야 한다는 신경증은 강박증을 유발한다. 라캉에 따르면, 강박증의 구조는 신경증 구조의 하위 범주에 속한다. 강박증은 결여를 철저히 은폐하기 위해 무엇보다도 자신을 지나치게 과대평가하며, 자기주장에 오류가 없어야 한다는 증상을 가진 사람에게 나타난다. 그것은 자신이 스스로 지나치게 높게 설정한 규율을 지키려는 자기 억제의 증상이기도 하다. 그래서 신경증은 자신의 존재를 증명하기 위해 또 다른 기표를 찾아 연쇄적으로 이동하는 현대인의 강박적 불안 심리를 반영하고 있다.

강박증 환자는 자신의 결여를 채우기 위해 오직 타자의 인정과 평가에 전적으로 의존한다. 타자를 자신의 불완전함을 보완해 줄 대상으로 여기기 때문이다. 강박증을 가진 사람은 결국 내면의 근원적 갈증을 채우지 못한 채, 끊임없이 '더 나은 것', '더 많은 것'을 추구하는 삶을 살아간다. 신경증이 강박증으로 발전하는 과정에서 결여를 숨기려 할수록 공백을 대면하기 어렵다. 그렇지만 강박증 환자에게 억제된 대상이 상징계의 공백을 통해 드러날 때 그는 극심한 정신적 고통을 경험할 수밖에 없다. 억제된 대상들은 신경증 환자의 무의식 속에 잠복해 있다가 꿈, 말실수, 농담, 혹은 증상 형태로 언제든지 나타날 수 있기 때문이다. 그래서 상징계 속 주체는 자기 소외와 존재 결여라는 불안에서 벗어날 수 없다. 상징계는 결여를 반복해서 드러낼 뿐, 그 결여 자체를 채워주지는 못하기 때문이다.

도덕 규범의 총합은
억제를 위한 기준이 될 수 없다.

키에르케고르의 『이것이냐 저것이냐』는 마치 인생의 두 갈래 길을 탐색하는 여정과 같다. 제1권 '이것이냐'에서는 우울한 감성에 사로잡힌 미학자 A가 자신의 인생을 바라보는 시선을 담아낸다. 반면 제2권 '저것이냐'에서는 법률가 B가 등장해 A의 감각적 집착과 불안을 하나하나 짚어가며 윤리적 삶으로 나아가야 한다고 주장한다. B는 A를 쾌락과 탐닉에 빠져 불안에 휩싸인 존재로 보고, 감각적 유혹에서 벗어나야만 진정한 윤리적 단계에 도달할 수 있다고 믿는다.

사실 키에르케고르가 진정으로 전하고자 한 메시지는 인격의 성장은 심미적 삶과 윤리적 삶이 조화를 이룰 때 비로소 완성된다는 점이다. 그러나 B는 칸트의 윤리학을 차용하여 보편적 가치를 따를 것을 A에게 강요함으로써 억제를 초래한다. 칸트의 도덕법칙은 인간이 본능적인 욕망과 충동을 스스로 통제할 수 있다는 믿음에 근거한다. 즉, 인간은 도덕적 기준을 준수함으로써 동물적인 본능을 억제할 수 있다는 것이다. B는 이러한 논리를 바탕으로 윤리적 단계로 나아가는 길만이 감각적 집착에서 비롯된 불안을 극복하는 유일한 해법임을 강조한다.

그러나 윤리적 단계에서의 억제는 종교적 단계와 마주하며 필연적인 한계를 드러내고, 이 결여의 지점은 일종의 공백으로 남는다. 이때 B는 사회의 법과 도덕, 그리고 양심과 이성의 명령 아래 살아가고자 했던 윤리적 단계가 추구하는 규범들 이면에 숨겨진 진실과 마주하게 된다. 인간의 삶은 단순한 보편성이나 합리성만으로는 설명할 수 없다는 깨달음 속에서, 후회와 회한이라는 본질적인 허무와 절망에 빠지는 것이다.

키에르케고르는 이러한 절망에서 벗어나기 위해 종교적 단계로 도약할 것을 강조한다. 종교적 단계에서는 깨달음을 더 이상 도덕 규범의 총합 안에서 찾지 않고, 도덕적 행위를 넘어선 초월성(超越性) 속에서 찾기 때문이다. 무한, 영원, 자유와 같은 개념을 포괄하는 초월성은 윤리적 단계에서는 인식할 수 없는 영역이다. 그러나 이 지점은 라캉의 '없지 않은 대상'이라는 개념으로 설명할 수 있는 곳이다.

키에르케고르에게 종교적 단계는 보편적이고 객관적인 역사에 포함되지 않는, 내면의 삶을 중시하는 영역이다. 키에르케고르는 플라톤과 헤겔이 이룬 근대 철학을 비판하며, 객관성보다 내면성이 진리임을 강력히 주장했다. 삶의 무한한 다양성을 하나의 추상적 이론으로 묶으려는 모든 철학적 시도를 거부하고, 오직 '나 자신'이라는 문제에 집중하여 고독 속에서 철저히 주관적인 방식으로 내면의 비밀을 탐구한 것이다. 칸트의 도덕 규범에 기반한 윤리적 단계의 억제는 내면의 근본 문제들을 숨길 수 없다. 그것은 '삶이란 무엇인가', '나를 지탱하는 궁극적인 힘은 무엇인가', '나는 누구인가'라는 질문들이다.

04

타자의 욕망을 거부하는
불안은 순수 욕망을 지향한다.

"천하의 만물은 유에서 나오고, 유는 무에서 나온다."[9]

남들과 똑같은 욕망을 당장 멈춰야 한다. 그 길은 오직 나만의 특별한 이유로 불타오르는 욕망을 품고 살아가는 것뿐이다. 라캉은 이를 '순수 욕망(désir pur)'이라 불렀다. 주체가 '무'와 직면하는 불안을 견뎌낼 때 비로소 진정한 욕망이 싹트기 때문이다. 이 고유한 욕망을 실현해 가는 과정에서 우리는 필연적으로 새로운 존재 방식을 발견한다. 불안이라는 불꽃이 순수 욕망을 이끌 때, 우리는 이전과는 전혀 다른 시선으로 세상을 바라보고, 그 안에서 새로운 기회를 창조하게 된다.

라캉은 '속이지 않는' 불안의 본질을 이해하기 위해서는 욕망의 근원을 깊이 탐구해야 한다고 말한다. 즉, 불안을 주체의 욕망과 연결 지어 다시 살펴보아야 한다는 뜻이다. 이 실마리는 라캉의 명제인 "인간은 타자의 욕망을 욕망한다"에 담겨 있다. 주체의 욕망은 타자를 경유하지 않고서는 성립될 수 없으며, 욕망을 추구하는 과정은 결국 타자의 욕망과 마주하는 과정이 된다. 그렇다면 왜 우리는 진정한 주체적 욕망을 갖기 어려운가? 그 이유는 바로 타자의 욕망을 욕망하며 살아가기 때문이다. 이 타자의 욕망이 작동하는 원리는 상상계와 상징계라는 두 세계로 나누어 이해해야 한다. 상상계와 상징계는 각각 작은 타자(소타자, 小他者)와 큰 타자(대타자, 大他者)가 주체의 욕망을 지배하기 때문이다.

상상계의 욕망을 자유자재로 조종하는 존재, 바로 '소타자'라 불린다. 이 소타자는 상상계라는 이미지의 세계에서 태어나, 모자(母子) 관계라는 특별한 연결고리를 통해 모습을 드러낸다. 상상계 속에서 자아는 '거울 단계'라는 마법 같은 순간을 거친다. 이 단계는 갓난아이가 거울 속에 비친 자신을 보며, 실제보다 훨씬 빛나고 완벽한 이상형을 발견하는 순간이다. 그 빛나는 모습은 아이의 마음속 나침반이 되어, 자신만의 주체를 세우려는 여정의 출발점이 된다. 하지만 그 반짝이는 거울 속 나는 현실의 나와는 다르다. 아이는 그 차이를 모른 채, 착각과 오인을 통해 그 이상적인 이미지와 자신을 동일시한다. 왜 이런 착각이 가능한 걸까? 바로 어머니가 속삭이기 때문이다. "저게 바로 너란다." 사실, 거울 속에 비친 그 완벽한 모습은 어머니의 욕망이 투영된 환영이다. 그 이미지야말로 최초로 '타자의 욕망'이 된 셈이다. 아이는 타자의 욕망을 욕망하며, 그렇게 자아를 형성해 나간다. 그래서 라캉은 거울 단계에서 탄생하는 자아의 본질은 결국 환상에 불과하다고 지적한다. 거울 속 착각과 오인의 미로에서 태어난 자아는 결국 속임수의 산물이라는 것이다.

상상계의 신비로운 거울 단계에서 인간의 욕망은 처음으로 구체적인 형태를 띠며 나타난다. 그러나 이 단계는 착각 위에 세워진 마법 같은 순간으로, 주체를 속이는 환영에 불과하다. 거울은 끊임없이 새로운 환영을 만들어내며 그 마법을 이어가고, 주체는 그 속에서 타자의 욕망이라는 거대한 미로에 갇혀 헤어나지 못하게 된다. 거울에 비친 이미지는 매혹적이지만, 그 환상은 허구 위에 쌓여가는 끊임없는 연극과도 같다. 라캉은 이 거울 단계를 통해 주체가 자신으로부터 멀어지고, 자신이 아닌 것과 자신을 혼동하는 근본적인 착각에 빠진다고 설명한다. 거울단계에서 자아를 형성하는 이미지는 실체가 아닌 허상이며, 이 허상은 주체를 속여 타자의 욕망에 빠져들게 만드는 상상계의 교묘한 함정인 것이다.

상징계의 욕망을 쥐고 흔드는 존재는 바로 언어의 법칙과 규칙을 내포한 '대타자'이다. 모자 관계로 얽힌 상상계의 울타리를 벗어나면, 우리는 언어의 질서가 펼쳐진 상징계라는 새로운 세계로 발을 들이게 된다. 상상계에서 소타자는 이상적 자아라는 타자의 욕망을 갈망하지만, 상징계에서는 자아 이상이라는 타자의 욕망을 수용함으로써 현실 속에서 존재 의미를 찾아간다. 이처럼 라캉은 프로이트가 설명한 오이디푸스 단계를 거쳐 초자아가 형성되는 과정을 상징계라고 명명했다. 또한, 타자의 욕망은 곧 대타자의 욕망을 의미하는데, 대타자는 주체의 욕망에 의미를 부여하는 가상의 존재이기 때문이다. 우리는 견고하게 짜인 사회 시스템, 즉 상징적 질서에 순응하며 살아가는 데 익숙하다. 따라서 지금 내가 갈망하는 것이 진정 내 마음에서 우러난 것인지, 아니면 타인이나 사회라는 대타자가 심어준 욕망인지 깊이 생각해볼 필요가 있다.

이처럼 인간의 욕망은 타자가 부여하는 것에 대한 갈망이자, 다른 사람에게 인정받고자 하는 욕구를 의미한다. 타인의 욕망에 사로잡힌 사람은 기존에 정해진 틀에 맞춰 살아가거나, 타인의 모범이 되어야 한다는 강박관념에 시달리게 된다. 따라서 사회나 제도, 그리고 각종 유행에 민감하게 반응하며 살아간다는 것은 타자의 욕망이 지배하는 상징계에 종속되어 있음을 의미한다. 성인이 되어서도 자신의 욕망이 진정 나의 것인지, 아니면 타자의 욕망인지 혼란스러울 때가 있다. 이럴 때 라캉이 말하는 '순수 욕망'은 올바른 판단의 기준이 되어준다.

그렇다면 우리는 어떻게 '순수 욕망'을 지닌 주체가 될 수 있을까? 그것은 실재를 감지할 수 있는 주체가 됨으로써 가능하다. 라캉은 『세미나 10권』에서 불안을 '실재의 신호'라고 설명했는데, 이는 무(無)의 지점이자 공백의 자리에서 나타난다. 이미 『세미나 7권』의 아홉 번째 강의 '무로부터(ex nihilo)'에서 라캉은 이 공백에 다가가려는 욕망을 탐구한 바 있다. 『세미나 7권』에서 핵심적으로 다루는 순수 욕망의 비밀은 바로 '무로부터'라는 개념에 담겨 있다. 이는 상징계를 넘어, 아득한 지평선 너머에서 번쩍이는 섬광처럼 어느 순간 타오르는 '공백 속에 감도는 불안'의 진원지이다.

'무로부터'란 기존에 확립된 삶의 질서로는 포섭할 수 없는 공허한 빈 공간을 가리키는 개념으로, 의식이 없는 의식과 눈동자가 없는 눈으로만 접할 수 있는 "없지 않은 대상"이 존재하는 지점이다. 또한, 오직 침묵 속에서 소리 없는 소리로 잃어버린 존재의 좌표를 드러내는 개념이기도 하다. 이러한 바탕 위에서 『세미나 7』권에서는 이른바 정신분석의 윤리를 설명한다. '네 욕망을 포기하지 말라'는 명령으로 요약할 수 있는 정신분석의 윤리는, 욕망을 발견하고 승화시켜 스스로 삶의 의미를 찾아가는 윤리적 주체로 나아가도록 이끈다.

'무로부터'와 관련해 흥미로운 점이 하나 있다. 라캉이 『세미나 7』에서 '무로부터'를 설명하기 위해 도교의 무위(無爲) 사상을 언급한다는 사실이다. 잘 알려진 대로, 인위(人爲)나 가식이 없는 상태를 뜻하는 무위는 도교의 창시자 노자(老子)의 『도덕경』을 관통하는 핵심 사상이다. 라캉은 『도덕경』 제11장에서 언급하는 항아리의 용도를 예로 들며 무의 의미를 다음과 같이 설명한다.

"만약 항아리가 가득 찰 수 있다면, 그것은 본질적으로 처음에 텅 비어 있었기 때문이다. 말과 담화가 채워지거나 비워질 수 있는 것도 바로 이와 같은 이유이다."[10] 항아리가 텅 빈 공간을 만들어 내지 않았다면, 그 안에 다양한 의미와 형상이 채워지는 일은 불가능했을 것이다. 『도덕경』은 숟가락이나 항아리처럼 일상에서 흔히 접할 수 있는 사물을 소재로 삼아 담론을 전개하는 특징이 있다. 항아리의 본질은 그릇 한가운데 비어 있는 공간에 있다. 도자기의 겉모습이 아무리 견고해도, 가운데가 비어 있지 않으면 그것은 항아리가 될 수 없다. 이 텅 빈 공간은 도공이 항아리를 빚을 때 자연스럽게 형성된다.

'순수 욕망'을 품고 실재를 갈망하는 사람은 마치 항아리를 빚는 도공과 같다. 욕망이 일어날 때마다, 그 안에는 텅 빈 실재의 공백이 깊게 파여있기 때문이다. 이 공백은 욕망이 생겨남과 동시에 욕망 속에 자리한 움푹 패인 공간인 것이다.

항아리의 속성 중 하나인 '비어 있음'이 채워질 수 있다는 점을 '무로부터의 창조'라고 부른다. 본래 이 표현은 하나님이 아무것도 없는 '무'에서 세상을 창조했다는 기독교적 사유를 라캉이 차용한 것이다. 그러나 노자의 『도덕경』 제40장에서도 "천하의 만물은 유에서 나오고, 유는 무에서 나온다"라는 구절을 통해 같은 의미를 엿볼 수 있다. 이 구절은 항아리의 텅 빈 속성과 공백이 창조의 기능을 가능하게 하는 계기가 된다는 점을 시사한다. 이것이 바로 '무'의 효용이다. 라캉은 '항아리'라는 표현에 이미 '무로부터의 창조'라는 전체 개념이 내포되어 있다고 설명한다. 이처럼 '무로부터'는 우리가 확고하다고 믿었던 상징계의 기반 지식마저 의심하게 만들고, 다시금 성찰하여 자기 존재를 회복하도록 이끈다. 한편, 라캉의 관점에서 '무'라는 공백의 자리를 확보하고 유지하는 것은 비극적 카타르시스의 본질과 맞닿아 있다.

05

라캉이 말하는 카타르시스는
공백의 장소를 마련해 준다.

"특히 순수 욕망에 대한 것은 […] 카타르시스의 기능을 통해
비극의 의미를 이해하는 것이다."[11]

공백은 우리 존재의 깊은 의미를 조용히 되묻는다. 그러나 기호들이 끊임없이 이어져 만들어내는 의미의 흐름 속에서, 그 고요한 공백은 점차 잊혀지고 만다. 이는 '나'라는 주체가 결국 언어라는 관계망 안에 자리하고 있기 때문이다. 따라서 진정한 공백을 지키기 위해서는 언제나 이 기호들의 의미 작용을 해체하려는 끊임없는 노력이 필요하다. 욕망을 품은 '나'는 사회가 공유하는 언어 속 욕망의 가치에 쉽게 휘둘리기 때문이다.

그렇다면, 우리는 어떻게 해야 틀에 갇힌 언어나 기호의 감옥에서 벗어나 자유로워질 수 있을까? 그 해답은 공백이 역동적으로 솟아나도록 촉진하는 동시에, 그 공백의 공간을 분리하여 지켜내는 개념에 주목하는 데 있다. 바로 라캉이 말한 '카타르시스'가

그 열쇠다.

특히 '순수 욕망'에 관한 문제는 새로운 요소를 도입할 수 있는 가능성을 열어준다. 라캉의 『세미나 7』권에 등장하는 '카타르시스의 기능을 통해 비극의 의미를 이해한다'는 문장은 순수 욕망과 카타르시스 간의 관계를 함축적으로 보여준다. 여기서 카타르시스는 '순수 욕망'을 추동하는 새로운 기제로 작동한다. 즉, 카타르시스는 욕망에 새로운 차원을 부여하는 기능을 수행한다는 것이다.

라캉은 카타르시스에 대한 새로운 해석을 제시한다. 그는 그리스 비극 〈안티고네〉에 주목하며, 그 작품에 내재된 카타르시스의 본질을 드러냈다. 그의 해석에 따르면, 안티고네는 가장 감동적인 방식으로 카타르시스를 구현하는 인물이다. 또한 『세미나 7』권에서는 카타르시스의 핵심 개념인 정화(purification)가 공백의 지점을 마련해주는 개념으로 설명되고 있다. 정화를 통해 새로운 주체를 재탄생시킨다는 것이다. 여기서 말하는 새로운 주체란, 카타르시스의 정화를 거쳐 새로운 기호의 경계를 세우고, 이전과는 다른 욕망의 창을 열어 세상 속에서 새로운 가능성을 모색하는 존재를 의미한다.

본래 아리스토텔레스가 『시학』에서 제시한 카타르시스의 세계는, 비극이 불러일으키는 연민과 공포 속에서 마음 깊은 곳에 쌓인 부정적인 감정을 깨끗이 씻어내는 신비로운 정화의 순간을 의미한다. 비극은 낯설고 불편한 감정들을 하나하나 어루만지며, 정화되지 않은 혼란스러운 부분들을 몰아내어 관객의 내면을 평온하게 다듬는다. 그렇게 마음의 균형을 되찾은 관객은 자신이 속한 공동체에 해를 끼치지 않도록 스스로를 지키는 법을 배우게 된다.

하지만 카타르시스에 관한 이야기는 여기서 끝나지 않는다. 시간이 흐르면서 다양한 관점들이 이 개념을 새롭게 해석해왔는데, 특히 라캉은 아리스토텔레스의 『시학』을 인용하며 비극의 카타르시스가 단순한 정화 이상의 의미를 지닌다고 주장한다. 그기 주목힌 카타르시스는 불안한 감정에서 벗어나 안정을 찾는 것이 아니라, 우리가 무심코 따르던 법과 규칙을 깨끗이 씻어내고 그 너머에 숨겨진 순수 욕망과 마주하는 용기다. 이 과정은 인간이 사회가 정해준 타자의 욕망을 무비판적으로 좇는 존재로 전락하는 것을 막아준다. 그리고 이러한 변화는 기존 질서가 메울 수 없는 텅 빈 공간을 분리하고, 그 공백의 자리를 유지할 때 비로소 가능해진다.

라캉은 욕망 그 자체의 화신으로서 안티고네를 찬양한다. 그녀는 공동체와 전통적 가치에 맞서 당당히 서 있는 인물이다. 즉, 상징계가 공유하는 욕망의 틀을 과감히 벗어나는 존재인 셈이다. 그러나 이러한 여정이 결코 순탄하지는 않다. 안티고네는 기존에 굳건히 자리 잡은 규범을 깨뜨리는 도전을 감행하고 있기 때문이다. 이 도전은 역설적으로 상징계를 흔들어 깨우며, 그 안에 숨겨진 실재의 힘을 드러내는 효과를 가져온다.

안티고네는 위반자임에도 불구하고 경건한 인물로 평가받는다. 이는 그녀의 위반 행위가 기존 질서를 정화하고, 그 결과 신비로운 공백의 공간에 이르는 카타르시스를 선사하기 때문이다. 라캉이 주목한 이 카타르시스는 단순한 정화가 아니라, 자신의 욕망에 거짓말하지 않는 진실한 주체를 탄생시키는 특별한 의미를 지닌다. 안티고네가 불러일으키는 카타르시스는 기존에 굳건히 세워진 주체의 좌표를 흔들며, 타자의 욕망이 만들어낸 상징적 질서를 새롭게 정화하는 경험을 하게 한다. 그리하여 안티고네는 우리 모두가 자신의 존재 좌표를 스스로 탐색하도록 이끄는 안내자로 자리매김한다.

06

카타르시스 효과를 지닌
'안티고네'는 개별 존재를 상징한다.

안티고네의 욕망은 '순수 욕망'이며, '순수 상태에 있는 욕망'이다.[12]

안티고네는 모두에게 똑같이 적용되는 법칙을 거부하며, 각자의 고유한 가치를 대변하는 존재로 빛난다. 그녀는 이미 확립된 법을 단호히 부정함으로써 오히려 그 법이 내포한 모순을 선명하게 드러낸다. 우리를 매료시키는 안티고네의 진정한 매력은, 타자가 만든 윤리적 규범에 굴복하지 않고 자신의 내면 깊은 욕망에 끝까지 충실했다는 점에 있다. 라캉은 이렇게 말한다. "안티고네의 욕망은 가장 순수한 욕망의 형태다."

기원전 441년경, 그리스 비극의 거장 소포클레스가 세상에 내놓은 『안티고네』는 이렇게 시작된다. 안티고네는 두 오빠를 둔 오이디푸스 왕의 딸이다. 오이디푸스는 스핑크스를 물리치고 테베의 왕좌에 오른 인물로, 자신의 아버지이자 이전 왕인 라이오스를 죽인 뒤, 왕비였던 자신의 어머니 이오카스테와 결혼하여 두 아들과 두 딸을 낳았다. 그러나 나중에 오이디푸스는 이오카스테가 자신의 생모임을 알게 되고, 분노에 휩싸여 두 눈을 스스로 뽑아내며 광야를 떠돌게 된다.

안티고네는 오이디푸스가 왕위를 떠나 방황하다 생을 마감한 후, 고향인 테베로 돌아온다. 그곳에서는 왕좌를 두고 벌어진 치열한 싸움 끝에 두 오빠가 모두 목숨을 잃는 비극이 벌어진다. 섭정이자 숙부인 크레온은 죽은 큰오빠 폴리네이케스를 반역자로 낙인찍고, 그의 시신을 짐승들의 먹잇감으로 내버려 둔다. 안티고네가 겪는 비극은 한 사건에 집중된다. 바로 크레온 왕의 금지령을 어기고 위험을 무릅쓰며 오빠의 시신을 정성껏 매장한 일이다. 폴리네이케스가 악행을 저질렀음에도 불구하고, 안티고네는 친족으로서의 의무를 지키려다 결국 처형당한다.

라캉은 『세미나 7권』에서 안티고네를 다음과 같이 묘사한다. 그녀는 "순수한 욕망, 즉 그 자체로서의 순수하고 단순한 죽음을 넘어, 욕망을 지키기 위해 한계까지 밀어붙이는 존재"라고 말한다. 안티고네의 파국을 초래한 행동은 바로 이러한 순수한 욕망에서 비롯되며, 그 욕망이 발산하는 아름다움은 우리에게 말로 다 표현할 수 없는 감동과 전율을 선사한다는 것이다.

크레온 왕은 안티고네를 테베 공동체에서 추방한 뒤, 서서히 죽음을 맞도록 한다. 안티고네는 이 과정에서 먼저 상징적인 죽음을 경험하고, 결국 자살함으로써 생물학적인 죽음에 이르게 된다. 따라서 안티고네에게 상징적인 죽음은 자연적인 죽음보다 먼저 일어나는 상태가 된다. 이때 공백을 유발하는 카타르시스의 효과는 생물학적인 죽음이 아니라, 상징적인 맥락 속에서 상징계의 종말 혹은 그 너머를 갈망하게 만드는 데 있다.

안티고네의 죽음은 단순히 운명에 휘둘린 수동적인 희생이 아니라, 그녀가 스스로 선택한 능동적인 결정이다. 라캉은 이를 카타르시스와 연결된 안티고네만의 독특한 아름다움으로 해석한다. 진정한 욕망의 주체가 되기 위해서는 견고해 보이는 상징적 질서의 균열을 발견하고, 그 안에 숨겨진 공백의 공간을 드러내야 한다. 법의 엄중한 처벌에도 굴하지 않는 안티고네의 욕망은 사람들로 하여금 깊은 카타르시스를 경험하게 한다. 결국 안티고네가 드러내고 이끄는 공백의 공간이야말로 라캉이 정의한 비극적 카타르시스가 실현되는 진정한 무대라 할 수 있다.

07

순수 욕망의 화신 '안티고네'는
불안을 섬광처럼 비춘다.

"우리를 매혹하는 안티고네, […] 섬광으로써 안티고네임을,
아주 잘 알고 있습니다."[13]

어떤 섬광처럼 강렬하게 번쩍이는 빛이 있다. 라캉은 안티고네를 바로 그런 섬광에 비유한다. 안티고네는 순간적으로 번쩍이는 섬광과 같아서, 말로는 설명할 수 없는 존재라는 것이다.

아주 잠깐 스쳐 지나가는 섬광은 갑작스럽게 나타나는 순간적인 현상이다. 이는 기호들이 촘촘히 연결된 상징계의 질서를 흔들어 놓는다. 상징계의 법칙과 규칙은 순차적이고 연속적인 시간 속에서 성립되기 때문에, 순간적으로만 나타나는 섬광은 결코 상징화될 수 없는 규범 밖의 현상이다. 섬광은 상징계의 불완전한 틈새에서 순간적으로 드러나는 실재의 모습인 것이다. 따라서 상징계의 주인인 크레온 왕에게 섬광으로써 안티고네는 반드시 배제하고 추방해야 할 불안의 대상일 뿐이다.

"우리를 매혹하는 안티고네, […] 섬광으로써 안티고네"라는 표현은 구체적으로 무엇을 의미하는 것일까? 안티고네의 욕망은 국가의 법을 어기고, 죽음을 무릅쓰면서까지 오빠의 시신을 묻으려는 데서 드러난다. 라캉은 이 한 사건 속에서 '섬광으로써 안티고네'를 발견한다. 과연 누가 이런 비현실적인 결정을 내릴 수 있을까? 안티고네는 국가의 법 앞에서 이렇게 외칠 것이다. "그럴 수밖에 없었어요." 안티고네는 법이 남지 못한 인륜적 필연성을 문제 삼고 있는 것이다.

인간 본연의 인륜적 필연성에 이끌려 안티고네가 저지른 비극적 죄는 바로 왕의 엄명을 거스르고 사랑하는 오빠의 시신을 묻은 행위이다. 이 사건은 〈안티고네〉 이야기의 핵심을 이루며, 그 안에서 여러 심오한 문제들이 드러난다. 엄밀히 말해, 〈안티고네〉에 관한 논쟁은 헤겔에 의해 처음 촉발되었다. 그는 안티고네를 '아름다운 영혼'으로 묘사하면서도, 그녀가 완전한 주체적 의식에 이르지 못했다고 해석한다. 헤겔은 안티고네와 같이 공동체를 부정하는 자세를 "의식은 자기의 생각이 미치는 대로 실체를 감싸고 있을 뿐이어서 특정한 개인의 의지를 지(知) 또는 비현실적인 명령으로서의 '…해야만 한다'(das Sollen)와 같은 형식적 보편성의 지로 간주되고 있을 뿐"[14]이라고 설명한다. 안티고네에 나타난 헤겔과 키에르케고르의 공통된 견해인 '…해야만 한다'는 인륜적 필연성은 안티고네가 자의식을 갖기 이전에 이미 감지한 피할 수 없는 운명과 비애임을 의미한다.

소포클레스는 〈안티고네〉를 통해 친족의 권리와 국가의 명령이라는 두 가치가 맞서며 빚어내는 갈등을 그렸다면, 라캉은 죽음을 무릅쓰고 저항하는 안티고네를 자신의 욕망에 충실한 인물로 평가한다. 라캉은 안티고네는 기존의 공동체 윤리 규범을 넘어서는 존재이자, '자신의 욕망을 포기하지 말라'는 정신분석적 윤리를 온몸으로 실현한 인물이다. 안티고네는 테베에서 추방된 주이상스이며, 그녀의 욕망은 "순수한 상태에 있는 욕망"이라고 말하고 있기 때문이다. 라캉에 따르면, "자신의 욕망과 타협하는 것은 언제나 주체의 운명을 배반하는 것"이며, 자신의 욕망을 포기하는 것은 곧 죄가 되는 것이다.[15]

국가의 금령을 따르게 하는 상징화는 '이해할 수 없는 그 무엇'을 나의 것으로 만드는 행위이다. 그러나 인륜적 필연성의 조건인 불가해성은 그 한계를 훌쩍 뛰어넘는다. 이해할 수 없다는 것은 인륜적 필연성을 따르며 상징계를 방황하는 안티고네가 실재의 신호라는 사실을 드러낸다. 안티고네는 법이 미치지 않는 삶의 미지의 영역을 드러내는 존재이기 때문이다. 상징계는 기표들의 촘촘한 연결망으로 이를 억누르려 하지만, 안티고네의 욕망은 마치 섬광처럼 번쩍이며 현실을 뚫고 나온다. 그 순간, 실재가 틈입하는 것이다.

라캉은 안티고네의 태도를 "강제로 눈을 감게 하면서도 잠시 스쳐 지나가는 섬광"에 비유했다. 현실 사회에서 이해타산에 얽매여 살아가는 우리 관객들은 이 비극을 통해 "위반의 순간과 맞닿은 강렬한 빛, 그리고 그 빛이 발하는 아름다움"을 경험하며 카타르시스를 느낀다. 그 찰나의 빛 속에서 우리는 일상의 굴레를 넘어선 새로운 감각을 체험하게 되는 것이다.

안티고네의 섬광을 통해 관객이 경험하는 카타르시스는 기존의 상징적 질서를 깨뜨리는 충동으로 작용한다. 이로 인해 카타르시스를 체험하는 주체는 자신이 타자의 욕망을 맹목적으로 좇고 있었던 것은 아닌지 스스로 의심하게 된다. 안티고네가 우리를 매혹하는 이유는, 지금까지 '올바름'의 기준을 강요해온 법과 규칙의 굴레에서 벗어나 자신의 욕망과 마주하게 만들기 때문이다. 따라서 안티고네를 통한 비극의 카타르시스는 상징계를 지탱하는 대타자의 질서를 해체하고 타자의 욕망으로부터 주체를 분리해내는 정화의 과정이라 할 수 있다.

키에르케고르에게 안티고네는
'운명처럼 정해진 불안'을 짊어진 존재다.

키에르케고르는 『이것이냐 저것이냐』 제1편 3장 「현대의 비극적인 것에 반영된 고대의 비극적인 것」에서 고대 비극 〈안티고네〉를 현대적인 시각으로 재해석하며, 비극 속에 내재된 불안의 본질을 탐구한다. 그의 주장에 따르면, 운명과 얽힌 감정의 중심에는 '불안'이 자리하고 있다. 키에르케고르는 '운명적으로 규정된 불안'을 통해, 운명을 온전히 이해하기 위해서는 주체 역시 운명처럼 이중적이고 양가적인 성격을 지녀야 한다고 역설한다. 고대 그리스 비극의 깊고 신비로운 비극성은 역사의 무게 아래 죄와 무죄의 양가성 사이에서 벌어지는 긴장을 통해 더욱 깊은 슬픔으로 발현되기 때문이다.

그리스 비극 속 안티고네는 아버지의 비극적인 운명에 무심한 듯 보인다. 그렇지만 그녀가 깨닫지 못하는 사이에 다가오는 필연성은, 다음 순간과의 관계를 통해 보면 오히려 우연처럼 느껴진다. 여기서 필연성은 운명과 우연이 뒤섞인 개념이다. 운명은 정신 그 자체는 아니지만, 정신과 깊은 정신적 유대를 맺고 있는 어떤 존재와 정신 사이의 관계를 의미한다. 키에르케고르는 "안티고네가 왕의 명령을 어기고 오빠를 묻기로 결심할 때, 우리는 그녀의 행동보다는 조상의 죄가 자손에게 미치는 운명적 필연성을 더 선명히 본다"고 말한다. 그런 운명의 굴레 속에서 오이디푸스와 그의 가족을 감싸는 슬픔은 더욱 짙어지고, 그것은 엄밀히 말해 정신은 아니지만, 안티고네와 불가피하게 얽힌 운명이라는 이름의 불안의 '무'이다.

불안은 곧 반성이기 때문에 운명은 불안과 불가분의 관계에 있다. "불안은 주체가 비애를 자기 것으로 받아들여 동화하는 기관이다. 불안은 사람들의 심장에 자신이 나아갈 길을 뚫는 운동의 힘이다."[16] 불안은 반성에 따라 규정되기 때문에, 두려움에 대한 어떤 갈망은 불안을 비애에 사로잡히게 한다. 이러한 불안의 양면성은 비애를 발견하고 인지하게 하지만, 동시에 그것에 순식간에

녹아든다. 이런 의미에서 키에르케고르는 "불안은 진정한 비극적
범주"라고 말한다.

08

오직 하나뿐인 자신을 찾으려면
'아테'의 경계로 나가야 한다.

우리는 이 아테를 넘어 아주 잠시만 머물 수 있을 뿐인데,
그곳이 안티고네가 향하고 싶어 하는 곳이다.[17]

라캉의 안티고네 해석에서 특히 눈에 띄는 단어가 있다. 바로 '아테(Atè)'다. 소포클레스의 작품에서 스무 번이 넘게 등장할 만큼 중심적인 개념인 이 단어는, 인간 존재가 잠시 넘볼 수 있는 삶의 경계선을 의미한다. 마치 번쩍이는 섬광처럼 우리는 그 경계를 잠시 엿볼 뿐이다. 이 경계는 상징계의 한계이며, 바로 안티고네가 향하는 지점이기도 하다.

안티고네가 오빠를 묻어주는 행위가 중요한 이유는 무엇일까? 라캉은 이 문제를 소포클레스의 원작에서 사용된 '아테' 개념을 통해 설명한다. 아테는 상징계 바깥에 위치한, 대체할 수 없는 단어로서, 인간의 삶이 잠시나마 넘나들 수 있는 경계를 의미한다.[18] 우리는 섬광이 번득이는 순간처럼 아주 잠시 동안만 아테의

경계에 닿을 수 있다. 바로 그 지점이 우리로 하여금 진정한 '무에서의' 공백을 체험하게 한다.

아테를 통해 살펴볼 수 있는 안티고네의 또 다른 특징은, 결코 대체될 수 없는 존재를 향한 그녀의 절대적인 집념에 있다. 이러한 점은 『소포클레스 비극 전집』에 수록된 안티고네의 독백에서 분명히 드러난다. "남편이 죽으면 다른 남편을 구할 수 있고, 아이가 죽으면 다른 남자에게서 다시 태어날 수 있을 거예요. 하지만 어머니도 아버지도 모두 하데스에 가 계시니, 내게 오라비가 다시는 태어나지 않겠지요." 이 대목에서 우리는 국가의 법을 상징하는 크레온에 대한 안티고네의 저항이 오직 오빠의 유일성과 대체 불가능성에 근거하고 있음을 알 수 있다. 오빠를 묻어주려는 순수한 욕망에서 비롯된 안티고네의 행동은 친족의 권리를 강조하는 동시에 우리에게 강렬하고 숭고한 아름다움을 선사한다. 라캉은 이를 '무로부터' 탄생하는 카타르시스와 깊이 연관된 아름다움의 효과라고 설명한다.

이처럼 아테는 대체할 수 없는 고유한 가치와 특성을 의미하는 용어이다. 우리가 세상에 단 하나뿐인 가치를 지닌 존재로서 자신을 증명하기 위해서는, 필연적으로 아테의 영역에 도달해야 한다. 진정한 새로움을 통해 대체 불가능한 존재로 거듭나고자 한다면, 우리는 기꺼이 아테라는 금지된 경계를 넘어야 할 것이다.

그동안 서구 철학 전통은 대상을 포착하는 의식의 명료함에 천착해 왔다면, 아테는 인식의 울타리 너머, 규정되지 않은 삶의 바

깔을 엿볼 수 있게 하는 개념이다. 라캉은 『세미나 10권』에서 인식의 본질적 특성을 강조하는 철학이 욕망의 대상이라 부르는 것에 대한 이해를 어렵게 만들었다고 지적한 바 있다. 아테는 안티고네가 지닌 욕망의 대상이자, 한계를 넘어 실재와 충동의 주이상스 주체가 되도록 하는 힘이다. 안티고네의 아름다운 광채는 상징계를 지탱하는 기표의 연쇄를 강렬한 파괴력으로 끊어내어 실재에 도달하게 한다. 라캉은 안티고네가 봉쇄된 현실에 저항하며 스스로 한계를 넘게 된 이유를 아테 개념에서 찾았다. 죽음을 무릅쓰고 오빠의 시신을 매장했던 '위반의 순간'은 안티고네가 아테의 영역으로 진입했음을 알리는 실재적 사건이자, 상징계의 한계를 넘어서는 순간이다. 바로 이 극한의 경계 지대에서야 비로소 우리는 타자의 욕망과 무조건적으로 동일시하는 태도가 주체의 사유와 행동을 어떻게 제약하는지 근원적으로 회의할 수 있게 된다.

현대의 아테란, 주체가 온전히 나로써 존재하기 위해 학벌, 가문, 재력 같은 사회적 굴레를 넘어 탈주하게 만드는 비밀스러운 영역이다. 이 대체 불가능한 존재의 실존은 흔한 말들로 결코 정의될 수 없다. '무로부터' 시작하려는 이에게 세상이 인정하는 것들은 모두 '텅 빈 기표'에 지나지 않는다. 우리의 삶이 그토록 공허하게 느껴지는 이유 역시, 실체 없는 그 기표들을 맹목적으로 좇아왔기 때문이다.

아테는 이미 정해진 틀에 가두기 어려운, 오직 하나뿐인 존재의 본질을 의미한다. 본래 이성이 작동하기 위해서는 범주라는 전제 조건이 필요하며, 이 범주가 성립하려면 인식 대상이 동일성이라는 고정된 상태에 머물러야 한다. 그러나 문제는 범주가 필연적으로 개별성을 지운 보편성을 추구한다는 점이다. 바로 이 때문에 아테는 보편성의 대척점에서 자신만의 길을 가려는 안티고네가 반드시 통과해야 할 길목이 된다.

키에르케고르는
새로운 철학적 범주를 지향한다.

키에르케고르는 새로운 철학적 범주를 창출하기 위해 많은 노력을 기울였다. 그는 1843년에 발표한『반복』에서 새로운 철학적 범주를 처음으로 제시하였으며, 이후 1844년에 출간된『불안의 개념』을 통해 이를 더욱 발전시켰다.

반복은 일반화의 과정이기 때문에 비교적 쉽다. 이는 반복할 만한 유사성을 지닌 일반성을 바탕으로 하기 때문이다. 그러나 키에르케고르에게 반복은 모든 형태의 일반성에 반하는 위반이며, 예외적인 단독성을 추구하는 행위다. 이는 개체가 지닌 고유한 단독성을 다수가 공유하는 특수성으로 대체하려는 사고와 정면으로 맞서는 것이다. 여기서 말하는 단독성은 세상에 단 하나뿐인 가치를 지닌 존재의 고유한 특성으로, 안티고네가 향하는 아테의 경계에서 발견할 수 있다. 이는 대체 불가능한 존재로 거듭나기 위한 길이다.

　키에르케고르는 단독성을 신과 직접 대면하는 실존가의 본질적인 특성으로 정의한다. 그는 기독교 구약성서에 등장하는 '아브라함'을 예로 들며, 단독성을 얻기 위해서는 '믿음'이라는 새로운 범주가 반드시 필요하다고 주장한다.

　이성의 보편적 법칙을 넘어선 믿음을 선택하는 종교적 단계를 강조한 『공포와 전율』에서 키에르케고르는 다음과 같이 말한다. "믿음은 사유가 멈추는 바로 그 지점에서 시작된다." 즉, 신앙은 개인이 보편적인 사고로는 도달할 수 없는, 더 높은 차원의 역설이라는 것이다. 이를 바탕으로 키에르케고르는 개별자가 보편적인 것보다 더 높은 것에 서 있다는 역설을 내세우며 그 상징으로 아브라함을 제시한 것이다. 또한, 종교적 색채가 두드러지는 그의 또 다른 저작 『철학적 단편 후서』에서는 "주체적인 진리는 객관적으로 하나의 역설이다. 따라서 진리의 역설적 성격은 곧 객관적 불확실성이다"라고 역설할 정도이다. 이처럼 키에르케고르는 당시 지배적이었던 헤겔 철학의 객관적 사유 경향을 비판하며, 역설을 통해 단독성의 개념을 구체화하고자 했다.

　불안의 개념을 정립하기 위해, 키에르케고르는 『반복』에서 개별자의 문제를 다루며 반복의 의미를 명확히 밝힌다. 그는 "반복과 상기는 동일한 운동이지만, 단지 방향이 반대일 뿐이다. 즉, 상기는 이미 있었던 것을 뒤로 향해 되돌아보는 것이고, 진정한 반복은 앞으로 나아가며 반복되는 것이다"라고 말한다. 그리스인들이 진리를 인식하는 상기는 바로 이러한 동일한 것의 재현으로, 이미 존재했던 것을 다시 떠올리는 행위다. 상기는 동일한 것의 반복이지만, 이는 가설적인 관념의 반복에 불과하다. 다시 말해, 상기는 유사성의 질서가 유지된 상태에서 동등함을 재현할 뿐이며, 이 과정에는 유사성의 질서를 벗어나기 위한 타자가 존재하지 않는다. 이 말은 라캉의 상징계를 보완하는 실재가 없다면, 보편성에서 벗어날 수 없다는 의미를 지닌다.

키에르케고르의 '반복' 개념을 인용한 들뢰즈는 그의 대표작 『차이와 반복』에서 다음과 같이 말한다. "반복은 해학과 반어가 깃든 특별한 사건이다. 반복은 본질적으로 규칙을 깨뜨리는 예외적인 순간이다." 이는 반복이 모두에게 적용되는 보편적 법칙과 정면으로 충돌하기 때문이다. 니체와 마르크스의 사상에 영향을 받은 들뢰즈는 동일성의 틀로는 포착할 수 없는 새로운 차이를 탐구하고자 했다. 그는 『차이와 반복』에서 키에르케고르와 니체를 "철학에 새로운 표현 방식을 도입한 인물들"로 높이 평가하며, 법칙으로서의 보편성을 비판하고 위반으로서의 반복을 새롭게 정립했다.

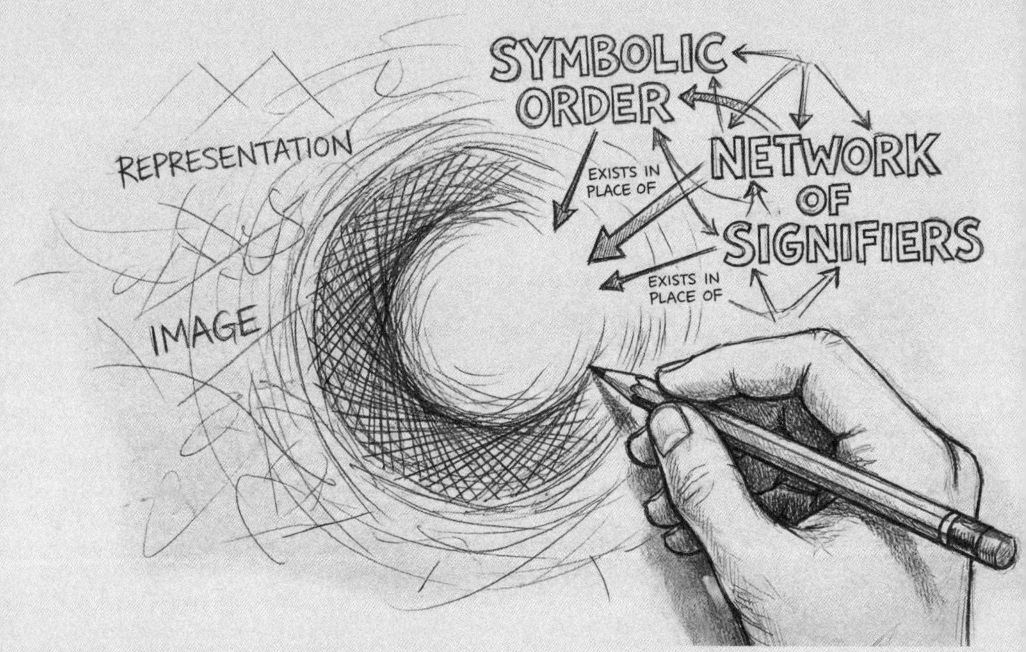
REPRESENTATION
IMAGE
SYMBOLIC ORDER
NETWORK OF SIGNIFIERS
EXISTS IN PLACE OF
EXISTS IN PLACE OF

결여의 결여는
욕망의 발달을
멈추게 한다.

라캉은 인간이 마음 한가운데 텅 빈 구멍과 같은 공백, 즉 결여를 지닌 존재임을 강조한다. 그러나 현대 영상문화는 주체가 이러한 결여를 느끼지 못하도록 결여를 메우려는 경향이 있다. 예능 프로그램이 확장되면서 심지어 비극조차 희극으로 전환되며 결여를 숨기고 있다. 하지만 불안은 결여가 사라졌음을 알리는 위험 신호다.

01

상징계가 초래하는 결여는
곧 공백을 의미한다.

'대상 a'의 위치가 결여의 자리이다. [1]

우리는 누구나 내면에 결여라는 공백을 안고 살아간다. 때로는 자신의 정체성 한가운데 뚫린 텅 빈 구멍을 마주하며 깊은 공허함을 느끼기도 한다. 라캉이 『세미나 10권』에서 '결여'를 '대상 a'와 '공백'이라는 용어와 함께 거의 동의어처럼 사용하는 맥락도 이와 닿아 있다. 불안이라는 현상을 이해하기 위해서는 이들 개념과 함께 고찰해야 하기 때문이다.

이성 중심 사고로 가득 찬 서양 철학의 역사는 인간 주체가 결여를 지닌 존재라는 사실을 은폐하고 이를 메우려 해왔다. 그러나 프랑스 현대철학의 흐름 속에서 주체에 대한 새로운 이해를 모색한 라캉은 인간이 텅 빈 구멍과 같은 공백을 지닌 존재임을 강조하기 위해 결여라는 개념을 사용한다. 라캉에게 결여란 단순히 인식 가능한 경험적 대상의 상실과는 전혀 다르다. 진정한 결여는 상징계 내에서 기표화될 수 없기에 필연적으로 배제될 수 밖에 없는, 존재의 근원적 결여에서 비롯된다.

주체의 결여는 어떻게 발생하는가? 라캉에 따르면, 욕망은 존재 결여에서 비롯된 소외의 표현이다. 그는 "글자가 살해한다"라고 말하는데, 이는 언어가 '사물'을 타살한다는 의미이다. 여기서 '사물'은 기표로 포획될 수 없는 어떤 것으로, 존재의 측면에서 자기 정체성을 뜻한다. 인간은 상징화 과정을 통해 언어로 호명되며 사회적 주체로 태어나지만, 동시에 의미를 부여받지 못한 '사물' 들은 배제되어 존재의 결여라는 소외를 경험하게 된다. 상징계가 결여를 초래하기 때문에 인간은 본질적으로 끊임없이 욕망하는 존재일 수밖에 없다.

라캉이 말하는 결여에는 세 가지 형태가 있다. 이를 이해하기 위해서는 『세미나 4권』에서 제시된 좌절, 박탈, 거세 개념을 참고할 필요가 있다. 이 세 가지는 시간적 순서에 따라 발생하는 것이 아니라, 서로 중첩되거나 순서가 바뀔 수도 있다. 상징계에 진입하면서 형성되는 주체에게 좌절, 거세, 박탈은 모두 주체의 소외를 의미하며, 존재 결여를 초래한다.

좌절은 단순한 욕구의 불충족이 아니다. 어머니와의 모자 관계에서만 경험할 수 있는 완전한 만족이 거부될 때 좌절이 발생한다. 만약 어머니로부터의 좌절이 전혀 없다면 어떤 문제가 발생할까? 아이는 '결여의 결여' 상태에 놓이게 되고, 그 결과 욕망의 발달은 멈추게 된다. 이는 좌절이라는 결여가 존재하지 않기 때문이다. 따라서 좌절은 결여를 모르는 나르시시즘적 만족의 함정에 빠지지 않도록 도와주며, 결여를 통해 비로소 욕망하는 주체로 서게 하는 필수적인 계기가 된다.

인간은 욕망의 좌절을 경험하면서 상징계에 진입하게 된다. 이 과정에서 겪는 거세와 박탈은 상징계로 들어가는 통과의례로 여겨진다. 거세는 상징화 과정에서 아이가 어머니와의 상상적 의존 관계를 벗어나 욕망의 주체로 거듭나는 데 가장 중요한 역할을 한다. 라캉이 말하는 거세는 상징화, 주체화, 그리고 사회화를 실현하는 과정이다. 상징계에 진입한 주체가 겪는 소외는 박탈의 결과로 나타난다. 주체는 상징계 내에서 언어에 포획됨으로써 자기 소외와 분열을 경험하며, 그 대가로 '주이상스'(향유)를 상실하게 된다. 그러나 좌절된 욕망은 역설적이게도 실재로 나아가고자 하는 주이상스로 전환된다.

상징계에서 아버지의 법을 통해 주체가 탄생한다는 것은 기표의 연쇄에 얽매이게 됨을 의미한다. 대타자의 세계가 남긴 박탈은 해소되지 않기 때문에, 주체는 실재를 갈망하게 되고 그 자리는 결여라는 공백으로 남는다.

라캉이 통찰했듯 인간의 욕망은 대타자의 욕망이기에, 상징계 속의 주체는 자신의 결여를 메우기 위해 끊임없이 욕망할 수밖에 없는 것이다. 그래서 욕망은 곧 결여의 다른 이름이 된다. 이러한 결여의 자리에서 앞서 언급한 '대상 a'를 발견할 수 있다. 인식의 공백 속에 위치하는 '대상 a'는 기표의 연쇄가 끊어지는 틈에서 나타나는데, 이는 언어의 한계이자 결여을 드러내는 지점이다. 욕망은 본질적으로 결여의 상태이기 때문에 결코 채워질 수 없는 것을 욕망한다는 모순적인 의미를 지닌다. 이로 인해 결여와 욕망의 기능 사이에는 간극이 생기고, 그 틈새에 불안이 자리 잡는 것이다.

자아 이상과의 동일시는
결여를 메우려는 현상이다.

사람들은 안락한 일상을 원하지만, 결여가 드러나면 그 평온함이 위협받게 된다. 이에 상징계의 주체는 결여를 메우기 위해 대타자와의 절대적 동일시를 추구한다. 여기서 대타자란 법, 부모, 혹은 대의명분과 같은 상징적 권위를 뜻한다. 상징계는 대타자가 제시하는 '자아 이상'이라는 동일시 대상을 통해, 타자의 욕망을 좇게 만드는 집단적 최면 현상을 더욱 강화한다.

전통적으로 부모님들은 아이들에게 국가나 사회와 같은 공동체를 위해 자신을 희생한 위인들의 이야기를 담은 동화를 읽어 주셨다. 이러한 서사는 자아 이상의 상징으로서 기능하며, 주체가 따라야 할 모범적 표상을 제시하기에 충분했기 때문이다. 그러나 현대에서는 대중매체를 통해 자아 이상이 형성되고 있다. 전 세계 젊은 층이 이른바 K-팝에 열광하는 현상은 이러한 변화를 단적으로 보여준다. 이처럼 현실 사회에서는 결여를 대리 보충하려는 자아 이상의 양상이 끊임없이 변화하고 있다.

원래 프로이트는 1923년에 '초자아'라는 용어를 '자아 이상'이라는 개념과 유사한 것으로 소개하였다. 즉, 자아 이상을 초자아의 일부로 해석한 것이다. 그러나 라캉에게 있어 대타자의 욕망으로 형성되는 자아 이상과 내면의 법으로 군림하려는 초자아는 서로 다른 지향점을 가진다. 자아 이상은 끊임없이 새로운 기표를 창조하는 개념으로, 주체는 자아 이상의 의미망이 자신의 결여를 채워줄 것이라 기대하며, 한 기표에서 다른 기표로 끊임없이 자리를 옮기면서 욕망을 환유적으로 따라간다.

상징계에서 욕망은 '대타자의 욕망'으로 이해되며, 이는 곧 '타인에게 욕망의 대상이 되려는 욕망'이자 '타인으로부터 인정받고자 하는 욕망'을 의미한다. 다시 말해, 인간의 욕망은 본질적으로 타자의 욕망에 의존할 수밖에 없다는 것을 뜻한다.

그러나 상징계라는 현실 사회에서 결여를 부정하는 대타자의 욕망에 맹목적으로 동일시하는 것은 삶의 어려움을 초래할 수 있다. 잘못된 대타자와의 동일시는 주변 환경의 요구에 얽매인 사람이 되거나, 타인의 모범이 되어야 한다는 사회적 역할에 집착하는 강박 속에서 살아가게 만든다. 더 나아가 다른 사람의 말을 쉽게 믿고 속아 넘어가는 사람이 될 위험도 있다. 즉, 사기를 당하는 것에 취약한 사람이 될 수 있다는 뜻이다. 이는 텅 빈 기표 속에서 주체적 욕망을 잃고 타자가 주입하는 욕망에 의존하기 때문이다. 그래서 라캉은 '순수 욕망'을 통해 남들과 똑같은 욕망을 즉시 멈춰야 한다고 강조한 것이다.

불안은 자신 안에 내재한 결여 상태를 인정하게 함으로써 상징계에 대한 집착에서 벗어나도록 돕는 역할을 한다. 이는 상징계 내에 존재하는 빈 공간이자, 상징계의 불완전함을 드러내는 결여의 지점을 알려주는 신호이기도 하다. 그래서 라캉은 불안을 '실재의 신호'라고 부르며, 대타자의 욕망을 단순히 욕망하는 삶에 머무르지 말고 그 너머에 있는 실재를 향해 나아가야 한다고 강조한다. 불안은 상징계와 연동된 사회 시스템이나 각종 트렌드가 불변의 진리가 아니라, 단지 일시적이고 허구적인 현상에 불과함을 깨닫게 해준다.

현대 사회에서 인공지능의 급속한 발전은 기존의 낡은 지식이나 견해에 기반한 자아 이상을 순식간에 배척하고 있다. 국가나 사회의 요구, 그리고 주변 환경의 영향으로 형성된 가치관을 우위로 받아들이게 하던 자아 이상의 붕괴는 심각한 정신적 혼란을 초래한다. 이러한 정신적 혼란은 상징 체계를 흔들며 결여 지점을 드러내지만, 역설적으로 자아 이상의 몰락은 주체가 개별적 가치를 자각하게 만드는 계기가 된다.

결여를 봉합하려는 욕망의 대상은 주체마다 상이한 기표로 나타난다. 어떤 이에게는 부나 명예일 수 있고, 또 다른 이에게는 학벌이라는 사회적 상징이 그 자리를 대신한다. 우리는 무언가를 소유함으로써 완벽한 삶을 살 수 있다고 믿기 쉽다. 그러나 라캉은 '공백 속에 감도는 불안'이라는 개념을 통해, 결여와 불안이야말로 주체의 가장 본질적이고 정상적인 상태임을 역설한다.

키에르케고르에게
결여는 '모순'으로 표현된다.

결여는 키에르케고르에게 '자기'라는 개별자를 정립하는 과정에서 나타난다. 키에르케고르가 『불안의 개념』 각주에 덧붙인 내용에 따르면, 개별자(개별적인 것)에서 중요한 것은 보편적인 것에 대한 부정적 관계이며, 보편자에 대한 반발적 관계이다.[2] 개별자는 보편적인 개념이나 원칙을 따르는 보편자에 귀속되는 것이 아니라, 그것으로부터 튕겨 나와 독립적으로 살아가는 존재이기 때문이다.

칸트의 도덕법칙을 염두에 두고 구분한 윤리적 단계는 보편성을 지향하지만, 개별자는 그것과 부정적인 관계를 형성하며 개별적인 것을 확립하는 과정에서 모순을 드러낼 수밖에 없다. 모순이 드러나는 순간, 윤리적 단계의 삶에서 불안을 경험하게 된다.

라캉에게 결여는 주체가 대타자의 욕망에 귀속되는 과정에서 발생하는 반면, 키에르케고르에게 모순은 윤리적 단계에서 보편자가 개별자를 흡수하는 과정에서 발생한다. 어떤 사람이 사유를 통해 개별자를 인식하는 순간, 그 개별자는 변질된다. 개별적 의식을 소유하는 '자기'는 보편적인 것(개념적 언어)으로 매개되어 있는 것으로는 이해할 수 없으며, 자기의 내용과 대상에 대해서는

 2부 라캉의 '불안'에 대하여

개념적 언어와 이론으로 설명될 수 없다. 어쨌든 참된 '자기'는 오로지 질적 비약을 통해서만 정립된다.[3] 이 말은 보편자에서 벗어나 개별자로 재정립되는 그 어떤 자기는 질적 도약을 통해 자기 자신에 대한 새로운 인식을 얻게 될 것이라는 의미를 지닌다.

그러나 모순은 모두 영원성 안에서 해소된다. 키에르케고르에 따르면, '영원성은 보편적 의식을 거부하는 참된 반복'이기 때문에, 오직 그런 반복 속에서만 진정한 개별자가 형성된다. 이는 라캉이 결여를 자신의 것으로 받아들이는 길은 실재에 있다고 보았던 관점과 맥락을 같이 한다. 실재는 상징계 바깥에 존재하며, 그곳은 새로운 존재 의미와 가치를 담고 있어 침묵하지 않으면 도달할 수 없기 때문이다.

키에르케고르에게도 모순을 해소하는 영원성은 명확한 언어로 표현되는 사유를 드러내지 않고, 무규정한 무엇인가를 품은 공백으로 탈주하는 공간이다. 키에르케고르는 자신의 『일지』에 다음과 같이 적었다. 내면성은 영원성이라고 단언하며, "내면성은 영원성이거나 아니면 인간 안에 있는 영원한 것의 구성 요소이기 때문이다. 어쨌거나 사람들은 영원성을 진지하게 생각하려고 하지 않은 채, 다만 영원성에 대해서 불안해한다."[4] 이것이 바로 결여라는 의미를 지닌 모순이 더욱 심화되는 이유이다. 내면성이 결여될 때, 인간의 정신은 항상 보편자에 귀속되며, 그로 인해 인간은 항상 마음 속 갈등을 일으키는 모순 속에 놓이게 된다.

02

욕망이 발달하는 조건은
존재 결여와 관련이 있다.

"욕망은 존재 결여의 관계이다. 이 결여는 엄밀히 말해 존재 결여이다. [5]

인간은 내면의 결여를 느끼기 때문에 욕망하며 그 결여를 메우기 위해 특정 대상에 집착하게 된다. 이때 자본은 욕망의 대상에 환상을 덧입히는 역할을 한다. 예컨데 명품이나 고급차를 구매함으로써 욕망을 충족시키고 동시에 결여를 메우려는 것이다. 이러한 과정이 반복되면서 자본을 기준으로 인간을 평가하는 것은 당연한 것처럼 생각하게 된다.

그러나 라캉이 말하는 결여는 단순한 현상적인 결핍을 의미하지 않는다. 그는 이를 욕망을 촉발하는 결여, 즉 존재 결여로 정의한다. 이러한 결여는 주체가 언어를 통해 형성되는 과정에서 발생한다. '말하는 주체'는 이미 자신의 존재적 충만함을 상실하는 대가로 상징계에 진입하기 때문이다. 언어의 한계가 결여의 근원이므로, '말하는 주체'는 존재 결여를 끊임없이 반복해서 경험하게 된다. 라캉은 이 존재 결여의 표현을 '욕망'이라고 정의한다. 이 욕망은 모든 인간 경험의 중심에 자리 잡고 있지만, 구체적으로 특정한 대상을 향한 욕망은 아니다. 주체는 상징계의 기표 연쇄 속에서 그 대상을 찾으려 하지만, 상징계의 한계 때문에 욕망은 항상 결여를 중심으로 맴돌 수밖에 없다. 따라서 주체는 자신의 존재 결여를 채우기 위해 무언가를 욕망하게 된다. 앞서 설명한 바와 같이, 라캉은 이 '무언가'를 '대상 a'라는 개념으로 설명한다.

라캉은 욕망을 결여의 또 다른 표현이라고 정의한다. 욕망이 탄생하는 것은 결여와 밀접한 관련이 있기 때문이다. 결여를 인식하게 하는 조건이 있다면, 욕망을 자극하는 역할에 대해 보다 구체적으로 이해할 수 있을 것이다. 결여가 없는 완전한 존재라고 여겨졌던 대타자 역시 결여에 시달리는 욕망하는 존재임을 깨닫는 순간, 주체의 분리가 시작된다. 이제 주체는 대타자에 종속된 욕망에서 벗어나 자신의 고유한 욕망이 무엇인지 탐색하며, 상징적 질서 속 빈자리인 구멍에서 섬광처럼 틈입하는 실재와 접촉하게 된다. 이러한 분리는 대타자가 주체의 구조를 안정적으로 지지해 줄 것이라는 믿음에 의문을 제기하고, 그 의문은 주체에게 불안을 불러일으킨다. 이 불안은 결여의 지점을 드러내는 공백 속에서 발생하기 때문이다. 결국 주체는 결여를 채우기 위해 욕망하게 되며, 이는 곧 실재에 대한 갈망과 다르지 않다.

　이처럼 주체가 자신의 욕망을 경험할 수 있는 지점이 바로 결여의 자리임은 분명해진다. 라캉은 이미 『세미나 2권』에서 "결여는 엄밀히 말해 존재 결여이다. […] 존재는 이 결여의 기능 속에서, 욕망의 경험을 통해 존재로서의 자각을 얻는다"라고 언급한 바 있다. 그러나 존재에 대한 자각은 결코 쉽지 않다. 라캉에 따르면, 결여의 자리에서 나타나는 불안이나 욕망은 그 자리가 비어 있어 정확히 어디인지 알 수 없기 때문이다. 그곳은 우리 존재의 핵심인 '공(空, vide)'처럼 텅 비어 있어 어떠한 방법이나 수단으로도 완전히 파악할 수 없기 때문이다.

　상징계에서 욕망이란 본질적으로 다른 무언가에 대한 끊임없는 탐색일 수밖에 없으며, 욕망을 만족시킬 수 있는 특정한 대상은 존재하지 않는다. 라캉은 『세미나 2』에서 욕망이 모든 인간 경험의 중심에 놓인 기능이지만, 특정한 이름을 붙일 수 있는 대상을 향한 욕망은 아니라고 말한다. 그래서 주체는 언어로 구성된 상징계를 넘어 그 너머에 있는 실재를 향할 수밖에 없다.

　욕망은 결여 자체이기에 채워질 수 없다. 다시 말해, 욕망이란 결여를 향한 것이며, '무'와 같이 아무것도 없는 대상을 원하기 때문에 그 욕망이 충족될 수 없는 것은 필연적이다. 표상할 수 없는 기의의 세계인 그곳은 실체도 없고 물질성도 없는 텅 빈 심연이다. 바로 이 공백, 즉 결여의 지점은 그 어떤 이름도 붙일 수 없는 욕망의 대상이 존재하는 장소가 된다.

03

욕망의 핵심으로 꼽히는 지점을
'아포토스'라고 한다.

주체는 사유하는 의식의 주체가 아니라
바로 욕망의 기능 속에서 유지되는 주체이다. [6]

　　'사유하는 의식의 주체'는 대타자의 질서에서 벗어날 수 없다. 이는 주체와 대타자의 관계가 하인과 주인의 관계와 유사하기 때문이다. 따라서 『세미나 10권』에서는 욕망의 기능 속에서 유지되는 주체를 강조한다. 이러한 주체는 '대상 a'를 통해 자신의 결여를 인식하며, 불안의 위치와 기능을 탐색한다. 그리고 불안을 자신의 욕망을 탐구하는 지렛대로 삼는다. 불안은 주체가 근원적 욕망에 따라 행동하도록 이끌기 때문이다. 이처럼 주체는 욕망의 기능 속에서 유지되며, 욕망은 인간 본질의 핵심이 된다.

　　욕망이 인간 본질로 여겨지는 이유는 주체의 현실이 '무로부터'(ex nihilo)와 같은 근본적인 구조적 공백 위에 세워지기 때문이다. 라캉은 이미 『세미나 7』에서 순수 욕망의 기능 속에 담긴 인간 본질을 탐구한 바 있다. 이러한 연구의 연장선상에서 『세미나 8』에서는 '전이(Transference)'를 중심 주제로 삼아, 불안을 매개로 조율되는 욕망을 설명하며 욕망과 불안의 관계에 대해 더욱 심도 있는 논의를 펼친다.

플라톤의 대화편 『향연』에서는 사랑에 관한 논의가 매우 엄밀하고 완벽하게 다뤄지고 있다. 이 작품에서 플라톤은 소크라테스의 입을 빌려 사랑(에로스)의 본질과 그 철학적 의미를 깊이 탐구한다. '향연'이란 비극 대회에서 우승한 젊은 작가 아가톤을 축하하기 위해 열린 연회 다음 날, 소크라테스를 포함한 일곱 명이 나눈 대화를 뜻한다.

『향연』에 대한 라캉의 해석에서 욕망의 핵심으로 꼽히는 지점은 바로 이것이다. 소크라테스와 대화한 제자들이 그에게 붙여준 별칭, 바로 '아토포스(atopos)'다.

향연에 참여한 이들에게 소크라테스는 괴짜처럼 늘 공상에 잠겨 있었고, 기존의 삶의 틀로는 도저히 분류할 수 없는 독특한 존재였다. 그가 아포토스라 불리는 이유는 그의 존재 위치를 정확히 알 수 없기 때문이다. 소크라테스는 끊임없이 타자의 자리에서 머물렀다. 따라서 아포토스란, 장소가 비어 있어 그곳이 어디인지 알 수 없는 공백을 의미한다. 동시에 아포토스는 어떤 범주에도 속하지 않기에, 전형적이고 상투적인 것에 대해 저항하는 성격을 지닌다. 라캉이 욕망의 구조 속에서 존재의 아포토스를 이해할 때, 욕망의 자리는 '무로부터' 시작되는 듯한 비어 있음으로 해석된다. 즉, 욕망은 있지만, 욕망하는 타자의 위치는 알 수 없다는 뜻이다. 소크라테스가 추구하는 본질은 바로 이러한 공백이다. 그래서 그에게 비어 있음은 대상이 부재한 상태가 아니라, 인식할 수 없는 대상을 가리키는 표현이다. 그는 실재 속에서 욕망의 특특함에 기적처럼 부응하는 유일한 존재인 것이다.

라캉은 『세미나 8권』에서 오랜 시간 동안 『향연』을 분석하며 전이 개념을 설명하려 시도했으나, 전이에 대한 명확한 정의를 제시하지는 않는다. 이는 전이를 직접적으로 언급하기보다는 우회적으로 설명했기 때문이다. 그러나 『세미나 11권』에서는 욕망의 주체로 거듭나는 전이 과정에 대한 보완적인 설명을 찾아볼 수 있다. 전이는 '고르디우스의 매듭(Gordian Knot)'을 통해 주체가 확실성을 추구하는 방식을 이해하는 데 도움을 준다. 전설 속 고르디우스의 매듭은 매우 복잡하여 아무도 쉽게 풀 수 없는 문제를 상징한다. 라캉은 이를 바탕으로 전이를 다음과 같이 설명한다. 만약 욕망이 인간 존재에 얽힌 매듭과 같은 현상이라면, 전이는 바로 이 욕망과 밀접하게 연결된 매우 중요한 현상이라는 것이다. 이 문장은 인간 존재 안에 욕망처럼 결코 풀리지 않는 매듭이 존재하며, 전이는 설명할 수 없는 방식으로 우리로 하여금 순수한 존재를 욕망하게 만든다는 의미를 담고 있다. 다시 말해, 욕망의 구조 속에서 존재의 아포토스는 언어로 규정할 수 없는 주체의 자리로 우리를 이끈다는 것이다.

그곳은 충동과 동일시되는 주이상스 차원의 욕망이 깃든 장소이다. 라캉은『세미나 11권』에서 전이를 일으키는 원인을 '대상 a'라고 명명하며, 이를 간단히 충동이라고 설명한다. 아토포스를 욕망하는 주체는 전이를 통해 자신 안에 숨겨진 충동을 현실화하고 드러내게 된다는 것이다. 이에 따라 라캉이『세미나 7권』에서 분석한 안티고네의 욕망은 순수 존재에 다가가게 하는 주이상스 차원의 욕망으로 구분할 수 있다. 이는 위반과 저항을 통해 상징계에 순응하는 기존의 욕망하는 주체를 벗어나, 주이상스 차원을 넘나드는 새로운 주체로 변화시키는 의미를 지닌다.

라캉이『세미나 10권』초반부에서는 주체가 인식할 수 없는 '대상 a'의 출현에 불안을 느낀다고 설명한다. 그러나 후반부에서는 '대상 a'가 부재할 때 오히려 불안이 발생한다고 말한다. 이는 모든 충동이 욕망과 밀접하게 연결되어 있음을 보여준다. '대상 a'는 바로 충동 속에 내재하는 존재이기 때문이다. '대상 a'가 드러내는 존재의 결여 상태는 충동의 근원이 된다. 이처럼 라캉은『세미나 10권』에서 불안과 욕망, 나아가 주이상스와 욕망의 중심에 위치한 불안을 전면에 내세우며, 주체가 자신의 욕망을 적극적으로 탐색할 수 있는 가능성의 세계를 열어준다.

키에르케고르에게 순수 존재는 '자유의 현기증'을 통해 탐색된다.

존재의 아토포스는 설명할 수 없는 방식으로 우리로 하여금 순수 존재를 갈망하게 만든다. 키에르케고르의 실존철학에서는 이를 '자기 비움(annihilation)'이라는 개념으로 설명한다. 자기 비움은 주체적인 자기가 되는 데 한계를 느끼고, 윤리적 존재로서 불안과 절망에 빠질 때 경험하는 질적인 변화를 의미한다. 본래 이 개념은 오직 신만이 참된 실재임을 깨닫고 신 앞에서 자신을 비우는 행위를 가리킨다. "너를 비우고 성령으로 채우라"는 기독교의 가르침은 바로 이 '자기 비움'을 뜻하며, 비본래적이고 거짓된 자아를 내려놓으라는 의미를 담고 있다. 이러한 자기 비움을 통해 우리는 종교적 단계로 도약하는 전환점을 맞이하게 된다.

라캉에게 있어 순수 존재를 향한 욕망은 키에르케고르가 말한 주체적인 자기를 지향하는 실존 개념과 본질적으로 다르지 않다. 다만, 존재 결여로 인해 '비어 있음'이라는 '무' 또는 공(空, void)의 자리가 생기는데, 키에르케고르는 그 자리에 신을 채워 넣음으로써 신학자로 규정될 뿐이다. "개인은 스스로는 아무것도 할 수 없으며 신 앞에 아무것도 아니다. (…) 그리고 자기 비움은 신과의 관계에서 필수적인 형식이다."[7] 신과 함께할 때 모든 것이 가능하다고 믿게 되는 순간은, 자신이 모든 것을 내려놓고 열정적으로 자신의 존재를 변화시키는 순간이다. 여기서 '자기 비움'은 주체를 미규정된 상태로 환원시키는 존재의 아포토시스를 지향하는 의미로 해석된다.

키에르케고르는 『철학적 단편 후서』에서 종교적 단계를 두 가지로 구분하며, 이를 가장 종교적인 관점에서 서술하였다. 첫 번

째는 종교성 A로, 신을 인식하는 능력이 인간 내면에 직접 내재
되어 있다고 보는 관점으로, 이는 기독교로 국한되지 않는 일반적
인 종교성을 의미한다. 두 번째는 종교성 B로, 기독교의 종교성을
가리킨다.[8] 따라서 실존적 차원에서 순수 존재의 개념을 파악하기
위해서는 종교성 A를 종교성 B로부터 분리하여 그 특성을 설명할
필요가 있다. 종교성 A는 소크라테스적인 사유를 따르기 때문이다.

키에르케고르 또한 소크라테스에 대한 상(想)을 "확정적으로"
그리는 것은 "불가능한 것으로 보인다"고 말하며 "적어도 그것은
투명 모자의 모양 끝을 그리는 것만큼 어렵다"고 지적한다.[9] 소
크라테스를 '아포토스'라고 부르는 것은 그에 대한 명확하고 확고
한 개념을 찾는 일이 결코 쉽지 않다는 점을 의미한다. 그의 명언
'너 자신을 알라'는 단순히 자신의 무지를 깨닫게 하는 장치일 뿐
만 아니라, 현실 세계와의 직접적인 관계에서 벗어나 끊임없이 자
기 자신을 탐구하라는 뜻으로도 해석되어야 한다.

소크라테스의 자기 이해는 키에르케고르가 말한 종교적 단계의
신학적 차원과는 달리, 철저히 실존적 관점에 기반을 둔다. 이는 라
캉의 불안 개념과도 깊은 연관성을 갖는데, 여기서 불안이란 순수
존재에 대한 갈망을 의미한다. 결국, 이는 자기 안에 잠재된 본질
을 깨닫는 과정을 통해 자기 자신에게로 회귀하는 과정을 뜻한다.

라캉의 정신분석에서 무의식의 근원적 위치에 접근할 수 있
게 하는 욕망의 아포토스는, 키에르케고르가 존재의 근본적인 흔
적을 추적하며 인간 내면의 심연을 들여다볼 때 경험하는 자유의

현기증이라는 불안과 같다. 키에르케고르는 이에 대해 다음과 같이 말한다. "불안은 자유의 현기증으로서, 유한한 인간이 무한성에 직면할 때 느끼는 바로 그 현기증이 불안이다." 다시 말해, 키에르케고르에게 욕망의 구조 속에서 드러나는 존재의 아포토스는 명확히 인식되지 않는 암흑지대, 곧 내면 깊은 심연에서 비롯된다고 할 수 있다.

04

현대 사회에서는 존재 결여가
병리적인 형태로 나타난다.

너 자신의 욕망을 포기하지 말아야 한다.[10]

인간은 언어 구조 속에서 태어나기 때문에 증상이 발생한다. 언어로 표현되지 못하고 배제된 것들은 억압되어 결국 증상으로 되돌아오기 때문이다. 증상은 완전히 제거할 수 없기에, 존재 결여를 경험하는 주체는 언어를 통해 증상을 새로운 방식으로 재구성한다. 이는 상징적 질서를 유지하기 위해 증상을 완화하려는 시도라 할 수 있다. 그러나 문제는 언어로 재구성되지 못하고 잉여로 남는 초과분의 증상에 있다.

주체가 대타자의 욕망에 대한 종속에서 벗어나 자신의 진정한 욕망을 묻는 순간, 상징적 질서의 틈새로 침투하는 증상과 마주하게 된다. 그러나 끝내 그 종속에서 벗어나지 못한다면, 증상은 병리적인 형태로 고착되고 만다.

첨단 IT 기술이 고도화된 현대 사회에서, 대중의 의식을 규정하는 상징계의 새로운 권력은 디지털 사회의 미디어 플랫폼과 소셜 네트워크 서비스(SNS)로 이동했다. 이는 감시와 규율이 내면화되는 디지털 파놉티콘(Digital Panopticon)의 메커니즘과 밀접한 관련이 있다. 파놉티콘은 원래 영국 철학자 제러미 벤담이 제안한 일종의 감옥 건축 양식을 뜻하는 그리스어이다. 이후 프랑스 철학자 미셸 푸코는 『감시와 처벌』(1975)에서 현대의 컴퓨터 통신망과 데이터베이스가 개인을 죄수처럼 감시하고 통제한다고 지적하며, 파놉티콘이라는 용어가 널리 알려지게 되었다.

21세기에 접어들면서 파놉티콘은 그 본질이 변화하여 새로운 형태로 나타나고 있다. 디지털 파놉티콘 환경 속에서 사회 시스템은 우리가 인지하지 못하는 사이에 더욱 정교하게 개인의 삶의 영역까지 통제하게 된 것이다.

디지털 파놉티콘은 개인의 생각이 타인에 의해 형성되고, 타인의 태도에 의해 결정되도록 만드는 구조를 의미한다. 현대인들은 SNS에서 ‘댓글’, ‘좋아요’, ‘리트윗’과 같은 반응을 통해 타인의 의견을 수집하고, 이를 바탕으로 자신의 생각을 형성한다. 더 나아가, 쇼츠나 유튜브의 추천 알고리즘은 개인의 행동 패턴을 분석하여 조회수를 극대화하려 한다. ‘좋아요’를 누르며 AI 추천 알고리즘에 포섭되는 순간, 우리는 이미 디지털 파놉티콘의 세계에 들어선 것이다. 여러분들은 자신에 관한 모든 관심사를 꿰뚫고 있는 AI 추천 알고리즘이 가장 편리하며, 그 안에 자신이 진정 원하는 것이 있다고 확신하고 있지는 않은가? 그러나 선호도에 따라 왜곡되고 편향된 데이터가 개인에게 집중되는 추천 알고리즘은 개인의 욕망을 얼마든지 조작할 수 있다. 그럼에도 우리는 디지털 파놉티콘이라는 대타자의 영향력을 의심하기보다, 스스로 자유로운 선택을 하고 있다고 착각한다. 이 과정에서 개인은 또 다시 대타자의 욕망을 욕망하는 주체로 전락하며 끝내 진정한 '나'와는 점점 더 멀어지는 삶을 살게 될지도 모른다.

인간이 AI에 의해 대상화되는 순간, 내가 살아가는 삶이 진정 내가 바랐던 것인지에 대한 회의와 후회로부터 자유로워지려면 디지털 파놉티콘에서 탈출해야 한다. 이를 위해서는 디지털 기기에서 울리는 알람과 추천 기능을 거부하는 설정을 통해 디지털 상징계의 지배에서 벗어나야 한다. 이것은 대타자의 욕망에 무조건적으로 종속되기를 거부하고 스스로의 존재를 회복하려는 저항이다. 하지만 과연 이러한 실천이 가능할까? 디지털 파놉티콘은 점점 더 견고하고 촘촘한 그물망을 형성하며 진화하고 있기 때문이다.

어떻게 하면 개별 주체가 자신의 욕망을 억압하는 디지털 파놉티콘의 감시망을 뚫고 자신만의 은밀한 틈새를 찾아낼 수 있을까? 핵심은 새롭게 등장한 대타자의 욕망에 종속되지 않는 삶의 영역을 확보하는데 있다. 이는 바로 라캉의 정신분석 윤리가 추구하는 목표이자 존재 회복의 명령인, "너 자신의 욕망을 포기하지 말라"는 메시지를 실천하는 길이다. 그러나 AI에 의해 욕망이 획일화되는 현상을 멈추지 않으면, 진정으로 중요한 문제는 따로 발생한다. 그것은 욕망의 발달이 멈추게 된다는 점이다. 그래서 라캉은 욕망이 끊임없이 지속되도록 하는 것이 바로 실재에 대한 갈망임을 지적하며, 그 실재를 '나의 고유한 증상'으로 받아들이는 주체적 태도를 강조한다.

상징계와 실재를 잇는 통로는 공백이며, 이 공백을 둘러싼 불안은 증상으로 나타난다. 그러나 디지털 파놉티콘이 점점 견고해질수록 상징계의 빈틈을 허용하지 않게 되고, 욕망의 발전이 멈추면서 발생하는 병리적인 증상은 마음의 병으로 이어질 수 있다. 마음의 병은 외부 세계가 존재와 욕망 사이의 거리를 멀어지게 하여 욕망을 차단할 때 발생한다. 이를 치유하기 위해서는 순수한 존재로서 주체적인 욕망을 능동적으로 회복해야 한다.

디지털 파놉티콘으로 인해 자신도 모르게 형성되는 남들과 똑같은 욕망을 즉시 멈춰야 하는 이유가 바로 여기에 있다. 순수 존재로 다가가게 하는 순수 욕망을 깨닫고 실천하는 주체는 소크라테스처럼 이상하고 낯선 존재로 비칠 가능성이 크다. 대타자의 욕망에 종속된 상태에서 벗어나기 위한 '욕망의 탈중심화'는 앞서 논의한 소크라테스의 아포토스를 통해 가능하다. 순수 욕망을 지향하는 태도는 존재 결여를 긍정하며, 궁극적으로 존재에게 새로운 존재 방식을 모색하게 하는 정신분석학적 윤리에 부합한다. 아포토스로서의 타자를 인지하고 이를 다시 자신과 종합하여 새롭게 형성된 주체는, 외부 세상을 이전과는 다른 시각으로 조망하는 새로운 기회를 발견하게 될 것이다.

키에르케고르에게 이러한 불안은
대중과 자신을 분리할 때 발생하는
감정적인 상처다.

라캉에 따르면 순수 존재로 거듭나는 주체는 언어 기표 이전의 상태로, 소크라테스처럼 정형화되지 않은 타자를 지향한다. 키에르케고르는 『죽음에 이르는 병』에서 이를 "모든 자기는 확실히 모가 나 있지만"이라고 표현했다.

사람들은 세상의 풍습에 민감해지며 "타인과 함께 존재하고, 하나의 사본이자 군중의 일원이 되는 것"이 더 편하고 안전하다고 여긴다. 그러나 이는 자신만의 독특한 자기의 윤곽을 평준화하는 것이다. 키에르케고르는 이 상태에서 벗어나 '본질적 우연성' 속에서 자신이 될 것을 강조한다.

키에르케고르에게 순수 존재의 탐구는 인간 본질에 대한 근본적인 물음이다. 인간은 사유하기 이전에 먼저 '존재'하기 때문이다. 그러나 실존하는 인간이 개인으로서의 자기를 잃고 익명의 다수인 군중에 휩쓸리면, 순수 존재에 대한 탐구를 시도하지 않는다. 그 이유는 자기가 부재하기 때문이다. 키에르케고르에 따르면, 개인이 주체적으로 실존하지 않고 타인의 영향이 반영된 삶을 사는 것은 잠재적인 자아 실현에 실패한 것이다. 이에 그는 '코르사르 사건'을 겪으며 "군중은 비진리이다"라고 강력히 주장하게 된다.

키에르케고르는 '코르사르' 사건을 겪으며 대중매체와 대중에 대한 경멸을 품고 삶의 전환기를 맞았다. 그는 1846년, 서른세 살에 『철학적 단편에의 완결된 비학문적 후서』를 출간하며 저작 활동을 마치고 시골에서 목사로 조용한 삶을 계획했다. 그러나 극작가 겸 언론인 골드 슈미트가 편집한 대중잡지 '코르사르'와의 논쟁으로 계획은 무산됐다. '코르사르'는 당시 코펜하겐에서 진보적 자유주의 사상을 반영한 인기 잡지였으나, 키에르케고르는 이를 자극적인 폭로지로 여겨 혹평했다. 이로 인해 양측은 격렬한 논쟁과 비방전을 벌였다. 이 사건은 키에르케고르가 세속과 타협하는 위선적 신앙을 버리고 진정한 신앙인으로서 새로운 정신 활동과 저술에 몰두하게 만든 계기가 되었다. 이후 키에르케고르는 『사랑의 역사』(1847), 『죽음에 이르는 병』(1849), 『기독교의 훈련』(1850) 등을 집필했다.

키에르케고르가 대중매체와 대중을 경멸한 이유는, 대중 속에서 인간 내면이 얼마나 공동화될 수 있는지 경고하기 위해서였다. 개별자가 순수 존재를 탐구하는 실존적 자유를 얻으려면, 응집된 대중에서 벗어날 때 겪는 불안이라는 감정적 상처를 반드시 경유해야 한다. 이 불안을 거치면서 자유는 새로운 가능성을 낳기 때문이다.

인간 본성에 앞서는 자유는 가능성이 자신에게 다가오도록 하는 것이다. 그러므로, 이렇게 말할 수 있다. 키에르케고르에게 자기 존재의 의미를 실현하는 주체적 선택은 바로 이 자유에서 비롯된다.

05

불안은 욕망 발달을 멈추게 하는
'결여의 결여' 신호다.

결여의 결여, […] 그 순간 불안이 시작된다. [11]

불안은 단순히 결여의 신호가 아니라, '결여의 결여'를 알리는 신호이다. 라캉에 따르면 주체의 욕망은 결여가 발생하는 지점에서 형성되는데, 이 결여마저 사라진 상태, 즉 '결여의 결여'가 닥쳐올 때 불안이 발생한다. 따라서 불안은 욕망이 숨 쉴 공간이 사라지고 있음을 알리는 경고이자, 역설적으로 욕망이 유지되기 위한 필수적인 조건임을 드러낸다.

라캉은 『세미나 10권』 후반부에서 한 가지 예를 들어 설명한다. 아이의 불안은 어머니의 부재에서 비롯되는 것이 아니라, 오히려 어머니가 항상 곁에 있는 상황에서 발생한다는 것이다. 모든 부모의 욕망은 가능한 한 완벽하게 아이를 양육하는 데 있다. 하지만 그 완벽한 세계 안에서 아이에게는 어떤 욕망이 생길까? 모든 면에서 부모의 세심한 보살핌을 받는 아이는 도전하거나 성취하려는 욕망이 거의 생기지 않을 것이다. 요구만 하면 모든 것이 자신에게 주어지기 때문이다. 아이는 어머니와의 분리를 통해서만 주체로 성장할 수 있는데, 어머니가 항상 아이 곁에 머물며 모든 것을 돌봐주면 아이의 욕망이 발달할 기회가 사라진다. 이것이 바로 '결여의 결여' 상태이다.

지금까지 논의한 바와 같이, 새로운 존재의 의미를 찾는 불안은 '결여를 목표로 하는 유일한 것'이었다. 그러나 라캉은 결여가 결여된 상태, 즉 결여의 부재를 방치할 때 주체가 욕망의 상태에서 퇴행하며 비로소 불안이 본격적으로 시작된다고 말한다. 욕망을 형성하는 결여를 받아들이지 못하고 결여의 부재 상태에 머무르면, 결여가 드러나는 순간 지금까지 안정적이라고 믿어온 존재의 기반이 흔들릴 수 있기 때문이다. 결여의 지점에서 나타나는 '공백을 감도는 불안'은 대타자에 순응하며 형성된 주체의 존재 기반이 얼마나 허약한지를 보여주는 신호다. 하지만 불안은 동시에 존재의 좌표에 대해 깊이 성찰할 수 있는 사유의 고뇌를 던져준다.

이러한 맥락에서 '결여의 결여'는 주체의 존재 기반을 약화시키고, 자기에 대한 근본적인 질문을 회피하게 만든다는 점에서 위험한 존재 양식이라 할 수 있다. 이는 주체를 나르시시즘적 환상 속 고립시키는 결과를 초래하는데, 라캉은 이러한 상태를 '제2의 거울 단계'라고 설명하기도 한다.

현대 사회에서 '결여의 결여' 상태가 점점 심화되고 있다고 진단할 수 있는 이유는 무엇일까? 이에 대해 깊이 살펴볼 필요가 있다. 현대 자본주의 사회가 만들어낸 성공 신화는 무한 경쟁 속에서 끊임없는 자기 혁신과 각자도생의 논리를 강조한다. 이러한 성공에 대한 강박 뒤에는 결여를 부정하는 태도가 자리 잡고 있다. 경쟁자가 극도로 많아진 무한 경쟁 시대에 개인이 스스로 완벽해야 한다는 강박은, 주체의 결여가 오히려 능력 없는 개인의 취약성을 경쟁자들에게 드러내는 것이라는 인식을 낳기 때문이다. 이는 결여가 없는 충만함 속에서 나르시시즘적으로 삶의 안전감을 추구하는 심리를 형성한다. 즉, '결여의 결여'는 상징계에서 경험하는 결여를 나르시시즘적 이미지로 메우려는 양상인 것이다. 이러한 심리는 타인에게 존중받고 싶지만 상처받고 싶지 않은 마음에서 비롯된다. 그렇다면 '결여의 결여'가 진정으로 흔들림 없는 완전한 행복과 심리적 안전감을 보장해 줄까? 결코 그렇지 않다. 앞서 설명했듯, 결여가 사라지는 순간은 오히려 '결여의 결여'가 불안으로 잠복하는 순간이기 때문이다.

라캉이 강조하는 바는, 인간의 일상적인 삶에서 필요한 안정감은 결여가 전혀 없는 완전한 상태에서 오는 것이 아니라, 오히려 욕망을 성장시키는 결여를 통해 얻어진다는 점이다. 주체는 자신의 결여를 채우기 위해 끊임없이 욕망하기 때문이다. 결여가 완전히 충족될 수 없기에 욕망은 무한히 지속되며, 이러한 상태를 바로 불안이라 하는 것이다. 라캉이 욕망의 차원에서 나타나는 불안을 결여를 향한 유일한 정동이라고 말하는 이유가 바로 여기에 있다.

키에르케고르에게 '결여의 결여'는 무정신성과 다름없다.

키에르케고르에게 불안은 무엇보다 내면성의 결여를 알리는 신호이다. 내면성의 결여를 전혀 인식하지 못하는 상태는 라캉이 말하는 '결여의 결여'에 해당하며, 이는 가장 위험한 불안의 징후가 된다. 키에르케고르는 이러한 불안을 극복하기 위해 종교적 단계로 나아갈 것을 강조한다. 자기 인식을 가능하게 하는 내면성을 갖추는 것이 종교적 단계의 궁극적인 목표이기 때문이다. 그러나 사람들은 불안을 회피하기 위해 쉬운 길을 택하는데, 그것은 무정신 상태를 추구하는 것이다.

무정신성은 의도적으로 정신 활동을 포기하고 그 상태에서 벗어나려는 것을 의미한다. 이는 갈등이 없는 자족적인 심리 상태를 추구하기 때문이다. 무정신성은 정신이 침체된 상태를 가리키며, 정신이 배제되어 불안이 존재하지 않는 것처럼 느껴지게 한다. 그러나 정확히 말하면, 무정신성은 불안이 잠복해 있는 상태를 감추고 있는 것이다. 그럼에도 불구하고 불안은 여전히 잠재되어 있다. 이러한 잠복된 불안이야말로 보이지 않는 공포를 불러일으키기 때문에 더욱 끔찍하다.

이러한 무정신성은 단순히 '정신줄을 놓고 있는' 상태만을 의미하지 않는다. 키에르케고르는 『죽음에 이르는 병』에서 세상사에 몰두하는 사람들이 지닌 속물적 부르주아 정신성을 무정신성이라 표현한다.[12] 속물적 부르주아란 중세 유럽에서 자본가 계급을 일컫는 중산층이 지닌 안일한 물질주의, 자기만족, 그리고 세속적 가치에 대한 집착을 의미한다. 키에르케고르는 속물적 부르주아 정신성에 대해 다음과 같이 설명한다. 그것은 상상이 없기 때문에 "무슨 일이 보통 일어나고 있는가와 같은 사소한 경험의 일람표 속에서 살고 있다."[13]

니체는 이러한 편협한 삶을 비판하기 위해 두 번째 저서 『반시대적 고찰』에서 '교양 있는 속물'이라는 개념을 자주 언급한다. 이 책에서 그는 당시 근대 사회의 주류 가치가 얼마나 문화적으로 천박한지를 신랄하게 비판하는 동시에, 미래의 가능성을 모색하고자 했다. 니체는 자기 자신의 실존에는 전혀 관심을 두지 않고 오직 물질적 성공과 안락한 삶만을 추구하는 당시 문화의 수준을 강하게 비판한 것이다.

키에르케고르는 무정신성이라는 개념을 통해, 자기 자신이 되려는 주체적인 결단 없이 자기애에 빠진 속물적인 교양인은 심미적인 삶의 상태에서 결코 벗어나지 못한다고 강조한다. 이러한 교양 있는 속물은 정신이 결여된 상태임에도 불구하고 의기양양하게 승리를 자축하지만, 정작 자신이 가장 비참한 상태에 놓여 있다는 사실을 깨닫지 못한다. 따라서 내면성이 결여되어 있다는 신호가 없다는 것은 '자기 자신이 되는 것'에 실패했다는 불안의 징후라고 할 수 있다.

06

'결여의 결여' 상태에서 발생하는
불안은 실재의 신호다.

'결여의 결여'가 초래하는 실재는 거기서 코르크(cork) 뚜껑처럼 드러난다.[14]

　어떤 결핍도 발견할 수 없는 결여의 부재 상태에서 깊은 불안이 시작된다. 이것이 바로 실재의 신호로서의 불안이다. 상징계에서 실재와 마주하는 순간은 일상생활의 안락함을 깨뜨리는 순간이기 때문에, 불안은 두렵고 부정적인 것으로 여겨져 왔다. 실재와 마주하는 순간은 상징계에서 인식할 수 없는 '없지 않은 대상'이 출현하는 것을 의미하기 때문이다.

　라캉의 개념인 '결여의 결여'는 『세미나 10권』에 이어 『정신분석의 네 가지 개념』이라는 제목으로 출간된 『세미나 11권』의 영어판 서문에서도 명확히 언급된다. 결여의 결여가 초래하는 실재의 경험은 마치 코르크 마개가 터져 나가는 것과 유사하다. 이 코르크 마개는 언어로 규정된 상징계의 빈 공백을 봉인하고 있던 안전

장치와 같다. 코르크 마개 효과로 인해 결여가 없다고 인지했던 주체는 마개가 열리면서 '결여의 결여'를 자각하고 불안을 경험하게 된다.

주체는 결여를 있는 그대로 마주할 때 불안을 느끼기 때문에, 항상 결여를 드러내는 빈 공간을 환상이라는 코르크로 봉합하려 한다. 라캉은 이처럼 빈 공간을 막아주는 뚜껑을 코르크라고 표현했다. 코르크는 결여가 결여된 상태를 유지하도록 상징계의 구멍을 막는 마개인 것이다. 이 마개를 통해 상징계는 실재의 신호를 쉽게 받아들이지 않는다. 코르크는 실재를 감추고 주체가 대타자에 종속되도록 속이기도 하지만, 동시에 실재의 지나친 공격으로부터 주체를 보호하는 방패 역할도 한다. 그러나 코르크 뚜껑이 열리는 순간, 우리는 실재와 직접 마주하는 순간을 맞이하게 된다.

결여는 규범과 상관관계가 있다.[15] 균열과 결함이 없는 완전한 안정성을 추구하는 모든 규범은 결여를 허용하지 않으려는 경향을 지닌다. 만약 규범이 대타자의 통제력을 강화하는 전체주의적 성격을 띤다면, 결여의 부재 상태는 더욱 심화될 것이다. 전체주의는 개인보다 국가나 사회와 같은 대타자의 존재와 발전을 우선시하기 때문이다. 그러나 라캉은 언어로 구성된 모든 지식 체계, 즉 규범을 세우는 체계는 완전하지 않으며 반드시 빈틈을 지니고 있다는 점을 지적한다.

빈 공간은 어떤 대상도 그 깊이를 가늠할 수 없고, 어떤 표상으로도 쉽게 포착할 수 없는 영역이다. 상징계에서 삭제된 것들이 주

체에게 드러나지 않도록 막는 코르크 마개가 열리는 순간, 기존의
법칙에 대한 의심이 싹트며 봉쇄되어 있던 상징계의 질서가 무너
진다. 이는 절대적인 공백, 즉 실재의 상태와 마주하는 순간이다.

따라서 실재의 신호는 우리의 사고를 지배하는 지식 체계 내
에서 결코 도달할 수 없는 빈틈을 드러낸다. 실재는 언제나 변칙
적인 성격을 지니며, 언어가 닿지 못하는 어떤 성질, 즉 아포리아
(aporia)를 포함하고 있기 때문이다. 이처럼 언어에서 변칙적인 것
은 기표들이 기의에 고정되지 못하고 떠도는 성질을 띤다. 이는
논리적 모순이나 불가능한 형태로 나타난다. 그렇지만 라캉은 이
러한 변칙적인 것과 불가능한 것 사이에 차이가 있다고 설명한다.
변칙적인 것이 상징계의 한계 지점을 알려준다면, 불가능한 것은
"상징화에 절대적으로 저항하는 것"이기 때문이다. 언어에서 탈
락한 아포리아는 상징계 안에 실재가 존재한다는 사실을 보여주
며, 상징계에 대한 실재의 영향을 드러낸다.

아포리아와 불가능성을 포괄하는 "실재는 더 이상 하나의 대
상이 될 수 없는 본질적인 대상이며, 모든 말이 멈추고 모든 범주
가 실패한, 불안을 일으키는 대상으로서 환각과 직면했던 그 무엇
이다."[16] 여기서 환각은 인식할 수 없는 대상이지만, '완전히 부재
하지 않은 대상'을 드러낸다. 질 들뢰즈는 『주름』에서 이러한 상태
가 주체로 하여금 환각적인 것을 자신의 현존으로 인식하게 만든
다고 설명한다. 그는 상징화에 저항하며 실재와 마주하는 결단을
'주름을 펼친다'고 표현한다.

예를 들어, "바로 이거야!"라며 뜻밖의 발견에 감탄할 때 외치는 '유레카'는 마치 코르크 마개와 같다. 또한 현대 예능 경연 프로그램에서 누군가 뛰어난 실력을 발휘했을 때, 관중들은 "찢었다!"라고 환호한다. '찢었다!'라는 표현은 기존 한계를 뛰어넘었다는 의미를 담고 있으며, 이 순간은 마치 주름이 펴지듯 실재와 마주하는 순간이 된다.

07

'결여의 결여'는 상징계의 구멍인
공백의 망각을 의미한다.

타자가 명명될 때 비로소 불안은 극복된다.[17]

　　타자가 명명된다는 것은 무엇을 의미할까? 이는 언어로 표현되지 못해 배제되었던 타자에게 이름이 부여된다는 뜻이다. 다시 말해, 주체가 언어로 파악할 수 없었던 대상을 수용한다는 의미다. 라캉은 『세미나 10권』 후반부에서, 이처럼 타자를 자신의 일부로 받아들일 때 비로소 불안이 극복된다고 설명한다.

　　현대 철학은 주체와 타자의 문제를 중심으로 한 사유 과정을 통해 형성되었다고 해도 과언이 아니다. 라캉의 후기 사상은 실재라는 타자를 반드시 수용해야 한다고 강조하는데, 이는 다른 프랑스 현대 철학자들의 주장과 크게 다르지 않다. 특히 대표적인 현대 철학자 들뢰즈는 주체와 타자의 이분법적 구분을 해체하는 것을 자신의 철학적 과제로 삼았다고 주장할 정도이다.

　서구 철학의 역사는 인식할 수 없는 수수께끼들을 이질적인 것으로 간주하고, 이를 상징계 밖으로 배제해 왔다. 이는 실존을 단순화하기 위해 타자를 배제한 결과였다. 주체 중심의 시대에서 이질성은 상징계의 자기 동일성으로 환원되지 않기 때문에 단순히 낯설고 이상한 것으로 여겨졌다. 반성적 이해의 시각에서는 이질성이 비가시적이고 형언할 수 없으며 사고할 수 없는 어둠 속의 타자로 간주되었기 때문이다. 이 타자는 주체를 위협하는 동시에 주체의 허약함을 드러내는 대상에 불과했다. 주체 우위의 시대에는 이러한 이질성이 반드시 배제되어야 할 대상으로 여겨졌고, 이질성은 드러날 수 있는 공백은 곧 메워졌다. 그 결과, 결여의 결여 현상은 극복되지 못한 채 남아 있었다.

　결여는 공백이 존재한다는 사실을 전제로 성립한다. 그러나 자본이 지배하는 현대 사회에서는 자본을 기준으로 인간을 평가하는 자본주의 담론이 이러한 공백을 망각하게 만든다. 상징계의 불완전성을 드러내는 빈 공간을 돈, 명예, 그리고 허위 지식으로 메우며 공백의 자리를 은폐하는 것이다. 이처럼 공백이 거부되는 현상은 현대 사회의 또 다른 양상 속에서 더욱 심화되고 있다. 과학기술의 혁신과 함께 등장한 새로운 대중매체의 영향에서 나타난 변화가 그 예라 할 수 있다. 이야기 구조에 내재한 공백을 허용하지 않고 짧게 편집하여 시청하는 방식을 선호하는 심리가 대표적이다. '더 짧게, 더 빨리'라는 욕구를 자극하는 이러한 표현 방식의 특징은 타자와 소통할 수 있는 공백을 허용하지 않는다는 점이다. 현대인들은 공백을 배제한 스토리텔링을 통해 더욱 손쉽고 평온한 쾌락을 추구하기 때문이다.

라캉은 『세미나 10권』 후반부에서 불안을 극복하기 위한 방안으로 타자를 나의 일부로 받아들이라고 강조한다. 이러한 주장은 이미 초기 저작인 『에크리』에서도 언급된 바 있다. 주체가 자기 내부에 스스로 통제할 수 없는 이질성을 지니고 있다는 점을 고려할 때, 타자는 나와 다른 주체 사이에서 중재자의 역할을 수행할 수 있다.[18] 여전히 주체 중심의 사유가 지배할지라도, 타자를 단순히 주체의 부산물로 여기는 경향은 비판받아야 마땅하다. 주체의 시대를 유지하기 위해 상징계의 우월성이 강조되는 한, 공백에 대한 망각은 피할 수 없기 때문이다.

라캉은 후기 연구에서 불안을 핵심으로 다루며, 결여의 결여가 인간에게 주는 평온함의 환상이 실존의 안정성을 보장하지 못한다는 점을 강조했다. 이에 그는 다음 장에서 다룰 『세미나 23권』을 통해, 상징계적 주체의 해체를 통해 새로운 주체를 예비하는 이론을 제시한다.

'결여의 결여'는
자기 관계를 실패하게 만든다.

라캉의 '공백을 감도는 불안'은 키에르케고르가 말한 '무에서 비롯되는 불안'과 같은 맥락에서 이해할 수 있다. 키에르케고르는 주체가 이 공백과 맺는 관계에 따라 실존의 단계를 세 가지로 구분한다. 첫째는 공백이 막혀 있는 심미적 단계, 둘째는 공백의 한계에 부딪혀 좌절하는 윤리적 단계, 셋째는 공백 속에서 실존하는 종교적 단계가 그것이다.

우리는 키에르케고르가 『죽음에 이르는 병』에서 제시한 절망 개념을 통해, 공백의 망각이 초래하는 또 다른 문제를 발견할 수 있다. 여기서 절망이란 자신의 존재 의미를 찾으라는 요구가 극심한 불안으로 나타난 상태를 뜻한다. 키에르케고르에 따르면, 종교적 단계를 제외한 모든 실존 영역은 공백을 허용하지 못하는 절망에 지배되고 있다.

'자기'란 '자기 자신과 맺는 관계'를 의미하기 때문에 심미적 단계에서는 자기 관계가 부재한 상태에서 오는 절망을 경험한다. 동시에 '자기'는 '타자에 의해 형성된 관계'이기 때문에 윤리적 단계는 절대적 타자와의 관계가 결여된 절망 상태를 지니게 된다. 심미적 단계가 언어를 배제하는 것과 달리, 윤리적 단계는 언어를 통해 보편적 세계를 구축하고 그 안에서 자기를 형성하려 한다. 그러나 언어와 논리적 사고로는 도달할 수 없는 절대적 타자의 세계 앞에서, 후회와 회한이라는 절망이 윤리적 단계의 한계를 드러낸다. 즉, 윤리적 단계는 절대적 타자, 곧 개인을 무한히 확장시키는 개별자의 도약을 수용할 여지가 없기에, 자기 자신에 의한 자기 구성은 언제든 무너질 수 있는 불안을 내포하고 있는 것이다.

『죽음에 이르는 병』에서는 절망에 빠진 사람들에 대해 다음과 같이 설명한다. "세속적인 정신은 무한한 가치를 사소한 것에 부여한다. 온갖 종류의 세속적인 일에 몰두하면서, 세상의 풍습에 더욱 민감해지고, 자신을 믿으려 하지 않은 채, […] 군중의 일원이 되는 것이 훨씬 편하고 안전하다고 생각한다."[19] 익명의 다수가 된다는 것은 불안 속으로 빠져드는 것을 의미한다. 키에르케고르에게 자기가 된다는 것은 타자와의 관계를 통해 구체적이고 개별적인 존재로 거듭나는 것을 뜻한다. 따라서 자기를 타자와 끊임없이 연결하는 역동적인 활동이 필요하다. 이러한 활동은 '무'라는 공백 속에서 이루어질 수 있다. 그래서 자기 관계를 맺기 위한 역동적인 활동이 멈춘 상태는 결여조차 사라진 상태, 다시 말해 공백이 막힌 상태라고 할 수 있다.

라캉은 공백을 존재의 좌표를 알려주는 지점으로 강조하며, 실재에 대한 갈망을 불러일으키는 불안을 중시한다. 반면, 키에르케고르는 유신론자의 관점에서 자기와 절대적 타자와의 관계가 실패할 경우 다시 절망에 빠지게 된다고 보며, 종교적 단계를 통한 구원이 불안을 치유하는 유일한 방안임을 강조한다는 점에서 차이가 있다.

키에르케고르가 말하는 불안 개념 중 '결여의 결여' 상태를 보다 구체적으로 이해하기 위해서는 라캉의 주체 개념과 키에르케고르의 자기 개념 사이의 공통점과 차이점을 함께 살펴보는 것이 필요하다.

라캉에 따르면, 주체는 대타자의 욕망을 통해 자신의 욕망을 경험하며 존재 결여를 지닌 동시에 실재를 갈망하는 순수 존재로 설명된다. 더 나아가『세미나 7권』에서 강조된 정신분석의 윤리에 따르면, 주체는 전통 윤리와 교차하는 "자신의 욕망에 따라 행동하는" 존재이며, 자신을 끊임없이 실재에 상정하려는 노력을 통해 새로운 상징적 질서의 구축을 가능하게 하는 존재이다. 반면, 키에르케고르가『죽음에 이르는 병』에서 정의한 자기는 "인간은 정신이고, 정신은 자기이다"라는 문장으로 잘 드러난다. 여기서 말하는 자기는 정신을 가다듬고 연마하여 갖게 되는 정적인 실체로서의 전통적 자기 개념과는 크게 다르다. 키에르케고르가 말하는 자기는 '자신을 자기 자신과 관계시키는' 역동적인 활동을 의미한다. 더 나아가 그는 타자와의 관계를 다음과 같이 강조한다. "자기는 그 자신을 정립하였던지 아니면 타자에 의해서 정립되었을 것이다." 이를 통해 키에르케고르는 인간의 내면적 차원이 절대적 차원과 긴밀히 얽혀 있음을 보여준다.

이처럼 '주체'와 '자기'는 모두 다층적인 의미를 내포하고 있다는 공통점을 지닌다. 따라서 라캉의 "타자가 명명될 때 비로소 불안은 극복된다"는 말은, 키에르케고르에게 있어 자기와 타자와의 이중적 관계를 통합함으로써 비로소 구체적인 자기가 형성된다는 의미로 해석할 수 있다.

그렇다면, 정서적 희열에서 오는 행복은
'결여의 결여'의 보상물이 될 수 없는가?

종교적 단계를 강조한 신학자 키에르케고르는 우리에게 심미적 단계와 단절할 것을 촉구한다. 심미적 단계가 추구하는 정서적 희열은 자기 자신과 마주하는 시간을 갖지 못한 채 순간순간의 만족에 집착하기 때문이다. 이러한 정서적 희열 속에서 느끼는 행복은 겉으로는 정상적으로 보이지만, 사실은 절망을 인지하지 못하는 무감각한 상태를 선택하는 것과 같다. 이것이 바로 심미적 단계의 삶이다. 그럼에도 불구하고 현대인들은 결여의 결여를 극복하기 위해 라캉이 강조한 실재와 키에르케고르가 제시한 종교적 단계가 진리를 추구하는 길임에도 불구하고 쉽게 받아들이지 못한다. 그 이유는 지나치게 교훈적이라는 인식 때문이다.

라캉의 상상계나 키에르케고르의 심미적 단계처럼 공백을 망각하게 만든다고 여겨졌던 상상적 개념들에 대하여, 현대 사회는 재해석을 요청하고 있다. 이는 현대 엔터테인먼트 산업이 점점 더 큰 영향력을 발휘하며 '정서적 희열 속에서 경험하는 행복'을 제공하고 있기 때문이다. 결여의 결여를 초래한다고 비판받았던 상상계와 심미적 단계를 문화 존재론적 관점에서 우회적으로 설명하면, 전혀 다른 해석이 가능해지는 것이다. 이는 빠른 기술 변화로 인한 피로 사회의 도래가 삶의 구속에서 벗어나고자 하는 심리적 욕구를 불러일으키기 때문이다.

쾌락주의가 내재된 현대 대중문화의 한 측면은 분명히 '결여의 결여'라는 공백의 망각 현상을 초래한다. 그러나 현대인들이 공백 속에서 존재의 의미를 찾는 데 익숙하지 않은 상황에서, 결여를 허용하지 않는 문화를 오히려 정서적 휴식을 제공하는 새로운 안식처로 여긴다. 그러므로 '결여의 결여'를 반드시 부정적으로만 볼 필요는 없는 것이다.

WRITING AS A SYMPTOM

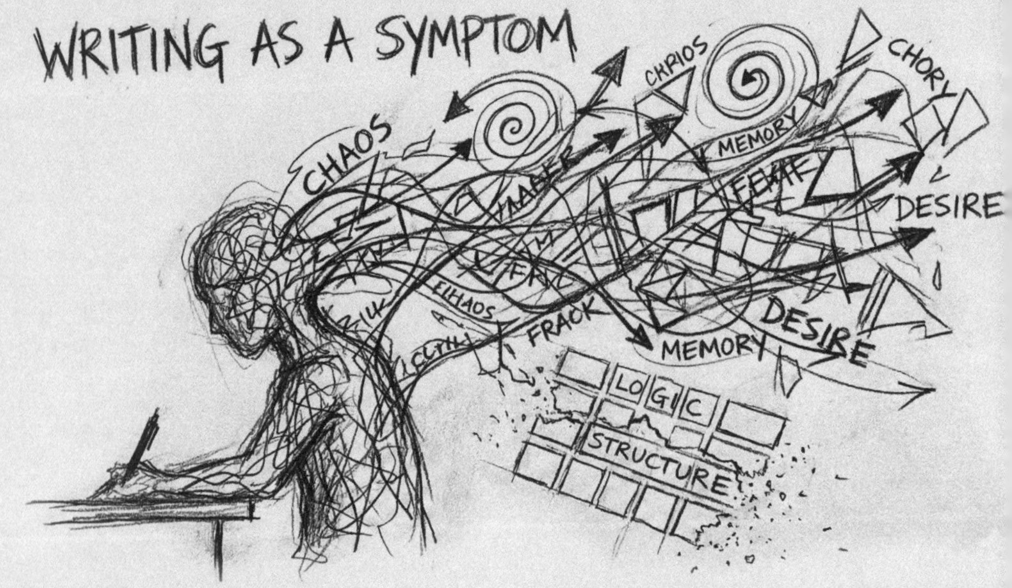

생툼은 각 존재의 고유한 매력을 탐구하고 꽃피운다.

라캉은 『세미나 10권』에서 불안을 통해 개별 주체로서 존재를 회복하는 문제에 주목했다. 불안은 상징계의 힘을 약화시키는 정동으로, 상징계가 약해지면 우리는 이를 개선할 방안을 모색한다. 라캉은 소설가 제임스 조이스를 사례로 생툼 개념을 발전시키며 상징 질서 개선을 시도했다.

01

상징계의 한계를 넘어
생툼을 통해 새로운 주체를 찾는다.

"상징계가 무력해질 때, […] 개선할 수 있는 방법을 갖게 된다.
이를 생툼이라고 정의한다."[1]

말년에 접어든 라캉은 『세미나 23권』(1975-76)에서 사유에 큰 변화를 보였다. 그는 그동안 주체를 지탱해온 것이 명확히 상징계의 역할이라는 기존의 관점을 버리고, 상징계의 효력을 넘어서는 증상과 함께 살아가야 한다고 천명한 것이다.

『세미나 23권』에서 새롭게 도입된 '생툼(Le sinthôme)'이라는 용어는 원래 중세 프랑스어로 '증상'이나 '징후'를 뜻하는 옛말이다. 그러나 이 용어가 지칭하는 바는 과거의 정신병적 개념과는 전혀 다르다. 즉, 주체의 구조가 무너지면서 나타나는 발작, 정신적 공황, 우울 등의 현상과는 구별된다. 상징계의 우위를 강조하며 증상을 억제의 산물이나 병리적 상태로만 간주했던 라캉의 초기 이론과는 다른 차원의 개념이기 때문이다.

과거에는 '정신'과 '이성'이라는 보편적 개념이 중시되었기에, 억압으로 인한 증상은 단순히 마음의 병으로 치부되어 정신병의 신호로만 인식되었다. 그러나 라캉은 상징계가 무력해질 때 나타나는 정신병적 현상을 단순한 병리 현상으로 보지 않았다. 그는 그 안에서 새로운 주체 구조를 창조할 수 있는 '생툼'이라는 개념을 통해 독자적인 치유와 회복의 가능성을 제시하였다.

『세미나 23권』은 '주체를 지지하는 매듭', '조이스의 자취', '실재의 발견'이라는 세 장으로 구성되어 있다.

첫째, '주체를 지지하는 매듭에 대하여' 장에서는 라캉이 생툼이 단순히 상징계를 중심으로 상상계와 실재를 연결하는 매듭 이상의 개념임을 설명한다. 초기 이론에서는 상징계가 무력해지면 주체가 미쳐버린다고 보았다. 상징계가 세 영역을 묶는 매듭 기능을 상실하면, 실재를 억제하지 못하고 언어에서 탈락하여 욕망으로 승화되지 못한 잔여 충동인 주이상스가 주체를 전복시킬 수 있기 때문이다. 이러한 문제를 지적하며 상징계의 우월성을 강조했다. 그러나『세미나 10권』에 이르러 라캉의 관점은 바뀌어, 불안을 통해 개별 주체로서 존재를 회복하는 문제로 전환되었다. 개별 주체의 회복을 위해서는 상징계의 허약성을 드러낼 수밖에 없는데, 이는 '공백'이라는 구멍을 통해 가능하다. 이 구멍은 상상계, 상징계, 실재를 연결하는 매듭을 느슨하게 하거나 풀어 상징계를 무력하게 만든다. 그러나 라캉은 생툼 개념을 통해 개별 주체를 강조하며, 느슨해진 매듭을 다시 묶을 수 있도록 했다. 생툼은 상상계, 상징계, 실재를 결속시키는 네 번째 고리 역할을 하여 주체를 응집시킨다. 따라서 자신의 증상을 생툼으로 동일시한 주체는 재정립된 자신의 존재 방식을 긍정하게 된다.

둘째, '조이스의 자취' 장에서는 아일랜드 소설가 제임스 조이스(1882~1941)를 생툼의 대표적인 사례로 제시하며, 그가 정신병적 구조를 지녔음에도 불구하고 '정상적인' 주체가 될 수 있었던 점을 다룬다. 조이스는 아버지가 아버지로서의 역할을 제대로 수행하지 못한 데서 비롯된 정신적 증상을 경험했다. 이러한 조이스의 사례는 상징계 구조를 지탱하는 '아버지의 이름'이 거부되었거나 부권이 약화된 당시 유럽 사회의 분위기로 인해 상징계가 무력화되었음을 보여준다. 라캉에게 '아버지의 이름'은 현실의 아버지 인격이 아니라 상징적 기표로서, 반드시 생물학적 아버지일 필요는 없다. 이는 제3자로서의 상징적 아버지를 의미한다. 라캉은 『세미나 3권』에서 "정신병이 발병하려면 '아버지의 이름'이 배척되어야 한다"고 말한다.[2] 정신병의 메커니즘은 '아버지의 이름'이 제대로 자리 잡지 못해 주체가 상상계로 퇴행하는 데에 있다. 조이스의 정신 증상은 아버지의 부재로 인해 상징계에 진입하지 못하고 상상계로 후퇴하면서 발생한 것으로, 이는 매듭이 느슨해진 상태라고 할 수 있다. 라캉은 조이스가 네 번째 고리를 통해 느슨해진 매듭을 다시 묶어 정상적인 주체로 거듭날 수 있었다고 보았다. 조이스의 소설 작품이 바로 그 네 번째 고리의 역할을 한 것이다.

셋째, '실재의 발견' 장에서는 생툼의 특징이 실재에서 비롯된다는 점을 밝힌다. 라캉은 실재에 대해 "내가 사유라고 부르는 것에서 쟁점이 되는 실재는 항상 이상하거나 끝, 핵심"이라고 설명한다.[3] 여기서 '이상한 것'이란 상징계를 정상으로 간주할 때 비정상으로 여겨지는 것을 뜻한다. 그러나 상징계가 약화되면, 오히려 '이상한 것'이 중심이 된다. 상징계가 통합된 세계에서는 실재가 파편화된 성격을 띠는데, 이는 실재가 어떤 특정한 것에도 얽매이지 않는 특성을 지니기 때문이다. 조이스의 글쓰기는 이러한 실재의 특성을 탁월하게 구현한다. 그의 수수께끼 같은 문체는 상징 질서 내에서 고착된 의미를 부정하고 전복하는 기제로 작동한다. 이러한 문체는 상징계를 무력화시키는 동요와 당황, 불안을 내포하고 있다. 이를 통해 조이스는 증상을 단순한 병리 현상으로 치부하지 않고, 기존 상징 질서를 재편하며 증상을 주체적으로 수용하는 방식을 제시했다.

『세미나 23권』은 『세미나 3권』과 달리 정신병 연구서가 아니라, 주체가 실재와 연결되고 적응해서 재탄생한 새로운 주체의 모습을 제시하는 강연록이다. 이 책에서는 손상된 매듭을 수선하여 주체를 다시 응집시키는 다양한 매듭 유형이 등장한다. 라캉은 자신의 이론을 논리적으로 설명하기보다는 도표와 매듭의 조작을 통해 표현한 것이다. 이를 통해 주체는 뚜렷한 자기 윤곽을 지닌 채 외부 현실 속에 존재하도록 한다. 결론적으로 생톰은 기존에 확립된 상징계를 끊임없이 벗어나며, 타자의 욕망을 가로지르면서 주체의 특이성을 정립하게 하는 기제라 할 수 있다.

02

라캉은 조이스의 예술을 통해 증상을 생툼으로 전환시킨다.

조이스는 자신의 예술을 통해 생툼을 추구했다는 점이 드러났다. [4]

수수께끼 같은 조이스의 문체는 현실을 투명하게 비추는 거울이기를 거부한다. 대신 그는 끊임없이 미궁 속으로 빠져드는 기표의 연쇄를 통해 독자적인 현실의 질서를 창조해 낸다. 조이스의 소설은 미로 같은 구조를 통해 독자가 익숙한 사고방식에서 벗어나 근원적이고 심층적인 차원에서 새로운 자기의식을 깨우치도록 유도한다. 라캉이 생툼의 구체적인 사례로 주목한 것도 바로 이러한 조이스의 실험적인 소설 쓰기였다. 어떤 형식에도 얽매이지 않는 그의 언어는 실재의 파편을 포착해내는 강력한 기표가 된다.

젊은 시절 라캉은 우연히 서점에서 조이스를 접한 적이 있으며, 1922년에는 조이스의 『율리시스』 낭독회에도 참석했다. 조이스의 작품을 접하면서 라캉은 자신보다 18년 앞서 태어난 조이스

에게 깊은 존경심을 품게 되었고, 조이스는 라캉에게 지울 수 없
는 증상으로 자리 잡았다. 겉으로 드러나는 증상과 그 근원인 생
툼의 관계처럼, 라캉과 조이스의 관계 또한 마치 동전의 앞뒷면과
같다. 1975년 '증상으로서의 조이스'라는 제목으로 국제 조이스
학회에서 강연한 이후, 라캉은 조이스의 사례를 통해 생툼의 중요
성을 역설해 왔다.

1882년 아일랜드 더블린에서 태어난 제임스 조이스는 아일랜
드를 대표하는 대문호이자 20세기 문학의 흐름을 바꾼 소설가로
평가받는다. 그는 1915년 아일랜드와의 갈등으로 고국을 떠났지
만, 아이러니하게도 1993년부터는 아일랜드에서 가장 널리 유통
되는 10파운드 지폐에 그의 초상화가 실리며 국민적인 사랑을 받
고 있다. 조이스는『더블린 사람들』(1914),『젊은 예술가의 초상』
(1916),『율리시스』(1922),『피네간의 경야』(1939) 등을 발표했으며,
이들 작품은 그가 경험한 더블린 사람들의 실제 삶을 생생하게 투
영하고 있다.

라캉은『세미나 23권』에서 조이스의 소설을 생툼 사례로 제시
하며 연구를 진행했는데, 이는『세미나 3권』이후 이어져 온 정신
병 논의의 완결을 의미한다. 조이스는 아버지의 부재로 인해 상징
계에 제대로 안착하지 못하는 정신병적 구조를 지니고 있었으며,
이는 정체성의 균열과 다양한 불안 증상으로 이어졌다. 이러한 증
상은 언어로 기표화될 수 없는 것으로, 라캉이 말하는 '대상이 없
지 않은' 불안의 성격을 띤다. 상징계에서는 언어라는 타자를 통해

자아가 형성되고 주체가 안정된다고 보지만, 증상은 주체에게 침투하는 원인이 합리적으로 설명되지 않아 위협적으로 다가온다.

조이스가 겪었던 고통스러운 증상은 자신에 대한 풀리지 않는 수수께끼와도 같았다. 라캉은 조이스가 이러한 증상을 극복하기 위해 ‘아버지의 이름’이라는 상징적 권위에 대한 거부를 소설 창작을 통해 해결했다고 주장한다. 조이스는 상징계 속 대타자의 욕망에 동일시되지 않는 ‘생툼’ 개념을 발전시키며, 이를 바탕으로 새로운 상징계를 창조할 수 있었다는 것이다.

라캉이 조이스에 관심을 가진 이유는 정신병적 구조를 지닌 그가 어떻게 ‘정상적인’ 주체로 성장할 수 있었는지에 주목했기 때문이다. 과연 그것이 어떻게 가능했을까? 조이스 내면에 잠재한 정신병의 발병을 막기 위해 그는 어떤 노력을 기울였을까? 라캉은 그 해답을 조이스의 글쓰기에서 찾았다. 조이스는 예술 창작을 통해 자신을 괴롭혔던 증상을 받아들이고, 그 과정을 통해 자신의 정체성을 발견하는 데 성공한 인물이었기 때문이다.

조이스의 글쓰기는 단순한 증상의 산물이 아니라, 그 자체로 하나의 증상이자 자신의 존재를 증명하는 방식이었다. 여기서 말하는 예술은 일반적인 의미의 예술이 아니라, 조이스의 문학 작품과 글쓰기를 의미한다.

조이스는 펜 끝으로 끊임없이 자신을 괴롭히는 존재의 수수께끼를 탐구하고 해결하려 했다. 조이스의 작품이 문학사에서 이토록 특별한 위치를 점하는 이유는, 그의 텍스트 자체가 독자와 비

평가들에게 던져진 풀리지 않는 수수께끼이자, 그 자체로 살아 숨
쉬는 하나의 현상처럼 작동하기 때문이다. 기존의 언어 규칙을 파
괴하는 난해한 문체와 수많은 해석의 갈래를 낳은 독보적인 서사
구조를 통해, 그는 20세기를 통틀어 가장 위대하고도 불가사의한
작가의 반열에 올랐다.

03

상징계의 질서를 벗어난
조이스는 과연 정상적인 인물일까?

조이스는 자신의 아버지가 실패한 사람이라는 사실에서
비롯된 증상을 가지고 있다. [5]

상징계의 질서를 벗어난 조이스는 과연 미쳤을까? 라캉은 증상에 관한 세미나에서 조이스가 정신병을 앓았다고 단정하지 않았다. 다만, 조이스의 딸 루시아가 정신분열증 증상을 보였다는 점만 분명히 언급했다. 라캉은 조이스의 증상이 나타난 시점으로 거슬러 올라가면, 그의 삶에서 아버지가 완전히 배제되어 있었다는 사실을 알 수 있다고 말한다. 즉, 조이스의 증상은 아버지의 완전한 부재에서 비롯된 것임을 알 수 있다. 이처럼 조이스가 증상을 지니고 있다는 것은 그가 상징계에 제대로 안착하지 못했다는 의미를 지니고 있다.

그렇다면 라캉은 왜 정신병 구조와 관련된 조이스의 증상을 통해 생톰을 소개했을까? 그 이유는 조이스가 '아버지의 이름'을 받아들이지 않아 상징계에 완전히 자리 잡지 못했음에도 불구하고, 특유의 방식으로 정상적인 삶을 영위했기 때문이다. 예를 들어, 어떤 사람들은 정신병 구조를 가지고 있음에도 불구하고 발작이나 환각과 같은 전형적인 증상을 경험하지 않는다. 그렇다면 왜 이들에게는 정신병이 완전히 드러나지 않는 것일까? 조이스 역시 정신분석과 정신의학에서 주목하는 발병하지 않은 정신병 상태를 지니고 있었다. 『세미나 3권』에서 따르면, 조이스의 상태는 정신병 발병 이전의 "전 정신병적 잠복기"에 해당한다고 설명할 수 있는 것이다.

조이스가 철저히 실패한 아버지로부터 비롯된 정신적 문제를 안고 있다는 사실을 이해하려면, 그의 개인사에서 겪은 여러 어려움을 살펴볼 필요가 있다. 특히 1893년, 어린 시절 아버지가 여러 이유로 직위에서 해임된 사건은 그의 고난의 시작이었다. 조이스의 고향 더블린에서는 열악한 현실 속에서 지역 공동체를 지탱하던 이념과 가치 체계가 무너졌고, '아버지의 이름'이라는 상징적 역할도 제대로 작동하지 못했다. 이러한 상황 속에서 조이스는 무력한 아버지의 잦은 음주와 폭력으로 인해 파산 직전의 가정 혼란을 겪으며, 어렵게 독학으로 학업을 이어갔다. 이처럼 조이스가 정신병적 구조를 갖게 된 이유는 그가 인정하지 않는 아버지에게 깊은 뿌리를 두고 있기 때문이다. 조이스 소설 속 아버지의 특징은 '나는 모른다'는 무관심한 태도다. 우리는 이를 무능하고 실패한 아버지라고 부른다. 그래서 『세미나 23』에서 조이스는 상징계를 지탱하는 아버지의 부재로 인해 정신병적 구조를 지닌 주체로 등장한다. 이러한 문제는 조이스의 작품에서도 고스란히 드러난다.

조이스의 대표작 『율리시스』는 영문학사에서 독특한 위치를 차지하는 작품이다. 이 소설은 조이스 자신의 자전적 인물인 스티븐 디달러스와 레오폴드 블룸, 두 주인공을 통해 '실패한 아버지'와 '아버지를 찾는 아들'의 모습을 선명하게 드러낸다. 특히 스티븐은 전작에서 "늙은 아버지, 늙은 기술자여, 지금부터 영원히 나를 잘 지켜 주소서"라고 기도하며 영적인 아버지를 갈구한 바 있다. 이는 현실의 무능하고 무관심한 생부에게서 결핍된 부성을 채우려는 절규로, 『율리시스』는 바로 이러한 진정한 아버지의 형상을 찾아 헤매는 여정을 담고 있다.

『율리시스』에서 '실패한 아버지'의 표상은 장례식을 다룬 '헤이디즈' 편과 신문사를 배경으로 한 '아이올로스' 편을 오가며 구체화 된다. '헤이디즈' 편에서는 또 다른 주인공 블룸이 실패한 아버지의 모습을 회상한다. 이 부분에서는 한 아버지의 죽음을 애도하며 장례를 치르는 과정이 묘사되는데, 블룸은 장례 행렬에 참여한 조문객 중 한 명으로 등장한다. 장례를 치르는 동안 더블린에 사는 서른여덟 살의 평범한 중년 남성인 블룸은 자신의 아버지를 떠올리는 것이다. 이 장면을 통해서도 조이스가 친부에 대해 품고 있던 복합적인 감정과 의식을 엿볼 수 있다.

'아이올로스' 편에서는 블룸이 신문사 조판부에서 활자가 거꾸로 찍힌 판형을 보며 문득 돌아가신 아버지를 회상한다. 그는 "아버지는 성경 이야기를 읽어주셨는데”라고 혼잣말을 하고, “불쌍한 아버지는 옛날이야기 책을 들고 손가락으로 글자를 거꾸로 짚어가며 나에게 읽어주셨지”라고 기억한다. ‘손가락을 거꾸로 짚어가며’라는 표현은 글자를 모르는 무력한 아버지의 모습을 상징한다. 『율리시스』에서 묘사된 아버지의 죽음과 무력한 모습은 국부의 상징적 죽음, 종교의 순수성을 잃은 종교 지도자들의 권위 하락, 그리고 가정을 책임져야 할 아버지의 가부장적 권위 상실에 대한 비판과 반성을 담고 있다.

현대 정신분석의 궁극적인 목표는 아버지의 권위를 넘어서는 데 있다. 조이스에게 아버지란 의미를 잃은 존재로, 이는 부권이 확고히 자리 잡지 못한 현대 주체 개념에 중요한 시사점을 제공한다. 현대의 주체는 ‘아버지의 이름’을 거부하며, 상징적 질서의 시간과 역사에서 벗어나 순수 대상으로 존재하려 하기 때문이다.

조이스에게 아버지의 부재는 상징적 질서가 부여하는 존재 기반이 결여된 상태를 의미했지만, 아버지 부재를 대신할 실질적인 대안이 없는 상황에서 그는 글쓰기를 발견했다. 조이스는 글쓰기를 통해 아버지 부재로 인한 고통을 극복하고자 여러 시도를 했으며, 예술 활동을 통해 자신의 이름을 원했다는 사실에서 아버지 부재를 보상하고 고유한 정체성을 확립했다. 역설적이게도, 아버지의 절대적 무관심은 조이스에게 새로운 주체로 거듭나게 된 계기가 된 것이다.

04

조이스의 글은 끊임없이
다양한 방식으로 해석되어 왔다.

조이스의 증상 가운데에서 "무의식은 실재와 깊이 연결되어 있다."[6]

『세미나 23권』 마지막 5장 '결론을 내리면'에서는 다음과 같이 말하고 있다. "실재, 즉 내가 사유하는 것의 핵심은 언제나 기묘하고 최종적인 상태에 있다. […] 실재의 이러한 특징은 그것이 어떤 것에도 얽매이지 않는다는 점에 있다."[7] 이와 같은 실재의 속성은 조이스의 소설에서 언어 자체가 균열되고 해체되는 양상을 통해 여실히 드러난다.

라캉이 무의식의 작용을 설명할 때 자주 언급한 말실수나 언어유희와 같은 표현들은 논리적 일관성을 잃은 '텅 빈 말'의 차원을 드러낸다. 조이스의 글쓰기는 단순히 상징계를 뒤흔들기 위해 기존의 작법에 얽매이지 않을 뿐만 아니라, 상징계를 무력화하는 힘을 지니고 있다. 따라서 조이스의 작품은 윤리적 반성과 합리적 언어 개념에 의해 획일화된 상징 체계를 거부하고, 이를 전복하려는 투쟁의 의미를 지닌다.

"조이스의 증상 속에서 무의식은 실재와 밀접하게 연결되어 있다." 이러한 특징 때문에 조이스의 소설은 끊임없이 다양한 해석이 가능한 수수께끼 같은 문체를 지니게 된다. 조이스의 '증상으로서의 글쓰기'는 논리의 틀을 허물며 예측할 수 없는 다층적 방향성을 띠기 때문이다. 이로 인해 독자들은 조이스의 작품을 읽을 때 마치 미로 속을 헤매는 듯한 착각에 빠지게 된다.

라캉은 조이스의 작품 중에서도 가장 난해하다고 평가받는 마지막 대작 『피네간의 경야』에 대해 다음과 같이 언급했다. "나는 조이스의 작품이 가장 읽히지 않는다는 점에 동의한다. 그 이유는 기표가 기의의 자리를 완전히 차지해버리기 때문이다." 다시 말해, 조이스의 글에는 의미가 부여되지 않은 기표들이 가득하다는 뜻이다.

의미가 부여되지 않은 기표는 말실수나 헛소리로 간주되며, 짜임새를 중시하는 상징적 질서 속에 비일관성과 불완전성의 공간을 만들어낸다. 이는 인간의 의식이 일관된 상태를 유지하도록 하는 상징계 언어 구조를 벗어나, 인간 존재가 '흩어져 있는' 상태임을 드러낸다. 결국 우리는 단일하고 일관된 존재가 아니라, 자신조차 잘 알지 못하는 여러 '나'가 공존하는 복합적인 존재인 것이다.

『피네간의 경야』는 어떤 형식에도 얽매이지 않는 기표들이 엮이고 조합된 독특한 문체를 지니고 있는데, 이는 직전 작품인 『율

리시스』와 유사한 특징이다. 생전에 조이스는 "나는 『율리시스』에
너무 많은 수수께끼와 퀴즈를 숨겨 두었기에 앞으로 수 세기 동
안 대학 교수들이 내가 뜻하는 바를 해석하느라 바쁠 것이다"라고
말한 바 있다. 라캉은 조이스 특유의 수수께끼 같은 문체를 두고,
"글쓰기의 힘으로 끌어올린 수수께끼는 우리로 하여금 잠시 멈춰
서서 깊이 생각하게 만드는 가치를 지닌다"고 평가했다.

조이스는 이처럼 수수께끼 같은 문체를 통해 인간 존재가 단
선적이고 직선적인 연속체로 경험되지 않는다는 사실을 드러낸
다. 잠시 멈춰 생각하는 순간, 우리는 공백을 세밀히 들여다보며
존재의 좌표를 알려주는 불안을 마주하게 된다. 불연속적인 시간
속으로 독자들을 안내하는 이 수수께끼 같은 문체는 기존 상징계
의 주체에 개입하여 혼란을 일으키고, 주체를 신비로운 차원으로
이끌기 때문이다. 이처럼 방대한 수수께끼 같은 문체들은 해석이
쉽지 않을 뿐만 아니라, 해석할수록 다양한 의미로 끝없이 다르게
읽히는 이유가 바로 여기에 있다.

이것이 바로 독자들이 조이스의 글쓰기에 열광하는 이유일 것
이다. 나아가 그의 수수께끼 같은 문체는 '없지 않은 대상'이 등장
하는 순간에 느끼는 불안을 통해, 주체를 존재의 시간 즉 카이로
스의 시간으로 이끈다.

언어의 개입으로 인해 상징화 과정에서 억제가 발생하였고,
그 결과 인간에게 다양한 증상이 나타났다. 그러나 이러한 증상은
주이상스 차원에서 작용하는 진리라 할 수 있다. 주이상스는 언어

를 초월하기 때문이다. 『피네간의 경야』를 살펴보면, 작품에 나타난 수수께끼 같은 문체는 일종의 말실수 문학이라 할 만하다. 언어 바깥에 존재하는 주이상스가 엿보이는 한계 지점으로 추방된 말실수는 조이스 작품의 특징이다. 언어에 균열과 해체가 가해진 조이스의 소설 속 주이상스는 언어의 한계를 명확히 드러낸다. 조이스의 글쓰기는 의식 속으로 무의식이 침투하는 그 지점에서 만나는 주이상스의 언어이기 때문이다.

주이상스의 언어로 가득한 조이스의 소설은 현대 IT 기술의 정점인 구글 번역기조차 제대로 번역하지 못하는 아포리아로 남아 있다. AI가 인간의 사고를 점점 잠식하는 시대가 도래했지만, 조이스가 구사한 수수께끼 같은 문체는 일반적인 텍스트 해독을 훨씬 뛰어넘는다. 그의 글쓰기는 AI가 결코 닿을 수 없는 인간다움의 근원, 그 깊은 성찰의 장을 끊임없이 열어젖힌다.

05

조이스의 난해한 문체는
잠시 멈추어 생각하게 만든다.

매듭은 주체의 구조를 지지한다.[8]

초기 라캉은 정신이 붕괴된 상태를 '매듭이 풀린 상태'로 정의하며, 그 원인을 '아버지의 이름'의 부재에서 찾았다. 그러나 『세미나 23권』에서 라캉이 언급한 매듭은 '아버지의 이름'이 없어도 주체의 구조를 지탱하는 개념이다. 이러한 매듭이 존재할 수 있도록 하는 것이 바로 생툼이다. 생툼은 '아버지의 이름'이 부재할 경우 상징계가 제대로 기능하지 못해 인간 심리가 불안정해진다는 초기 이론을 완전히 새롭게 재해석한 개념이다.

『세미나 23권』 3장에서는 라캉이 주체가 매듭을 통해 어떻게 유지되는지를 설명하기 위해 여러 도식을 제시한다. 첫 번째 매듭은 클로버 모양의 세 잎으로 이루어져 있으며, 그 중앙에는 구멍처럼 텅 빈 공간이 있는데, 이는 무의식과 비어 있음의 공백을 상징한다. 두 번째 매듭에서는 상상계와 상징계를 나타내는 두 개의 원이 겹쳐져 있으며, 이 원들이 교차하는 지점에서 욕망의 주체가 탄생한다. 여기에 실재를 의미하는 세 번째 고리가 얽혀 있는데, 이를 '보로매우스 매듭'이라 부른다. 보로매우스 매듭은 상상계, 상징계, 실재가 세 개의 고리로 상호 연결된 상태를 뜻한다. 이 매듭은 14세기 이탈리아 귀족 보로매우스 가문의 상징이었으며, 중세 신학에서는 삼위일체를 설명하는 데에도 사용되었다. 라캉은 이 세 개의 고리 외에 네 번째 매듭을 만들고자 했는데, 그것이 바로 생툼이다.

라캉은 '보로매우스' 매듭을 주체의 정신 구조를 설명하는 개념으로 제시한다. 세 개의 고리는 서로 동등하게 연결되어 있지만, 라캉은 이 매듭이 언제든지 풀릴 수 있는 불안정한 상태라고 말한다. 예를 들어, 조이스의 경우처럼 '아버지의 이름'을 받아들이지 않으면 상징계가 정상적으로 작동하지 않아 매듭이 풀릴 수 있는 것이다. 매듭 전체가 완전한 일관성을 유지하려면 상징계라는 고리가 풀리지 않아야 하는데, 하나가 풀리면 나머지 두 고리도 함께 분리되기 때문이다. 그러나 생툼은 세 개의 고리를 묶는 네 번째 매듭으로서 주체의 구조를 더욱 견고하게 지지한다. '아버지의 이름'이 부재해도 주체를 지지한다는 점에서, 생툼은 『세미나 3권』에서 정신분석 대상이었던 슈레버 박사의 정신병 사례와는 전혀 다른 기능을 가진 개념임을 알 수 있다.

프로이트와 라캉은 슈레버의 망상증 사례를 정신병 연구에 있어 중요한 연구 대상으로 주목했다. 슈레버는 독일 드레스덴 고등법원 재판관 출신으로, 1903년에 자신이 병원에 입원해 겪은 경험을 담은 『내 정신병의 일기』를 출간했다. 그는 뛰어난 지성을 지녔음에도 불구하고 망상증을 앓았으며, 50대 초반에 세 번째 정신병 발병 후 사망했다. 그의 주요 증상으로는 자신이 여성으로 변하고 있다는 망상과 신의 부인이 되고 싶어 한다는 망상이 있었다.

슈레버를 연구한 우호적인 학자들은 그가 아버지의 억압에 희생된 인물이라고 평가했다. 정신적으로 지칠 때마다 슈레버는 본능적으로 아버지를 찾았지만, 아버지로부터 내면의 응답을 받지 못해 결국 정신병 증상이 나타났다는 것이다. 슈레버의 아버지는 독일 제국의 이념에 따라 아이들의 도덕성과 강인함을 길러주는 엄격한 교육 방침을 지닌 유명한 교육학자였으며, 이를 거부하는 자에게는 강력한 처벌을 가했다. 이러한 엄격한 아버지 밑에서 슈레버의 큰형과 둘째 형도 정신질환으로 사망했다. 어린 시절 아버지의 명령은 지나치게 강압적이고 폭력적이었으며, 슈레버는 이미 아버지에게서 배척당한 상태였다. 이로 인해 성에 대한 혼란이 시작되었고, 여자가 된다는 망상적 체험에 빠지는 정신병이 발병했다. 이처럼 '아버지의 이름'이 부재한 경우, 주체를 지지하는 조이스와는 달리 슈레버에게는 '아버지의 이름'의 부재로 인해 정신병이 발생한 것이다.

보로매우스 매듭이 풀리지 않고 견고하게 유지되는 이유는 매듭 내부에 구멍이 존재하기 때문이다. 『세미나 23』에서는 이 구멍을 강조한 매듭 그림이 무려 아홉 점이나 등장하는데, 이는 보로매우스 매듭이 텅 빈 구멍을 중심으로 서로 얽혀 있음을 보여주기 위함이다. 상징계 한가운데 자리한 이 텅 빈 구멍은 내부와 외부의 경계가 허물어지는 지점을 상징한다. 이 구멍을 통해 드러나는 공백은 존재의 심연이자, 상징계에서 의미를 부여받지 못해 배제된 것들이 증상으로 회귀하는 장소이기도 하다. 이곳은 상징계 체계가 포착하지 못하는 순간, 우리가 문득 멈춰서 바라볼 때 비로소 드러나는 구멍이다. 조이스 특유의 수수께끼 같은 문체는 바로 이러한 구멍을 발견하도록 독자를 잠시 멈춰 생각하게 만드는 효과를 지닌다. 언어로는 포착할 수 없는 소리, 의식 너머의 무의식, 그리고 텅 빈 공백의 심연 속에서 우리는 낯선 타자로서의 또 다른 자아와 마주하게 된다.

06

생툼은 서로 어우러져 조화를 이루는
일관성을 요구한다.

일관성이란 무엇인가? 그것은 함께 유지되는 것을 의미한다.[9]

일관성이란 네 개의 고리가 단단히 맞물려 매듭이 풀리지 않는 상태를 의미한다. 이러한 점에서 일관성은 생툼의 필수 전제 조건이라 할 수 있다. 라캉에게 있어 일관성은 단순히 사람이 자신의 삶의 경험을 반복하며 동일한 성격을 유지하는 것을 뜻하지 않는다. 이로 인해 일관성은 일반성과 명확히 구분된다. 근대 철학은 안정된 인식을 위해 한 일반성의 질서에서 다른 일반성의 질서로 이행하는 과정을 중시하지만, 라캉의 관점에서는 그것이 단지 동일한 것의 반복에 불과하다. 이는 생툼이 일반성의 법칙을 배제하는 개념이기 때문이다.

생툼에서 강조하는 일관성은 라캉 정신분석에서 상상계, 상징계, 실재가 각각 독립적인 범주임을 전제로 이해되어야 한다. 이 세 범주가 매듭처럼 결합되어 유지되는 상태를 일관성이라 부르며, 이는 주체가 삶을 영위하는 토대가 된다. 그러나 이 결합은 세 범주가 확고히 고정된 것이 아니어서 언제든 풀릴 위험이 있다는 점에서 본질적으로 불안정하다.

특히 보로매우스 매듭은 상징적 일관성을 유지하는 데 중요한 역할을 한다. 이는 대타자 내에 메워질 수 없는 구멍이 존재한다는 사실에서 비롯된다. 결여나 공백과 같이 상징계 내부에 외부로 통하는 구멍이 있다는 점은 상징계가 완전한 구조가 아님을 보여준다. 이러한 구조적 특성 때문에 주체는 상징계 내에서 영구적인 안정 상태를 유지하기 어렵다. 구멍을 통해 드러나는 불안은 상징계의 취약성을 명확히 드러내기 때문이다.

상징계가 흔들리면 이를 지탱하던 매듭은 언제든지 풀릴 수 있다. 매듭이 풀리는 순간, 일상의 균형이 깨지며 우리는 정신병, 신경증, 도착증 중 하나의 정신 구조를 갖게 된다. 이러한 증상의 조건은 '아버지의 이름'이다. 정신병은 '아버지의 이름'을 받아들이지 않아 상징계의 억제가 실패할 때 발생하며, 신경증은 억제를 견디며 살아가는 사람에게 나타나는 증상이다. 반면 도착증은 현실 인식을 부정하고 실재에 잠재한 직접적인 충동을 표출하는 증상이다. 신경증은 정신병이나 도착증과는 명확히 구별되는 특수한 임상 구조를 가진다. 정신분석에 따르면, 모든 사회적 인간에게 신경증은 일반적이기 때문이다. 그래서 라캉에게 증상이라는 용어는 신경증과 불가분의 관계에 있다. 신경증은 매듭이 풀리지 않도록 기존 상징적 질서를 지탱하려 하며, 증상이 드러나지 않도록 상징계의 고리를 보완하기 때문이다. 이 때문에 우리는 때때로 신경증으로 고통받기도 한다.

일관성은 원래 상상계 범주에 속하는 개념이다. 이는 상상계의 거울상이 끊임없이 새로운 환상을 만들어내며, 나르시시즘적으로 자신을 방어함으로써 상상적 일관성을 획득하기 때문이다. 이로 인해 상상계는 결여나 공백이 없는 자기 완결성을 지닌 상상적 일관성을 가질 수밖에 없다. 상상계는 주체로부터 타자를 배제하는 폐쇄적 구조이기 때문에 나르시시즘적 일관성을 잃는 순간 그 구조는 붕괴된다. 거울상의 환상이 깨지면 주체는 실재와 마주하게 되고, 감당하기 어려운 불안에 빠지게 된다. 그래서 라캉은 이러한 상상적 일관성을 "가장 의미 없는 형태의 일관성"이라고 평가한다.[10] 이는 상상계의 거울 단계에서 형성되는 자아가 허구적 산물이라는 비판적 인식에 근거한 것이다.

상상계의 정신병은 주체가 상상계 내부에 구축된 가상의 삼중 고리, 즉 가짜 현실을 실재하는 구조로 오인하는 증상을 의미한다. 즉, 상상계, 상징계, 실재로 구성된 매듭을 상상계 안에 지니고 있다고 착각하는 망상 증상이 바로 정신병이다. 이러한 증상은 사회의 보편적 규범이나 윤리관과 단절된 독자적인 세계관을 지닌 이들에게서 나타난다.

조이스는 보로매우스 매듭이 언제든 풀릴 수 있는 위태로운 상태에 놓여 있었다. 그가 겪는 정신병 구조는 '아버지의 이름'을 받아들이지 못해 상상계로 퇴행한 상태이기 때문이다. 그러나 조이스는 단순히 보편적인 사고가 결여된 정신병 상태에 머무르지 않는다. '아버지의 이름'이 무력해지면서 상징계의 주체로 고정되지 못했지만, 오히려 유동적이며 무정부적인 주체가 된 것이다. 그래서 조이스는 글쓰기라는 네 번째 고리를 통해 일관성을 유지하며 정상적인 주체로서 삶을 이어갈 수 있었다.

라캉은 『세미나 23권』 3장에서 매듭의 속성과 결합 방식을 단순한 일관성뿐만 아니라 '구멍'과 '탈존'의 개념을 포함하여 설명한다. 네 번째 고리의 중심에는 구멍이라는 공백이 자리 잡고 있는데, 이 개념은 특히 『세미나 10권』에서 중요하게 다뤄진 것이다. 라캉은 주체가 이 구멍을 통해 마주하는 현상을 불안이라고 명명했다. 조이스의 소설은 이러한 구멍을 통해 드러난, 의미가 부여되지 않은 기표들이 서로 얽히고 조합된 독특한 문체를 보여준다.

다음 장에서 마지막으로 다룰 '탈존'은 라캉이 하이데거의 후기 사상을 정신분석적 관점에서 수용하여 제시한 개념이다. 상상계는 의미의 일관성을, 상징계는 언어 속의 공백과 구멍을, 실재는 주체의 탈존을 각각 담당한다. 조이스의 글쓰기는 이 세 가지 개념이 뒤섞인 독특한 생톰으로 나타난 것이다.

키에르케고르는 매듭을
'종합'이라고 표현한다.

키에르케고르는 인간의 삶을 심미적 단계, 윤리적 단계, 그리고
종교적 단계라는 세 가지 독립된 실존 양식으로 구분한다. 여기서
개인은 각기 다른 실존 양식에 깊이 뿌리내린 존재가 된다. 그러
나 키에르케고르는 이 세 단계를 통합하기 위해 내면성을 중시하
며, 자기 자신과 타자와의 관계를 조화롭게 통합할 수 있는 종교
적 단계로 나아가야 한다고 주장한다.

심미적 인간은 정서적 희열을 추구하지만, 그 한계를 넘어서
면 허무와 절망에 빠지게 된다. 윤리적 인간은 보편성을 추구하
지만, 결국 윤리적 이상에 도달하지 못하고 후회와 회한 속에 마
무리된다. 여기서 말하는 허무와 절망, 후회와 회한은 라캉이 언
급한 '구멍'과 같은 의미를 지닌다. 각 실존 영역이 구멍을 가지고
있다는 것은 자신을 재정립하고 새롭게 발견할 가능성을 내포한
다는 뜻이다. 종교적 단계는 이 구멍을 통해 세 실존 영역을 통합
하려 한다. 이는 라캉이 설명한 '매듭'의 구조와 맞닿아 있다.

키에르케고르는 세 가지 실존 영역을 통합하여 내면성을 지닌
참된 실존을 이루는 삶을 강조하며, 이를 '신 앞에 선 단독자'라는
표현으로 요약했다. 여기서 단독자란 사회적 규범이나 대중의 일
원으로서가 아니라, 개별적인 문제에 직면한 '개인'으로서 '신' 앞
에 서는 존재를 의미한다. 특히 키에르케고르는 '오직 신과의 관

계 속에서'라는 점을 강조하기 때문에 종교적 문필가로 평가받고 있다.

『공포와 전율』에서 키에르케고르는 보편적 법칙을 넘어서는 믿음, 즉 종교적 단계를 강조하며 "믿음은 사유가 멈추는 바로 그 지점에서 시작된다"고 말한다. 신앙은 보편적인 사고로는 이해할 수 없는 상위의 역설이며, 합리적으로 설명할 수 없는 상태를 믿어야 한다는 점은 현대에서 오인받는 내용이기도 하다. 그럼에도 불구하고, 키에르케고르는 비합리적인 역설에 대한 확고한 믿음을 지니고, 신에게는 모든 것이 가능하다는 사실을 받아들여야만 불안과 절망에서 벗어날 수 있다고 주장한다.

키에르케고르에게 있어 실존은 보편성에 속하지 않는 개별적이고 단독적인 존재를 지향한다. 라캉이 '생톰'을 통해 강조하는 독특성을 지닌 주체 개념과 키에르케고르의 '단독자' 개념은 이 점에서 유사하다. 공통적으로 보편성에서 얻어지는 것이 아니기 때문이다. 보편적 질서를 유지하는 보편적 타당성은 언제나 개인을 보편성의 질서 안에 포함시킨다. 이는 보편성을 진리로 인식하기 때문이다. 그러나 키에르케고르는 헤겔이 주장한 보편성에 반대하며, 개별적 단독자가 더 중요하다고 강조한다. 보편성과 대립하는 개념인 단독성은 동일성 철학에 저항하며, 개별자의 고유한 의미를 잊지 않도록 하는 것이다.

결국 "나는 누구인가?"라는 질문을 중심으로 한 종교적 단계의 강조는 인간 존재의 보편성을 부정하는 반발이자, 독립적인 존재로 거듭나려는 고뇌의 표현이다. 단독자는 누구도 대신할 수 없는 유일한 존재를 의미하며, 보편화되고 규격화된 인간상에서 벗어나 각 개인의 개체성과 독자성을 회복하기 위해 평생 노력하는 존재이기 때문이다. 키에르케고르는 『불안의 개념』에서 단독성을 지닌 인간 개별자가 어떻게 자기 자신으로서 실존할 수 있는지를 불안과 자유의 관계를 통해 탐구했다. 이러한 그의 문제의식은 라캉의 불안 개념을 선취한다. 라캉에게 불안이란, 상징계 내에서 타자의 욕망에 종속된 채 경직된 주체로 살아가는 개인이 그 굴레를 벗어나 대체 불가능한 고유한 자신을 회복하도록 이끄는 동력이기 때문이다.

생툼이 없다면
주체가 지닌 탈존의 의미 또한 사라진다.

주체의 구조 안에서 […] 실재는 '탈존'을 담당하게 된다. [11]

인간이 끊임없이 현재의 자신을 넘어서는 삶의 태도를 '탈존(ex-sistence)'이라고 한다. 따라서 삶을 개척하기 위한 도전이 없다면 탈존 역시 존재할 수 없다. 라캉은 "실재를 추적해보면, 그 존재와 탈존은 오직 매듭에만 있다" [12]고 말했다. 매듭이 강조되는 이유는 분명하다. 주체의 구조가 유지되지 않으면, 탈존을 담당하는 '실재'가 현실성을 잃게 되고, 그 결과 인간은 공상적인 상태에 빠지기 때문이다.

라캉은 자기 자신을 넘어 타자와의 관계로 나아가는 상태를 설명하기 위해 '탈존'이라는 개념을 제시했다. 실재가 주체의 탈존을 담당한다고 본 것은 라캉이 하이데거의 후기 철학을 정신분석적 맥락에서 수용한 결과다. 하이데거가 인간 존재를 탈존으로 해석한 이유는, 인간이 자신이라는 존재의 경계를 넘어 자신에게 속하지 않은 존재와 열린 관계를 맺을 때 비로소 진정한 자아를 발견할 수 있다고 보았기 때문이다. 존재가 지닌 탈존의 속성은 외부에 있으면서도 내부에 존재하고, 내부에 있으면서도 외부와 완전히 합쳐지지 않더라도 긴밀한 관계를 유지하는 차원이 있음을 의미한다. 다시 말해, 탈존 상태의 실재는 내부와 외부의 경계를 허물면서 동시에 이들의 상호작용을 이끄는 중요한 역할을 한다는 것이다. 그렇다면 왜 인간 존재는 탈존해야 하는가? 무엇보다도 '결여의 결여' 상태, 즉 상징계에서 자족적인 자기 완결성이라는 닫힌 상태를 벗어나기 위해서다.

내부도 외부도 아닌, 타자화되는 영역은 라캉이 『세미나 10권』에서 지속적으로 강조한 공백의 궁극적 지점이자 존재의 좌표를 알려주는 자리이다. 실재는 존재의 한계를 넘어 더 확장된 차원과 조우하며 새로운 존재 의미를 생성하고 주체의 탈존을 가능하게 한다. 따라서 탈존하는 삶은 기존 논리의 굴레에 갇혀 그 구조를 반복하는 일반적인 실존이 아니라, 끊임없이 새롭게 거듭나는 삶이다.

라캉은 『증상을 실질화하는 예술에 관하여』에서 다음과 같이 묻는다. "예술은 어떻게 명확하고 직관적인 방식으로 생툼을 실질화하여 […] 탈존과 구멍에 자리 잡을 수 있을까?"[13] 다시 말해, 조이스는 어떻게 자신의 예술을 통해 네 번째 고리인 생툼을 창조할 수 있었냐는 것이다. 이러한 작업을 언어의 한계를 뛰어넘어 존재를 지탱하려는 예술이 추구하는 궁극적인 목표이기 때문이다.

라캉은 그 해답을 다음과 같이 제시한다. 조이스는 예술을 통해 독특한 방식으로 생툼을 구현했다. 그의 방법은 상징계 내에 존재하는 공백, 어긋남, 결여와 같은 틈새를 통해 억압된 기표들이 드러나도록 하는 것이었다. 조이스의 소설에서는 이러한 틈새에서 나타난 억압된 기표들이 서로 얽히고 결합하여, 수수께끼 같은 문체를 창조해냈기 때문이다.

수수께끼 같은 문체로 쓰인 글쓰기는 조이스의 예술 활동이자, 동시에 자신의 존재를 재정립하고 지탱하는 네 번째 매듭인 생툼이 된다. 조이스의 창작은 단순한 증상의 결과가 아니라, 탈존의 표현이다. 이는 자신을 소멸시키면서도 자기로부터 벗어나, 자신에게 속하지 않는 존재로 분화되고 복수적인 존재가 되는 증상으로서의 글쓰기다.

조이스는 인격의 복수성을 긍정하는 주체로 자리매김한다. 이러한 태도는 우리에게 세계의 존재들과 전면적으로 열린 관계를 맺어야 한다는 과제를 부여한다. 나아가 주관과 객관으로 점철된 이항 대립이 포함된 현실을 넘어 개념화할 수 없는 실재와 존재 결여 상태의 상징계가 서로 양립할 수 없는 상태를 넘어야 한다는 사실을 깨닫게 한다.

키에르케고르에게 탈존이란 무엇인가?
그는 이를 '제3의 관계'로 설명한다.

"만일 자기 자신과 관계하는 관계가 타자에 의해서 정립되었다면, 그렇다면 그 관계는 사실 제3의 관계이다.[14] 키에르케고르가 강조한 '관계'와 '종합'은 라캉에게 '매듭'과 같은 의미를 지닌다. 그는 종합이 곧 자기 자신과의 관계임을 설명하며, 이를 통해 인간이 아직 완전한 자기에 도달하지 못했음을 주장한다. 인간은 고정된 실체로 존재하는 것이 아니라 끊임없이 다양한 관계를 맺으며 자신을 형성하기 때문에, 자기 자신과의 관계가 결여된 삶은 라캉이 말하는 존재의 결여 상태와 다르지 않기 때문이다.

어떤 이유로든 자기 자신과의 관계가 성립되지 않는다면, 라캉이 말한 것처럼 매듭이 풀릴 위험이 있는 불안정한 존재 상태에 놓이게 된다. 자기와의 관계를 확립하는 것은 자신을 세우는 근본이자, 타자와의 복합적인 관계로 나아가는 과정이다. 따라서 키에르케고르에게 있어 자기와 타자와의 이중적 관계는 탈존에서 말하는 내부와 외부의 관계를 의미하며, 이를 더욱 강화하는 것이 제3의 관계다. 우리는 바로 이 제3의 관계에서 탈존의 의미를 찾아볼 수 있다.

제3의 관계는 전체 관계를 성립시키는 것으로, 절대적이고 영원한 존재와의 연결을 의미한다. 영원한 존재는 '나'라는 내면의 존재가 외부의 타자와 하나로 통합되어 끊임없이 새롭게 거듭나도록 하는 제3의 관계를 위한 대상을 가리킨다. 따라서 키에르케고르에게 있어, 내부 지향적인 자기 인식에서 벗어나 새로운 주체로 거듭나는 '탈존'은 영원성을 통해 가능하다. 영원성은 도약을 통해 기존 논리의 굴레에 빠지지 않고 그 구조를 반복하지 않도록 하는 것이기 때문이다.

『불안의 개념』에서 중요한 핵심 개념 중 하나인 '도약'은 지적 직관이나 추론 과정에서 이루어지는 사고의 비약을 의미하며, 동시에 실존의 영역에서 일어나는 열정적인 도약을 가리킨다. 이는 지성적인 사유만으로는 도달할 수 없는 초월의 순간을 뜻하며, 현재에서 미래로 나아갈 가능성을 열어 두는 영원성과 마주하는 순간을 의미한다.

또한 『불안의 개념』에서는 유한한 시간 속에 존재하는 인간이 영원성과 마주할 때 경험하는 현기증을 '불안'으로 정의한다. 인간은 영원성으로 향할 때, 자신의 유한성과의 대립으로 인해 불안이라는 현기증을 경험하는 것이다. 영원성은 유한성이 지닌 한계와 그 한계가 내포한 '기만성'을 폭로하기 때문이다. 이러한 유한한 한계는 인간이 내면이 아닌 외부에 있는 욕망의 대상에 몰두하게 만든다. 예를 들어, 원초적인 감각에 집착하거나, 외부에서 구축한 사회적 역할과 자신을 동일시하여 불안을 잠재우고 안정적인 주체성을 확보하려는 삶의 태도가 이에 해당한다.

우리를 유한성에 집착하게 만드는 요소들은 끊임없이 그 마법 같은 환영을 거두지 않는다. 그러나 영원성은 유한한 것들이 꾸미는 모든 기만을 낱낱이 파헤져 폭로한다. 따라서 영원과 마주하며 느끼는 불안은 주체가 기만에 빠지지 않게 하는 정동이자, 우리를 탈존하게 이끄는 타자성으로 이해할 수 있다.

참고문헌

1부 키에르케고르의 불안에 대하여

1장 불안은 우리 존재의 뿌리 깊은 감정이다.

1) 키에르케고르의 『불안의 개념』 인용은 독일어 원본을 가장 정확히 번역한 임규정의 한글판(서울: 한길사, 2007)을 기본으로 하되, 원문과 비교해 일부를 수정하였다. 『불안의 개념』, 100쪽

2) 『불안의 개념』, 165쪽.

3) 『불안의 개념』, 160~161쪽.

4) 질 들뢰즈, 『의미의 논리』, 이정우 옮김. (서울: 한길사, 1999), 411쪽.

5) 『불안의 개념』, 161쪽.

6) 『불안의 개념』, 198쪽.

7) 『불안의 개념』, 198쪽.

8) Arne Grøn, "Anxiety." The Concept of Anxiety in Søren Kierkegaard, (GA: Mercer Univ. Press, 2008). 65쪽.

9) 『불안의 개념』, 407쪽.

10) Arne Grøn, "Faith," The Concept of Anxiety in Søren Kierkegaard, 148쪽.

11) 『불안의 개념』, 403쪽.

2장 감각적 집착은 본질적 불안을 초래한다.

1) 『불안의 개념』, 258쪽.

2) Kant. I, Die Religion innerhalb der Grenzen der blossen Vernunft, im: Immanuel Kants Werke, Bd. Ⅵ(Schriften, 1790-1796). S. 168.

3) 『이것이냐 저것이냐』 제1권의 인용은 임춘갑의 한글 번역본(서울: 다산글방, 2008)을 기본으로 하였다. 이 책은 두 권으로 구성되어 있으며, 첫 번째 권에서는 심미적 단계를, 두 번째 권에서는 윤리적 단계를 다룬다. 『이것이냐 저것이냐』 제1권, 38쪽

4) 『이것이냐 저것이냐』, 제1권, 54쪽.

5) 『이것이냐 저것이냐』, 제1권, 38쪽.

6) Aristotle, Problemata XXX.1, 953a 10~14. The complete works of Aristotle; the revised Oxford translation, Two volume set, Edited by Jonathan Barnes, (Princeton University

Press, 1984).

7) 『이것이냐 저것이냐』, 제1권, 38쪽.

8) 오페라 「돈 조반니」, 아리아 제4곡.

9) 『이것이냐 저것이냐』, 제1권, 193쪽.

10) 『이것이냐 저것이냐』, 제1권, 231쪽

11) 『이것이냐 저것이냐』, 제1권, 160쪽.

3장 불안은 자신의 정신 활동을 촉진한다.

1) 키에르케고르의 『죽음에 이르는 병』(서울: 한길사, 2007)은 임규정 번역본을 기본으로 인용하였다. 『죽음에 이르는 병』, 55쪽.

2) 『죽음에 이르는 병』, 55쪽.

3) 『죽음에 이르는 병』, 56쪽.

4) 『불안의 개념』, 261쪽.

5) Rasmussen, Anders Moe. "Hegel and Kierkegaard on Freedom." Kierkegaard Studies Yearbook 2011, (Walter de Gruyter, 2011), 80쪽.

6) 『불안의 개념』, 259쪽.

7) Kierkegaard, Christian Discourse, trans. Walter Lowrie, (Princeton: Princeton University Press, 1971), 76~77쪽.

8) 『불안의 개념』, 262쪽.

9) Platon, 『플라톤의 티마이오스』, 박종현 · 김영균 공동 번역, (서울: 서광사, 2000), 102쪽.

10) Mark Taylor, Kierkegaard's Pseudonymous Authorship: A Study of Time and the Self. (Princeton: Princeton University Press, 1975), 80쪽.

11) 『불안의 개념』, 257쪽.

12) Aristotle, Physica, Book IV, II. The Works of Aristotle Translated Into English, trans. R. P. Hardie and R. K. Gaye (Oxford: The Clarendon, 1970), 220.

13) Arne Grøn, "Spirit and Temporality in The Concept of Anxiety," Kierkegaard Studies Yearbook 2001, (Walter de Gruyter, 2001), 131쪽.

14) 『불안의 개념』, 261쪽.

15) 『불안의 개념』, 235쪽.

16) 『불안의 개념』, 236쪽.

17) 『죽음에 이르는 병』, 101쪽.

18) 『이것이냐 저것이냐』, 제1권, 77쪽.

19) 키에르케고르, 『철학적 조각들』, 황필호 옮김, (서울: 집문당, 1998), 192쪽.

4장 키에르케고르의 작품은 '시적인 성격'을 지닌다.

1) F. C. Sibbern, Menneskets aandelige Natur og Væsen: Et Udkast til en Psychologie, 6
쪽 (Jorgen L. Pind, "The Psychologist as a Poet: Kierkegaard and Psychology in 19th-
Century Copenhagen", 356쪽에서 재인용).

2) Kierkegaard, Søren Kierkegaard's Journals and Paper, Vol. I-VII, Trans. by Howard V.
Hong, (Bloomington/London: Indiana University Press, 1978), 1027쪽.

3) Meditationes Philosophicae De Nonnullis Ad Poema Pertinentibus, 1735, § 24. (§는 독일
어 원본에서 해당 인용구문의 페이지를 나타내는 기호)

4) Meditationes Philosophicae De Nonnullis Ad Poema Pertinentibus, 1735, § 26.

5) Kierkegaard, Søren Kierkegaard's Journals and Paper, Vol. I-VII, Trans. by Howard V.
Hong, (Bloomington/London: Indiana University Press, 1978), 1027쪽.

6) 「이것이냐 저것이냐」 제1편, 531쪽.

7) Hegel, G. W. F. 1830 II. Enzyklopädie der philosophischen Wissenschaften II. Werke in
zwanzig Banden. Bd. 9. § 250.

8) 「불안의 개념」, 274~276쪽

9) Heidgegger, Martin. Beiträge zur Philosophie, Vom Er-eignis. Gesamtausgable Bd. 65.
(Frankfurt: Vittorio Klostermann, 1989), 411쪽.

10) Heidegger, Martin. Erläuterungen zu Hälderlins Dichtung, Gesamtausgabe Bd.4.,
(Frankfurt(M): Vittorio Klostermann, 1981), 46쪽.

5장 무정신성 상태에서도 불안은 여전히 존재한다.

1) 「불안의 개념」, 274쪽.

2) 「불안의 개념」, 257쪽.

3) 「불안의 개념」, 276쪽.

4) 「불안의 개념」, 274쪽.

5) 「죽음에 이르는 병」, 137쪽.

6) 「죽음에 이르는 병」, 140쪽.

7) 「이것이냐 저것이냐」 제1권, 520쪽.

8) 키에르케고르, 「결혼에 대한 약간의 성찰」, 임규정 역, (서울: 지만지, 2008), 136쪽 참조.

9) 「죽음에 이르는 병」, 116쪽.

6장 불안을 일으키는 것은 '악마적인 것'으로 여겨져 왔다.

1) 「불안의 개념」, 331~355쪽.

2) 「불안의 개념」, 365쪽.

3) 「불안의 개념」 32쪽. (임규정 번역본에 누락된 부분이 있어 영문판을 참고하여 수정한 후 인용함)

4) Lorenzo Lorenzi, Devils in Art, From the middle Ages to the Renaissance, trans, M.

Roberts, Cantro Di della Edifirmi Srl, (Florence, 1999), 50쪽.

5) 『불안의 개념』, 32쪽. (임규정의 번역본에 누락된 부분이 있어 영문판을 참고하여 수정한 후 인용함).

6) Grøn, "Anxiety," 25쪽.

7) 『이것이냐 저것이냐』 제1권, 66쪽.

8) 『이것이냐 저것이냐』 제1권, 504쪽.

9) 『이것이냐 저것이냐』 제1권, 530쪽.

10) 피터 루이, 『권태』, 이은경 옮김, (서울: 미다스북스, 2011), 218쪽.

11) 『이것이냐 저것이냐』 제1권, 524쪽.

2부 라캉의 '불안'에 대하여

1장 불안은 새로운 주체를 창조한다.

1) Jacques Lacan, Anxiety, The Seminar of Jacques Lacan, (Book X), edit. Jacques-Alain Miller, trans. A.R. Price, Cambridge, UK and Malden, USA, (Polity Press, 2014), 49쪽. 이하 'Seminar X'로 약칭함.

2) Platon, 『향연』. 강철웅 옮김. (서울: 정암학당 플라톤 전집, 2010), 183e.

3) Seminar X, 76쪽.

4) Seminar X, 89쪽.

5) Seminar X. 100쪽.

6) Kierkegaard, Concluding Unscientic Postscript, D. Swanson & Walter Lowrie, tr. (Princeton : Princeton University Press, 1944), 182쪽. 이하 CUP로 약칭함.

7) Ibid., 183쪽.

8) Seminar X. 319쪽.

9) Jacques Lacan. Écrits. Trans. Alan Sheridan, (NY: W. W. Norton, 1977), 166쪽.

10) Seminar X. 333쪽.

11) 칼 구스타브 융, 『인격과 전이』, 한국융연구원 옮김, (서울: 솔, 2004), 102쪽.

12) 키에르케고르, 『공포와 전율』, 임춘갑 옮김. (서울: 다산글방, 2007), 349쪽.

13) 질 들뢰즈, 『차이와 반복』, 김상환 옮김. (서울: 민음사, 2004), 37쪽.

14) Seminar X. 13쪽.

15) 『이것이냐 저것이냐』, 제2권, 410쪽.

16) 『죽음에 이르는 병』, 90쪽.

17) Seminar X. 157쪽.

18) Seminar X. 321쪽.

2장 공백 한가운데에 주체의 좌표가 존재한다.

1) Seminar X. 9쪽.

2) Augustine, Confessions, trans. Henry Chadwick (Oxford University Press, 1998), I. iv. 4.

3) McCarthy, "Schelling and Kierkegaard on Freedom and Fall," International Kierkegaard Commentary: The Concept of Anxiety. Ed. Robert L. Perkins, (Mercer University Press, 1985), 105쪽.

4) McCarthy, "Schelling and Kierkegaard on Freedom and Fall," 108쪽.

5) McCarthy, "Schelling and Kierkegaard on Freedom and Fall," 101쪽.

6) Anxiety X, 54쪽.

7) Anxiety X, 65쪽.

8) Jacques Lacan. Écrits: A Selection. Trans. Alan Sheridan, (W. W. Norton, 1977), 319쪽.

9) 노자의 『도덕경』 제40장에 나오는 구절.

10) Jacques Lacan, The Seminar of Jacques Lacan: The Ethics of Psychoanalysis, edit. Jacques-Alain Miller, (NY: W. W. Norton, 1992), 145쪽. 이하 Seminar VII로 약칭함.

11) Seminar VII, 290쪽.

12) Seminar VII, 282쪽.

13) Seminar VII, 247쪽.

14) G. W. F. 헤겔, 『정신현상학 1』, 임석진 옮김, (서울: 한길사, 2009), 445쪽.

15) Seminar VII, 321쪽.

16) 『이것이냐 저것이냐』, 제1권, 277쪽.

17) Seminar VII, 262~63쪽.

18) Seminar VII, 262~63쪽.

3장 결여의 결여는 욕망의 발달을 멈추게 한다.

1) Seminar X, 182쪽.

2) 『불안의 개념』, 235쪽.

3) 『불안의 개념』, 236쪽.

4) 『불안의 개념』, 389쪽.

5) Jacques Lacan. The Ego in Freud's Theory and in the Technique of Psychoanalysis, 1954-1955, (Book II), (NY: W. W. Norton, 1988), 223쪽. 이하 Book II로 약칭함.

6) Jacques Lacan, 『자크 라캉 세미나 11: 정신분석의 네 가지 근본 개념』, (맹정현·이수련 번역본), 134쪽.

7) CUP, 461쪽.

8) CUP, 495쪽.

9) Kierkegaard, The Concept of Irony, Ed. Hong, Howard V. and Edna Hong (Princeton:

Princeton University Press, 1989), 12쪽.

10) Jacques Lacan, Jacques-Alain Miller, 『Livre Ⅶ: L'ethique de la psychanalyse, 1959-1960』, SEUIL, 1986, 362쪽.

11) Seminar X, 42쪽.

12) 『죽음에 이르는 병』, 102쪽.

13) 『죽음에 이르는 병』, 102쪽.

14) Jacques Lacan. The Four Fundamental Concepts of Psycho-Analysis (Page ix). Taylor and Francis. Kindle Edition.

15) Seminar X, 42쪽.

16) Book II, 164쪽.

17) Seminar X, 337쪽.

18) Écrits, 172쪽.

19) 『죽음에 이르는 병』, 90쪽.

4장 생툼은 각 존재의 고유한 매력을 탐구하고 꽃피운다.

1) Jacques Lacan, The Seminar Book XXIII: The Sinthome, Ed. Jacques- Alain Miller, (Cambridge: Polity press, 2016), 77쪽. 이하 Book XXIII으로 약칭함.

2) Jacques Lacan, (1993). Book III: The Psychoses, 1955-1956, trans. Russell Grigg, notes by Russell Grigg, (London: Routledge). 217쪽.

3) Book XXIII, 104쪽.

4) Book XXIII, 27쪽.

5) Book XXIII, 77쪽.

6) Book XXIII, 134쪽.

7) Book XXIII, 104쪽.

8) Book XXIII, 33~44쪽.

9) Book XXIII, 51쪽.

10) Book XXIII, 51쪽.

11) Book XXIII, 38쪽.

12) Book XXIII, 52쪽.

13) Book XXIII, 28쪽.

14) 『죽음에 이르는 병』, 56쪽.

키에르케고르
라캉이 제시하는

불안의 카이로스

인쇄일 2026년 2월 24일
발행일 2026년 2월 27일

지은이 안상혁
펴낸이 유지범
책임편집 신철호
편집 현상철·구남희
마케팅 박정수·김지현

펴낸곳 성균관대학교 출판부
등록 1975년 5월 21일 제1975-9호
주소 03063 서울특별시 종로구 성균관로 25-2
대표전화 (02)760-1253~4
팩시밀리 (02)762-7452
홈페이지 press.skku.edu

ⓒ 2026, 안상혁

ISBN 979-11-5550-705-6 93160